上海市教育委员会教学研究室教研员专业成长丛书

课程领导的上海探索

金京泽　著

华东师范大学出版社

·上海·

图书在版编目(CIP)数据

课程领导的上海探索/金京泽著. —上海:华东师范大学出版社,2020

(上海市教育委员会教学研究室教研员专业成长丛书)

ISBN 978 - 7 - 5760 - 0676 - 6

Ⅰ.①课…　Ⅱ.①金…　Ⅲ.①中小学－课程改革－教学研究－上海　Ⅳ.①G632.3

中国版本图书馆 CIP 数据核字(2020)第 127071 号

上海市教育委员会教学研究室教研员专业成长丛书

课程领导的上海探索

著　　者　金京泽
责任编辑　彭呈军
审读编辑　教心分社
责任校对　林文君　时东明
装帧设计　刘怡霖

出版发行　华东师范大学出版社
社　　址　上海市中山北路 3663 号　邮编 200062
网　　址　www.ecnupress.com.cn
电　　话　021 - 60821666　行政传真 021 - 62572105
客服电话　021 - 62865537　门市(邮购)电话 021 - 62869887
地　　址　上海市中山北路 3663 号华东师范大学校内先锋路口
网　　店　http://ecnup.taobao.com/

印 刷 者　上海新华印刷有限公司
开　　本　787×1092　16 开
印　　张　23
字　　数　359 千字
版　　次　2020 年 9 月第 1 版
印　　次　2023 年 9 月第 2 次
书　　号　ISBN 978 - 7 - 5760 - 0676 - 6
定　　价　72.00 元

出 版 人　王　焰

(如发现本版图书有印订质量问题,请寄回本社客服中心调换或电话 021 - 62865537 联系)

前言

　　教研员,拥有教师的光荣,肩负研究的职责,在教育工作中担当着重任;教研员,拥有教师的情怀,心系祖国的未来,在教育园地上辛勤地耕耘。在全面推进素质教育,培养具有创新精神和竞争力的未来人才这一过程中,教研员始终怀着高度的使命感和责任感,投身基础教育课程改革,积极参与建设具有时代特征和上海特色的课程教材体系;关注课堂教学实践,大力开展学科课程与教学的研究;坚持以学生发展为本,与广大教师一起进行教育创新。教研员以实际行动表达了对教育事业的热爱,迎来春风化春雨,奉献真诚育真人;教研员在平凡的岗位上建功立业,将自己的工作成就与教育发展紧密相连,跟随着课程改革的进程促进自身的专业成长。

　　随着课程改革的发展和课程实践的深入,学校教育正在发生深刻的变化,人们的思想认识也在不断更新。课程改革取得重大进展,令人鼓舞;课程实践展现可喜局面,催人奋进。以人为本的教育,在于发现人的价值、开发人的潜能、发展人的个性;基础教育要让学生学会做人并且获得适应于现代社会的生存智慧,要为学生的终身发展打好基础。课程的含义已从文件、科目、教科书转向学生的学习经历和经验,课程的设计已从注重科目增减、内容调整转向更多地关注学习取向与个性差异、学习动机与环境、内容统整与综合,课程实施的目标已从注重传递知识与技能转向更多地关注发展和创新、学生主动学习和伙伴协作,课程评价的方式已从差距取向、科技范式转向学习过程、人文范式……课程改革的发展和课程实践的深入,对教研工作提出了更高的要求,教研员要努力转变思维方式和工作方式,紧紧依靠广大教师,探索进取志不移,一往无前敢争先。

　　课程改革正在持续向前推进。教研员应有宏观的视野和学科的远见,及时了解国内外教育改革的动向和进展;应有对学科建设作出深入分析与思考的能力,增强有效实施课程管理和指导教学实践的本领。教研员要进一步提高教育理论修养,并将理论用于实践;要坚持植根于学校和课堂的课题研究,勇于攻坚排难;要在深入研究的基础上,对教育教学活动予以切实的、强有力的指导。这一进程中,教研员也要更加重视课程和教学现实问题的研究,以敏锐的眼光洞察课程改革中出现的新情况,以理性的头脑客观分析各种现象和问题;在研究中坚持教育本性和本体,坚持实事求是,注重从真实、生动的教育教学实践中,反思、提炼、总结鲜活的经验,并将经验提升为有价值的理论,这样的"草根式"研究,反映了需求,连接了地气,一定会更加扎实、更有成效。"草根式"研究,课题广泛,大有可为。

我们推重教研员立身、立德、立业,以身作则、务实求真,积极进取、追求卓越,在研究中不断取得新成果,在工作中不断创造新业绩,为课程改革和学科建设多作贡献。我们还鼓励教研员著书立说,对于自己从事课程、教材、教学或评价研究所取得的学术成果,以及开展教研工作、参与课程实践或指导教学活动等所获得的有益经验,择其精要编成专著,分享给广大教师。

鼓励教研员著书立说,其实就是要求教研员进一步加强学习和研究,加强反思和总结,努力提高专业素养和学术水平,并在学科教育中进一步发挥引领和指导作用。同时,我们支持教研员出版专著,这是对教研员学术成就的宣扬,也有利于促进教研文化的建设。

教研员撰写专著是个人的学术行为,是对学术繁荣的宝贵贡献;专著的出版,为学术交流和研讨活动的开展提供了新的渠道。期待这一浸润了教研员心血的专著能为广大教师所喜爱,也期待能得到教育界同仁的批评指正。

上海市教育委员会教学研究室

2020 年 4 月

序

上海的基础教育改革从 20 世纪 50 年代拉开序幕，至今已有半个多世纪了，经历过从 1978 年至 1988 年十年的教育拨乱反正，其中最精彩的当属上海课程与教学改革以来的 30 多年。1988 年至 1998 年十年的"一期课改"，再到 1998 年至今的"二期课改"，上海教育改革的每一步历程，都见证了全市教育工作者的心血，也印证了几代教研员们的足迹。

教研员，是一份特殊的职业，也是一个特别的群体。他们来源于最优秀的教师，履行着研究、指导服务的职能，是课程与教学改革的领军人物。从基层一步一步成长起来的他们，对于自己的专业、自己的学科都有着坚实的专业素养和综合的专业能力。同时，在与课程改革一起进步的过程中，他们又得到了千锤百炼，并逐渐形成了更宽广的专业视野和锐意进取的专业精神。

上海课程与教学改革的 30 年，凝聚了一代又一代教研员的辛劳与心血。每一次点点滴滴的进步，都离不开他们忘我的付出与真诚的奉献。2010 年，上海"二期课改"成果获得全国首届课程与教学改革成果奖一等奖；国内来看，上海学生在全国的教育质量监测项目中取得了优异成绩；国际来看，上海学生在 2009 年以及 2012 年的 PISA 测试中的优秀表现也极其引人注目……可以说，上海基础教育课程与教学改革成绩显著。这些都是全市近千位中小学和幼儿园各级教研员精力与智慧的奉献，他们日以继夜地努力工作，与课改同成长，在为课改奉献的过程中铸就了新的辉煌。他们的精神和业绩值得称颂、值得弘扬。

在课程与教学改革如火如荼进行着的今天，教研员的历史使命感和责任感日益凸显，甚至成为影响一个区域教育发展水平的关键之一。教研文化，常常凝聚着一个区域、一座城市教育的精气神，而教研员则在引领教研文化的精神气质、塑造教育的灵魂这一过程中发挥着重要作用。他们本身也应该是师德的楷模，文化的传人，承载着一份沉甸甸的责任与担当。

当下正是上海全面落实全国基础教育工作会议精神、深化高考改革、推进中考改革的关键时期,也是最重要的时间节点。我们深知,历经了50多年教育改革的上海基础教育,有着较为深厚的基础,但也面临着许多亟待解决的深层次难题。因此,对市区两级教研室和全体教研员来说,任重道远。

市教研室在最近10年中,聚焦教研员的专业发展问题进行了一系列的改革与探索,力图不断提高教研员的研究、指导、服务能力,发挥市教研员的专业引领作用,使之更好地为本市的基础教育工作与改革服务。其中,鼓励、支持市教研员对教研的经历、经验作出梳理、归纳和升华,整理成书,以更好地服务全市,也是促进教研员专业发展的举措之一。

本书是市教研室综合教研员金京泽同志10多年来潜心研究、实践的成果,集中反映了他对课程领导的理解和思考,也体现了他在提升学校课程领导力方面作出的实践与探索。希望本书能够成为促进教研员专业成长的"案例""范本",引导更多的教研员在教研实践中不断学习、思考、探索、前行。

当我看完文集,我要说:一名教研员,是一本书,展现了一个领域、一个学段的历史篇章;一名教研员,也是一支笔,描绘着一个领域、一个学段的发展进程;一名教研员,更是一面旗帜,引领着一个领域、一个学段的科学发展。

上海市教育委员会教学研究室主任

徐淀芳

2020 年 4 月

目　录

第三章　课程思想的凝练_76

第四章　课程设计的关键_137

第一章　领导力概述

早在人类产生之前,领导和领导行为就已经广泛存在于动物世界之中。以蚂蚁社会为例,四种蚁型有着明确的分工:蚁后负责产卵和统领整个群体;雄蚁有发达的生殖能力,负责与蚁后交配;工蚁是没有生殖能力的雌性,负责建造巢穴、采集食物、饲喂幼蚁;兵蚁头大、上颚发达,负责粉碎坚硬食物、保卫群体。有趣的是,看似无私奉献的蚂蚁,也存在内部的"阶级斗争"。例如,蚁后也喜欢"拍马屁"的下属,工蚁对与自己有亲缘关系的下一代更为照顾。

领导学是一个古老而年轻的领域。人们对领导力的好奇自古有之,但是直到20世纪初,对于领导力的科学研究才真正起步。领导学的理论是在与管理学、组织行为学、心理学、社会学、政治学等相关科学不断融合的过程中发展起来的。随着统计学、信息科学等学科的快速发展,领导学的研究驶上了快车道,不断涌现的研究成果为我们揭开了领导学的神秘面纱。领导学,是研究现代领导活动及其发展规律的科学,是一门研究领导活动各个因素之间的相互联系、相互作用的客观规律及其有效运用的综合性科学。

领导学在发展过程中衍生出了很多概念和理论,而且西方和中国领导力理论有共同的地方,也有不同的地方。随着社会的发展,领导力已不再是领导者独有的能力。为了适应未来社会,所有人都有必要了解和领会领导力,提升自己的领导力。领导力不是与生俱来的,而是可以在日常的学习、工作和生活中培养的。

本章将重点阐述领导力的研究,包含领导力相关概念、理论及模型,领导力的可塑性特点等研究,具体内容框架见图1-1。

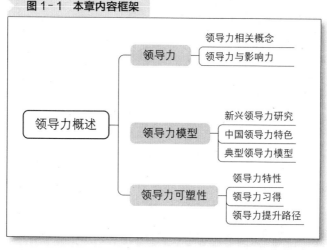

图 1-1　本章内容框架

第一节　领导力

领导力是领导学的核心概念之一,与领导、领导过程、相互作用、相互影响等密切相关。概念是思维的基本单位,其内涵是反映在概念中的对象所特有的属性;其外延是指概念所反映的一切事物。

一、领导力相关概念

若要深入研究学校课程领导力,首先需要对领导力这一概念进行研究。概念分析法也称术语分析法,它是指研究确定术语所表示的概念的内涵和外延的研究方法。有专家指出,领导力是开放的系统,允许有多种解释。

（一）领导力相关概念辨析

1. 领导力和领导

领导力和领导在英文中的对应词都是"leadership",故翻译英文资料时用"领导"还是"领导力",取决于中文译者对国外领导学中"leadership"的理解。

　　"领导"是领导学研究的逻辑起点。1991年,美国学者弗莱西曼(Fleishman)等人对几十种"领导"的概念进行了综合分析,大致将"领导"一词界定为：领导者在特定的情境中吸引和影响被领导者和利益相关者实现群体或组织目标的过程。

　　"领导"与"领导力"的区别主要表现在以下两方面：第一,属性不同,一个是动词,一个是名词。学者认为领导是"一种过程",领导力是"一种能力和能力体系"。第二,着重点不同,"领导"关注的焦点在于实现群体或组织目标的情境中领导者与被领导者的互动过程,而"领导力"关注的焦点是领导者吸引和影响被领导者,从而实现群体或组织目标的能力。可以说,领导力是领导的一个子系统。①

　　2. 中西方对领导力的认识

　　总体来说,中国和西方对领导力的认识没有明显的民族差异性,很难区别西方的领导力和中国的领导,它体现了在一定时机和形势中赢得了追随者的领导者的个性和价值观。但是,中西方对领导者(leader)一词的理解不同,以至中西方领导者的角色和职能差异很大。②

　　在中国文脉中,领导作名词时即为领导者。领导者是洞察人性和社会的人类学家,是人格化的领袖;而管理者是技术和效率专家,偏重于专门化和职业化。

　　3. 领导与管理

　　如上所述,领导学是在管理学等学科基础上发展起来的。"领导变革之父"约翰·科特(John P. Kotter)从指导、协作、关系、个人品质、产出等五个维度总结了领导与管理的区别,详见表1-1。

表1-1 领导与管理的区别

	管理	领导
指导	制订计划和预算,关注利润 注重细节管理	形成理念,制定战略 注重全局把握
协作	组织、人员调配、指导、控制 建立界限	营造共享的文化价值观 帮助他人成长 打破界限

① 中国科学院"科技领导力研究"课题组,苗建明,霍国庆. 领导力五力模型研究[J]. 领导科学,2006(09)：20.
② 王晓宇. 领导力的中西视角[J]. 中国浦东干部学院学报,2013,7(06)：87.

续　表

	管理	领导
关系	注重目标：产品制造、销售、服务 权利基础：职位权力 角色：老板	关注员工：启发和激励下属 权利基础：个人影响力 角色：教练、促进者、服务者
个人品质	感情上与下属保持距离 专家思维 善于表达 作风保持一致 对组织有深刻洞察力	倾心结交 开放式思维 善于倾听（交流） 善于革新（有勇气） 对自我有深刻洞察力（正直）
产出	保持稳定，形成高效的组织文化	创新改变，甚至是巨变

（二）　领导力内涵演变

20 世纪以来美国的领导力理论研究经历了特质理论、行为风格理论、情境理论、变革型领导理论等阶段[①]，从中可以窥探出领导力内涵的变化。

1. 领导者特质研究

20 世纪 30 年代，研究者主要关注的是领导者的特质，其核心观点为领导力与人的某些特质有关。比如，拉尔夫·斯托格迪尔（Ralph Stogdill）提出的领导力有关特质，包括智力、责任感、社会经济地位、学术、活动与社会参与等；桑蒂·曼恩（Sandi Mann）提出的领导力特质，包括智力、判断力、外向性、监控力、刚毅及人际关系；斯蒂芬·扎卡罗（Stephen Zaccaro）等人提出的领导力特质，包括个性、认知能力、动机及价值观等。

2. 领导行为风格研究

20 世纪 40 年代末至 60 年代末，领导力的研究维度从领导者个体的特质到领导者行为，学者们主要开展的是领导风格理论研究，其主要观点为领导效能与领导行为、领导风格有关。行为模型认为，领导力包含两类行为：一是以愿景为导向的指向结果的行为；二是以领导者个人为导向的影响人的情感行为。

3. 领导情境研究

20 世纪 60 年代末至 80 年代初，领导情境理论出现，也被称作领导权变理论，

[①] 王芳. 美国领导力理论的研究特点及其启示[J]. 理论前沿，2009(22)：23.

认为有效的领导受不同情境的影响。该理论认为,不存在一种绝对的最佳的领导方式。领导是领导者、被领导者及其环境因素相互作用的动态过程。领导有效性 = f(领导者,被领导者,环境)。领导的效果与领导者所处的具体情境和环境有关,要根据具体情况来确定领导方式。

三者的互动关系,如图1-2所示。领导情境理论是在领导特征理论和领导行为理论基础上,增加了情境变量而形成的。

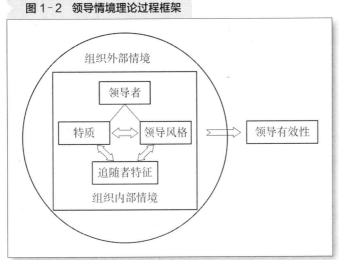

图1-2　领导情境理论过程框架

4. 变革型领导力研究

20世纪80年代以来,变革型领导力理论占据了主要的地位。研究者从不同角度切入,进行了大量实证研究并构建了各自的理论,包括:变革型领导、愿景型领导、榜样领导、文化领导和符号领导等。[1]

变革型领导力理论是西方近40年来的研究热点和焦点,它高度关注领导者的魅力、追随者的内心需要以及领导活动的价值。研究者认为,领导力重心应从领导权力朝领导魅力转变,领导力向度应从单向朝双向转变,领导力目标应从完

---

[1] 叶伟巍,叶民. 工程领导力要素研究[J]. 高等工程教育研究,2011(05):94.

成变革朝实现价值转变。①

变革型领导力理论更多地转向了对追随者的关注,认为通过领导者与追随者互相关注与学习,"可以使群众变成领袖,也可能把领袖转化成充满道德感的人"。变革型领导者通过让追随者意识到组织的任务和责任的重要性,使其成为愿意为组织利益而超越个人利益的人。②

二、 领导力与影响力

很多人说,领导力就是影响力,这是真的吗? 领导力与影响力到底是什么关系?

(一) 领导力的本质: 影响力

有专家指出,影响力(influence)是指一个人改变他人的态度、价值观、信仰或行为的能力。影响力是领导力的本质,但是拥有影响力不一定等于拥有领导力。

美国著名领导学者史蒂芬·柯维(Stephen Richards Covey)认为,真正的领导者能够影响他人,使他人追随和服从自己。培养影响力的途径包括积极主动、以终为始、要事第一、双思维、知彼解己、集思广益和自我更新,唯有如此,才能得到追随者的信任和支持。

领导力的本质就是一种影响力,即领导者通过其影响力来影响追随者的行为,从而实现组织目标。

(二) 领导力≠影响力

许多学者把领导力等同于影响力,这种观点是否正确? 影响力是有效领导的必要条件,但拥有影响力并不必然等于拥有领导力。领导力强调的是影响力所取得的结果,而不是影响力本身。

---

① 孙宏,李曌. 变革型领导力:西方理论与中国实践[J]. 领导科学,2019(08): 60.
② 孙宏,李曌. 变革型领导力:西方理论与中国实践[J]. 领导科学,2019(08): 61.

现代管理学的创始人彼德·德鲁克（P. F. Drucker）认为："领导力并不等于吸引人的个性——那只是煽动人心的行为；领导力也不是结交朋友，影响他人——那只是推销能力。真正的领导力能够将个人愿景提升到更高的境界，将个人绩效提升到更高的标准，使一个人的性格得到锻炼，让他超越原来的限制。"

领导有效性应当兼顾组织整体利益以及追随者的满意度，兼顾组织当前目标的实现以及未来可持续发展的动力。据此，领导有效性的标志，或者说健康组织的标志，应当包括以下三个方面，详见表1-2。

表1-2 领导有效性的标志

要素	描述
实现组织目标	实现组织的战略目标，健康的财务指标，高质量的产品和服务，高度的客户满意度
追随者满意度	高度的组织凝聚力，高度的员工满意度和忠诚度
可持续发展动力	优秀的组织文化，以创新和变革应对环境变化的能力，对于继任领导者的培养

思考题

1. 领导者、追随者、领导、管理、影响力，这些与领导有效性有什么关系？

2. 如何理解领导特质、领导行为、领导情境和变革领导？

3. 如何看待个人领导和组织领导？

第二节 领导力模型

理论是指人们对自然、社会现象，按照已知的知识或者认知，经由一般化与演绎推理等方法，进行合乎逻辑的推论性总结。领导力理论是把领导力作为研究对象的理论,有时需要借助模型来方便大家理解。

一、 新兴领导力研究

(一) 新兴领导理论发展趋势

进入 21 世纪后有关领导力的文献数量大幅增加。美国阿克伦大学教授杰西卡·卡森(Jessica Carson)等人,对 2000 年至 2012 年的《领导学季刊》《管理学会期刊》等 10 种国际顶级学术期刊的 752 篇领导力论文进行了频数分析。在对各个类别的领导力理论论文进行频数分析后,杰西卡指出,目前较为成熟的理论中备受学者重视的依次是:新魅力领导理论(Neo Charismatic Theories)、领导力和信息处理理论(Leadership and Information Processing)、社会交换理论(Social Exchange/Relational),占比分别为 39%、26% 和 21%;在新兴领导力理论中,出现频次最高的理论分别是战略领导力理论(Strategic Leadership)、团队领导力理论(Team Leadership)、基于复杂环境的系统领导力理论(Contextual, Complexity and System Perspectives of Leadership),占比分别为 24%、15% 和 15%。这在一定程度反映了 21 世纪领导力的研究趋势,即以组织科学为基础的领导力理论和研究中,一些注重对个别领导力现象进行解释的理论仍熠熠生辉,而部分分支领域的研究数量衰减,已经被新兴理论所取代。[①]

(二) 新兴领导力要素

新兴领导力理论包含一套更综合的内含体系,有特质、行为、影响过程、情境的变量体系,提供了更为综合的领导方法;更关注整个组织的变革与创新;共享愿景成为领导的核心要素;领导者和被领导者超越理性交易关系的范畴,更加以领导者和追随者的情感、价值观和信念为基础展开领导;领导者的行为方式以激励、授权与发展追随者为主。叶伟巍等人从主流领导力理论中提炼出了领导力要素

---

① 杰西卡·E·丁,罗伯特·罗德,威廉·加德纳,杰米里·穆塞尔,罗伯特·李登,胡金玉,祝军,朱昱治. 西方领导力前沿理论与视角变化[J]. 中国领导科学,2018(06):52.

的主要指标体系。①愿景能力：高尚的核心价值观、创建组织愿景能力、表述共享愿景能力、构建组织文化能力。②分析能力：公共政策分析能力、行业市场分析能力、技术难题分析能力、机会把握能力、决策能力。③创新能力：技术创新能力、市场模式创新能力、管理创新能力。④整合能力：整合创业资源能力、整合创业关系能力、个别化关怀能力、沟通激励能力。①

（三）领导理论分析框架

领导力理论研究不断发展，使得领导者可以嵌入不断发展的组织系统中，可以更深入地理解个人的思考、感受和行为对领导力产生的影响。领导力还可能涉及团队协作进程、基于追随者的过程以及更典型的自上而下的影响——这一观点对典型的以领导者为中心的、整体式的、特质导向的领导力理论的稳固地位发起了挑战。

杰西卡等人的研究提供了一个强调过程重要性的理论框架，可以用来整理和描述诸多的领导力理论，其有多方面的意义：首先，领导现象具有复杂性。这体现为领导力作用于多层次（multiple levels），涉及多个中介变量（multiple mediating and moderating factors），并且横跨多个时期（substantial periods of time）。其次，领导行为关乎多元层次，可以同时产生自上而下和自下而上的结果。领导过程关乎复杂多元的行为主体，涉及不同层次间的交互影响，横跨小到分钟大到整年的多种时间规模。最后，领导力的一个关键点在于如何对个体要素的投入及作用方式进行分配、组合以实现组织目标。

尽管这个分析框架在理论上可以对任何领导力理论进行分类，但是该研究仍存在一定的局限性。比如一方面因为领导力研究方面的文献浩如烟海，很难详尽地描述如何把这个框架应用于对每一个领导力理论的分析。另一方面，由于该研究只是对顶级研究期刊的领导力理论进行了分类，很有可能忽略了活跃于其他出版刊物中的领导力领域理论和研究。②

---

① 叶伟巍，叶民. 工程领导力要素研究[J]. 高等工程教育研究，2011(05)：94.
② 杰西卡·E·丁，罗伯特·罗德，威廉·加德纳，杰米里·穆塞尔，罗伯特·李登，胡金玉，祝军，朱昱治. 西方领导力前沿理论与视角变化[J]. 中国领导科学，2018(06)：52.

二、 中国领导力特色

中国拥有五千年的文明史,在历史的长河中,勤劳智慧的华夏子女创造了绚烂多彩的中国文化。中国传统文化是东方,尤其是东亚国家文化的起源。同时,中国也是世界文化发展最早的国家之一。

中西方对领导者一词的理解不同,这也导致中西方社会中领导的角色和职能差异很大,领导力实施的细节差异也很多。[①] 在中国,提倡领导为下属提供方向、决策、资源和奖励,领导希望下属对自己忠心耿耿,拥有绝对权威并承担全部责任,领导是讲师,知道答案,并身体力行,领导力是由领导体现的,以完成具体的任务为导向;而在西方,提倡领导与下属或追随者充分分享信息,共同探讨方向和决策,共同寻求资源,并提供个性化的奖励,充分辩论,求同存异,领导充分授权,团队共同分担责任,领导是催化剂、教练,不一定知道答案,帮助下属和追随者找到他们自己的答案,并以适合他们自身的方法去完成,领导力是由团队体现的,以关注完成任务的过程为导向。

作为最大的发展中国家,中国崛起是世界历史上前所未有的奇迹。从领导力视角解析中国治理与崛起的奥秘,是新的理论生长点。中国式新领导力,是中国共产党人在长期治国理政过程中探索形成的独特模式,涵盖集约化的领导权力、共识型的领导决策、集体式的领导机制、台阶式的领导承继等面向及特质。这种新型政治领导力范式,能够保障党和国家的长治久安,促进国家治理能力的现代化,助力于"中国梦"的实现,补益于现代政治文明。[②]

(一) 集约型领导权力

领导权力是必不可少的权威。集约型领导权力,是指集中必要的资源与权力,以效率为价值取向进行领导。集约就是有效集中领导权力。毛泽东说,权力

---

① 王晓宇. 领导力的中西视角[J]. 中国浦东干部学院学报,2013,7(06): 87.

② 张记国,李景平,王婷. 中国式新领导力: 向度、特征及价值[J]. 理论与改革,2016(01): 98—102.

集中化是必要的,方针通过之后,政府执行必须畅通无阻。好的政治领导局面就是"又有集中又有民主,又有纪律又有自由,又有统一意志,又有个人心情舒畅"。高效的政府必然要求足够的权力保障执行力,强大的中央集权国家是保证政治体系运转成功的先决条件。

(二) 共识型领导决策

在复杂多变的形势面前,能否做出领导决策以及形成决策共识直接影响着国家领导力与竞争力。共识型领导决策,就是在党和政府的统一领导下,各决策主体、社会公众寻求广泛参与、建构最大共识的过程。政策议题启动之后,首先通过制度内管道进行政策协商,咨询专家学者,政策研究部门提供建议,然后还需要进行调查研究、邀请部分群众代表进行座谈。决策的产生是在统一主导之下各方参与者集思广益的结果,是减少分歧、积累共识的过程。共识型领导决策,不是通过议会辩论产生,也不是通过简单的投票产生,而是通过有步骤、分层次地交换意见、积累共识产生,在中央和地方、不同部门、社会公众之间最大限度地吸收各方建言,最终形成政策成果。

(三) 集体式领导机制

集体式领导机制侧重全局性的问题。集体化是中国式新领导力的核心特征,是党组织的最高准则,是中国领导机制的最大特色。

(四) 台阶式领导承继

领导承继、权力交接,是一国政治领导制度的核心问题。能否实现平稳权力交接、能否实现有序领导承继是判定政治领导制度成熟水平的重要指标。邓小平指出,培养年青一代,解决好交接班问题,是保持党和政府领导连续性的重大战略措施。错过时机,就要犯历史性的大错误。

教育领导力关注的是领导效能,其本质是影响力,要求教育领导者拓展途径和方式,以巩固和扩大其创造力、凝聚力、牵引力、推动力和发展力。教育领导力是教育组织谋求生存和发展的关键力量,在教育领导力中融入中国优秀的传统文化,并将中国教育管理理念与管理哲学思想植入其中,则会成就中国教育领导力。

三、 典型领导力模型①

在做科学研究时,经常需要忽略真实世界的某些方面,只关注最本质的东西,建立模型是解决这一问题的比较有效的方法。模型是一个简化的现实世界(a simplified representation of reality),我们往往需要借助于一个经过简化的、用来代表真实世界的东西来表述我们的想法,而这个东西就是模型。在领导力的研究中,也有很多形象的模型,接下来将对其中具有代表性的进行简要介绍。

(一) 菲德勒模型

第一个综合的领导模型是由费莱德·菲德勒(Fred Fiedler)提出的。菲德勒是美国当代著名心理学家和管理专家,他所提出的"权变领导理论"开创了西方领导学理论的新阶段,使以往盛行的领导形态学理论研究转入了领导动态学研究的新轨道。他本人被西方管理学界称为"权变管理的创始人"。菲德勒模型指出,有效的群体绩效取决于以下两个因素的合理匹配:与下属相互作用的领导者的风格;领导环境给领导者提供的控制和影响结果的程度。在此基础上,菲德勒认为领导者与成员关系、任务结构和职位权力这三项维度是确定领导有效性的关键因素。

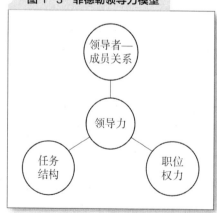

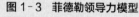
图1-3 菲德勒领导力模型

领导者与成员的关系是指:领导者对下属信任、依赖和尊重的程度;任务结构

---

① 中文中"模式"和"模型"有所区别。参考文献时发现,"模式"和"模型"都源于英文"model",所以统一一改为"模型",以便读者理解。

是指：工作任务的程序化程度（即结构化程度和非结构化程度）；职位权力是指：领导者拥有的权力变量（如聘用、解雇、训导、晋升、加薪等）的影响程度。

菲德勒模型利用上面三个权变变量评估情境。领导者与成员关系或好或差，任务结构或高或低，职位权力或强或弱，将三项权变变量整合起来，便可以得到八种不同的情境或类型，每个领导者都可以在其中找到自己的位置。菲德勒的权变领导思想试图阐明的就是如何修改和变化工作环境以使其具有适用性。

事实证明，在某些环境条件下，专制式的领导者工作起来效率高，而在另一些环境中，民主型的领导者工作起来更得心应手，在任何一种环境中，我们都可以改变那些与领导者固有风格相抵触的客观因素条件。如果一个组织的最高层领导者明白这种可能性，他便可以为他的中层经理设计出适合他们各自风格的工作环境，从而提高领导效率。菲德勒的结论是：任务取向的领导者在非常有利的情境和非常不利的情境下工作更有利，而关系取向的领导者则是在中等有利的情境中会干得更好。

（二）领导力五力模型

中国科学院的"科技领导力研究"项目组对领导力给出的定义是："领导者在特定的情境中吸引和影响被领导者与利益相关者，并持续实现群体或组织目标的能力。"由此，他们提出，领导者必须具备如下领导能力：第一，对应于群体或组织的目标和战略制定能力（前瞻力）；第二，对应于或来源于被领导者的能力，包括吸引被领导者的能力（感召力）及影响被领导者和情境的能力（影响力）；第三，对应于群体或组织目标实现过程的能力，主要包括正确而果断决策的能力（决断力）和控制目标实现过程的能力（控制力）。这五种关键的领导能力构成了领导力五力模型。

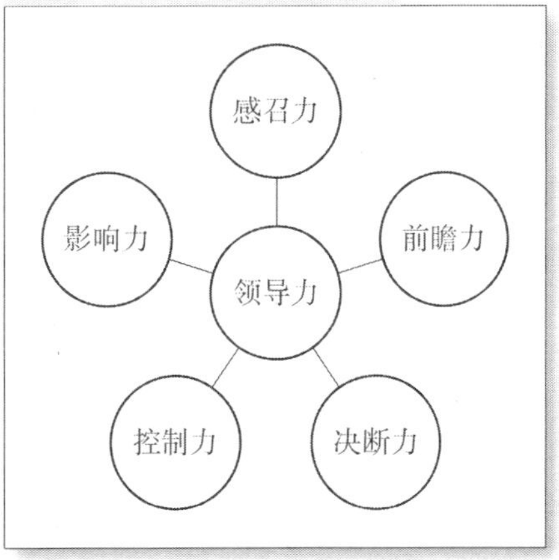

领导力五力模型强调这些领导能力

图 1-4　领导力五力模型

并不处于同一层面,其中感召力最为本色,它与一个人的信念、使命感、道德修养、激情、知识面、能力和个人形象等相关,它是一个管理者能否修炼成为领导者的关键指标,感召力是顶层领导力。在感召力基础上的进一步延伸是前瞻力和影响力,处于中间层面,简而言之,领导者要具备看清前路的方向和目标,并影响被领导者一起努力去实现整个团队目标的能力。在此基础上,进一步延伸和发展的决断力和控制力主要体现在实施层面,在重大变化或危机面前,领导者需具备果断决策与控制局面的能力,从而引导团体克服艰难险阻,向目标不断迈进。①

（三）WICS(Wisdom, Intelligence, Creativity and Synthesized)领导力模型

以智力理论为基础的 WICS 领导力模型缘起于对传统领导力模型不足的批判,是尝试以成功智力契合传统领导力理论的优势特征为基础所构建的由智慧、智力和创造力综合组成的动态发展模型。

WICS 领导力模型的研究起点是探讨高效领导者所应具备的素质,即三种需要持续发展与积累的关键特质——智慧、智力和创造力,且三者应相互协调综合。WICS 领导力模型把领导力视为一种决策而非领导者的特质或技巧组合,即以智力为基础,在决策过程中,智慧智力和创造力成为成功领导力技巧的专业发展形式。在多种教育领导力效能模型竞争的过程中,WICS 领导力模型作为领导力能力模型的延伸,可能是定义高效教育领导者及其发展和成熟过程的基础。②

罗伯特·J.斯滕伯格(R. J. Sternberg)认为教育领导者是智慧、智力和创造力的综合体,这些特质的呈现和发展通过领导者的自身调控实现,而并非领导者与生俱来的。成功的领导者运用创造力生成崭新思想,借助理论智力明确新思想的优劣,用实践智慧说服他人追随,最后通过智慧让新思想为所有人的共同利益服务,其中任一要素的缺失都会降低领导力效能。

该模型具有开放性、整合性和不确定性的特征,重构了领导力基础及多目标

---

① 中国科学院"科技领导力研究"课题组,苗建明,霍国庆. 领导力五力模型研究[J]. 领导科学,2006(09):20—23.

② 李政,胡中锋. WICS 领导力模型:缘起、特征与启示[J]. 高教探索,2016(08):18—23.

系统，为教育领导力发展开启了新的研究路径。

（四）360度领导力模型

基于领导特质理论，人们对很多成功领导
者的特质进行了统计、归纳、总结，抽离出了领
导力模型，360度领导力模型是其中之一，具体
包括以下六种能力：学习力、决断力、组织力、教
导力、执行力、感召力。学习力，是领导者超速
的成长能力；决断力，是领导者高瞻远瞩的能
力；组织力，即领导者选贤任能的能力；教导力，
是领导者带队育人的能力；执行力，表现为领导
者的超常绩效；感召力，表现为领导者人心所向
的能力。

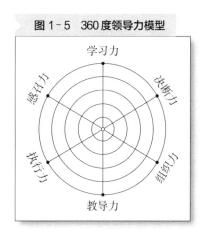

图1-5　360度领导力模型

（五）领导力概念链模型

领导力概念与"领导过程""领导能力·领导知识·领导行为""领导情境"等
密切相关，它们共同构成了领导力概念链，诠释了领导力诸概念间的关系：处于核

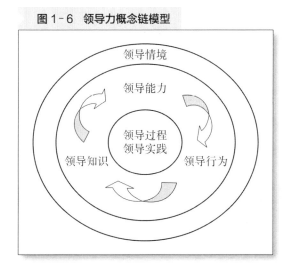

图1-6　领导力概念链模型

心层(第一圈层)的是领导过程,由具体的领导者和被领导者的行为构成,是领导实践的过程;第二圈层的领导能力、领导知识和领导行为都是领导过程的产物,其中,领导能力决定着领导行为的质量与效果,领导知识是领导能力的元素和基础,领导行为是领导知识的主要来源之一;第三圈层的领导情境是指确保领导过程正常运行的环境因素的总和,是领导行为、领导能力和领导知识等形成和发展的重要基础。①

思考题

1. 如何辩证地看待中国领导力和西方领导力的优势和劣势、机遇和挑战?

2. 你认为众多课程领导力模型中最适合教育的是哪一种?

3. 很多企业根据实际情况提出了自己的领导力模型。比如,北大医疗发布"四叶草"领导力模型,即"高绩效、强合力、注品质、重创新"。四叶草领导力素质模型是北大医疗 LDP 项目课程设计的基础,也是北大医疗干部领导力的行为标准,并为今后北大医疗干部选拔和晋升提供了参考依据。你对这一模型如何看?

▶ **图 1- 7 "四叶草"领导力模型**

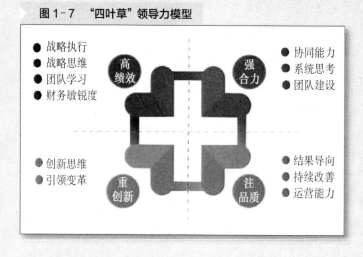

① 中国科学院"科技领导力研究"课题组,苗建明,霍国庆. 领导力五力模型研究[J]. 领导科学,2006(09): 22.

第三节　领导力可塑性

有些人认为领导力只是商业和政治领域的事情,因而拒绝面对自我领导的需要。如果我们不能领导自己,那么我们就会随着社会的波动而起伏不定,无法应对突发的变化。我们自身必须首先做好应对的准备,然后才能引领团队成员也做好准备。

一、领导力特性

每个人都是领导者。倒转的金字塔象征着一个深刻的真理,那就是"每一个人,至少在某些特定的场合,都是领导者"。例如,一个家庭里的父亲可能是办公室里的收发员,晚上回家则是一家之主。一名办公室秘书或许整天坐在办公桌旁,傍晚却是她儿子球队的教练。采购员或者销售代表可能是某所教堂或者社区俱乐部的领头人。此外,我们还经常性地见到那些已离开了领导岗位却依旧是组织的真正领袖的人。

我们总会在人生的某个场景下担当领导者的角色。问题是我们作为领导者表现得如何。在我们熟悉并且能掌控的环境中,我们通常会显示出稳定的领导技巧,而在遇到变化和挑战的时候,我们脆弱的领导力往往就会土崩瓦解。

（一）领导力误区

只有几个伟大的人物才能带领人们成就伟业,这一说法是不正确的。同样,如果说领导只存在于大型组织,或者只存在于小型组织,或者只存在于新建的机构或者老旧的组织里,或者只存在于刚开始运营的组织中,这些说法也都不对。事实上,领导力是一系列对我们大家都有用的技能和习惯行为。然而,在现实中对领导或领导力的误解却依然很普遍。

1. 领导职位的误区

(1) 不居高位，无法领导。关于领导力最严重的误解就在于，人们通常认为领导力仅仅来自某个职位或头衔，实际上这种想法大错特错，就算不能在某个团队、部门、企业或机构中担任领导者，照样能发挥领导力。如果你认为领导力非"一把手"莫属，那你就陷入了职位的误区。

(2) 身居高位，人们自然服从。你可以赐予某人职位，但你无法赐予他真正的领导力，领导力的获得只能靠自己。优秀的领导者能够超越职权范围影响他人，差劲的领导者只会使影响力不断缩水，甚至低于职权范围。别忘了，职位无法塑造领导者，但是领导者可以塑造职位。

2. 领导力习得的误区

(1) 目的地误区：身居高层之后再学习怎样领导。如果你想成功，就需要在坐上领导的位子之前，尽你所能学习领导力技巧。

(2) 经验不足误区：身居高位就能掌控一切。真正成为领导者之后你才会发现，你需要调动自己能力范围内的一切影响力。你的职位不会帮助你掌控一切，也不会保护你。

(3) 权力无限误区：成为领导后就无拘无束。"一把手"并不意味着无拘无束，它并不会完全释放你的潜力。不管你从事什么工作，处于什么职位，你的能力都是有限的。

（二）领导力层级

每个组织都有位于不同层级的领导者，他们的职位、职责、职权各不同，但是他们都需要使自己获得卓越的领导力，以便在各自的岗位上发挥最好的领导作用。可见，没有好的领导力，就不会产生"有灵魂""有生命力"的领导活动。

为了让你一窥大局，许多组织使用了领导梯队模型。梯队的类比恰如其分，因为它可以确保一位准备就绪的领导者能从一个层级过渡到另一层级。从一个层级到下一层级的每一次过渡，都是"转型"或"变动"。

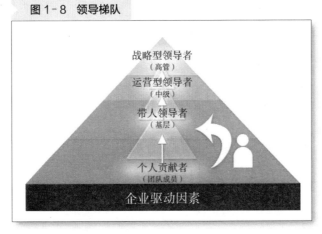

图 1-8　领导梯队

（三）领导的科学性与艺术性

领导力的理论是一门科学，而领导力的实践则是一门艺术。有效领导力的培养，不仅仅需要用大脑去计算，也需要用心灵去感受。

1. 领导科学

领导学建立在心理学、社会学、政治学、管理学、认知科学、统计学、信息科学等学科的基础上，先天具有科学"基因"。回顾领导力理论的发展史，可以清晰地看到上述学科的影子。例如，领导特质理论的研究，得益于人口统计学和心理学的理论与方法；对权力和影响力的研究，源于政治学、社会学和心理学等学科。

正是基于理论性、科学性和规范化的特点，领导科学对任何类型组织的任何层级领导者都具有普遍适用性。

2. 领导艺术

所谓领导艺术，指的是在实施领导的方式和方法方面的应变性与创造性。领导艺术是领导者素质和经验的综合体现，是在领导科学基础上根据实际情境所做的一种创造性发挥和升华。

领导艺术是非规范化的个人经验，有着随机性、灵活性、创造性和实践性的特点。不同的领导者实践同一种领导原则，可能产生截然不同的结果。领导工作艺术性的一面，是领导工作与管理工作的显著差别所在之处。

3. 领导的科学性与艺术性的关系

领导科学和领导艺术,是领导力这枚"硬币"的两面,是高效领导者必须同时具备的两项基本要素。两者之间有着如下联系。

(1) 目标一致

领导科学和领导艺术都服务于同一个目的:实现组织目标。两者只是实现同一目标的不同途径和手段。

(2) 相互依存

领导科学是领导艺术的基础,脱离科学指导的领导艺术是无源之水。具有丰富领导经验和成熟领导艺术的领导者,如果不注重持续学习和理解领导科学,则难以再上一个台阶。

同样,尽管拥有渊博的领导学知识是有效管理者的必要素质,但是知识本身并不足以构成领导力,每一位领导者都必须开发自身的领导艺术。领导艺术是领导科学在具体情境下的"最佳实践"(best practice)。如果缺乏领导艺术的有力支撑,领导科学将失去发挥作用的土壤。

(3) 相互促进

领导科学的不断创新和发展,对领导力的实践艺术提出了更高的要求。与此同时,在对领导理论的普遍规律总结、归纳和提炼的基础上,领导艺术又促进了领导科学的不断发展。两者的发展螺旋上升,相互为彼此注入了持续进步的活力和动力。

二、 领导力习得

领导力其实并不是某些人具备的一种天赋,也不是一种不可意会的艺术,而是人人都可以学会和掌握的一种能力,在本质上和学习语文、数学没什么大的区别。

(一) 人人都能学会领导力

在当今信息时代,领导力已成为一个大众话题,学者有学者的定义和内涵,管理者有管理者的理解,普通大众也有普通大众自己的感受。在讲习得领导力时,首先需要讨论的是这样一个话题:领导力的习得是靠坐在教室里听课,还是靠看在线视频课程?其实,大家的回答折射出两个问题:其一,领导力太重要了,人人都渴望拥有领导力;其二,虽说很多人心里觉得自己学不会,但因其重要,一旦遇上某个走方游医故作神秘地告诉他"我家有祖传的领导力的秘籍",就会一边骂着"骗子",一边抱着"死马当活马医"的心态报名上课。

哪些因素决定了一个人会成为领导者呢?至少有以下三类要素是不容忽视的。

第一,"先天性"要素。领导特质所塑就的魅力仍然是领导学研究的重要内容。敢于承担责任和敢于开拓的品质对于一个领导者来说是至关重要的,但是这样一种气质和秉性往往是来自领导者的性格。有人把领导学称为"责任之学"。

第二,修炼性要素。自身经过修炼而获得的气质,通过学习所建立起来的完整的知识结构,以及通过实践和模仿所累积起来的经验,是一个人能否成为领导者的首要决定因素。领导学实际上是一门"修炼之学"。

第三,"经验性"要素。即从漫长的领导实践经验中提炼出来的领导技巧、领导手段和领导智慧。较强的组织和协调能力是领导者必不可少的能力。领导者是居于超脱地位的"组织型人才",更多地依赖经验,这就决定了领导必然要掌握有效组织下属以实现目标的艺术。

领导者的特质来自领导者自身的兴趣、习惯、性格、气质、修炼和积累等,而一个人成为领导者的资源则是来自外界的赋予和投放。

(二) 领导力是可"复制"的

每个人都可以通过学习从而掌握领导力,无论学习方式是看书、听课还是看视频。"领导力能否通过学习加以掌握?"这个问题的本质是东西方思维习惯的差异。在大多数东方人看来,领导力要么是一种与生俱来的天赋,要么需通过长时间的管理实践打磨而得。

我们的成长经历决定着我们的领导力来源。一般来讲,父母、老师、老板,就是我们学习领导力的对象。以前,从小学到大学,从来没有专门的领导力课程,所以模仿成了我们唯一的学习途径。你批评团队缺乏动力的语气,像不像你们老师说"你们是我教过的最差的一届!"时的语气? 至于你的老板,他也许是经理人心态,勤奋敬业、亲力亲为是他的座右铭,所以你也就学会了一招:事事都要成为员工的表率。不是说这招不对,只是仅会一招是不够的。[1]

领导力习得是可以标准化的。说到领导力的标准化问题,我们需要先看一下:在日常工作中,领导力究竟如何体现? 管理者的日常工作无非就是跟员工开个会,表扬一下努力工作的员工;为了达成业绩,鼓舞一下士气;出差时,给员工一些小的权力,告诉他们什么时候可以自己做主;遭遇运营瓶颈时,带领大家研究怎么创新等。这些都是管理者最熟悉的工作场景。

那么请问,大家在做这些工作的时候,有没有标准,有没有规则,有没有工具? 你认为基本都是自己临场发挥,随心所欲,对吗? 但是在西方企业中,对于这种种场景,都有一整套的规则,管理者只要套用就可以了。企业出现了问题,一定会有解决的办法。

大家都觉得领导力中的执行力很重要,但是如何培养执行力呢? 执行力不是员工的能力,在西方的管理学中,员工的执行力跟老板的管理能力密切联系在一起。强大的管理能力才能衍生出坚决的执行力。如果员工的执行力不强,则说明企业老板的管理能力不过关。

□ 举例

日本公司是如何向下属部署任务的? 其中最有趣的部分是,日本的大公司规定,管理者给员工部署任务时,至少要说五遍。具体情况如下:

第一遍,管理者:"渡边君,麻烦你帮我做一件××事。"渡边君:"是!"(转身要走)

第二遍,管理者:"别着急,回来。麻烦你重复一遍。"渡边君:"你是让我去做××事对吗? 这次我可以走了吗?"

第三遍,管理者:"你觉得我让你做这事的目的是什么?"渡边君:"你让我做这事的目的大概是咱们这次能够顺利地召开培训,这次我可以走了吗?"

---

[1] 樊登.可复制的领导力:樊登的9堂商业课[M].北京:中信出版集团,2018.

第四遍,管理者:"别着急,你觉得做这件事会遇到什么意外? 遇到什么情况你要向我汇报,遇到什么情况你可以自己做决定?"渡边君:"这件事大概有这么几种情况……""如果遇到 A 情况我向您汇报,如果遇到 B 情况我自己做决定。您看可以吗?"

最后一遍,管理者:"如果让你自己做这个事,你有什么更好的想法和建议吗?"渡边君:"如果让我自己做,可以在某个环节……"

五遍讲完,员工现在对各种突发情况、场景都有预案了,再去执行。各位,这种情况,是不是比老板只说一遍的效果要好,是不是可以接近老板最初设定的效果? 大家知道,在一个公司里面,最大的成本是重做。俗话说,"磨刀不误砍柴工"。在砍柴之前,耐心地磨刀是十分必要的。不要拿着钝的刀子就上山,到时候不但费力,还没什么实质性收获。道理一说就知道,但是我们平日里,领导者又是怎样布置任务的呢?

领导学既具有很强的理论性,又具有很强的实践性。领导学的研究者以培养真正的领导者,更新人们的领导观念为己任。领导学的研究者的角色是现实生活中的领导者所不能替代的,同样,现实生活中的领导者的角色也是领导学研究者所不能替代的。

三、领导力提升路径

领导力的提升,既科学又艺术,似乎没有套路,但仍有些比较成熟的提升路径可循。

(一)提升领导力的四重修炼

一个普通员工如何才能具备领导力呢? 俗话说"天上不会掉馅饼",即使偶尔掉个馅饼下来,你的嘴也需要比别人的嘴张得大才能吃到,还要注意脚底下是否有陷阱。这儿的嘴大可能包括你的能力和为这件事做的准备,譬如"链家"的中介小伙要知道在淡季时都要守着,这样才会在旺季时,一只手握房源,一只手给熟悉的客户打电话推荐。提升领导力也是这样一个循序渐进、逐步修炼的过程。

图 1-9 提升领导力的四重修炼

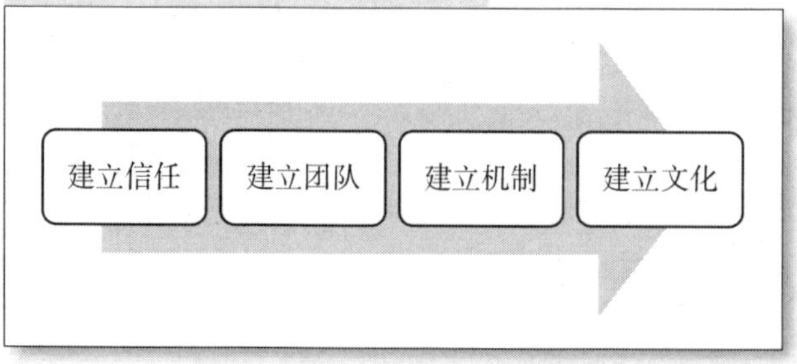

有人认为领导力的提升成长至少需要以下四重修炼。

1. 建立信任

当你还是一个普通员工时,最重要的工作就是保质保量地完成领导者分配的任务,赢得领导者的信任;在工作中与同事友好相处,赢得同事的喜爱;为客户提供优质的服务,赢得客户的肯定。只有不断增进与大家的关系,打造良好的个人工作环境,你才能获得升迁的机会。本职工作是一个人安身立命之本。要知道侃侃而谈很容易,但行之于实处时,各种想不到的困难便会都冒出来,所以脚踏实地,把本职工作做得足够出色,就能为自己争取到更多的机会。

2. 建立团队

到了这个阶段,团队管理者的角色定位开始显现。我们的很多工作需要尽可能通过员工完成,为员工能力提升创造一切便利,而不是越俎代庖,事事参与。最常见的管理错误就在于事事操心。一个常见的现象是老板非常勤劳,整日起早贪黑,忙忙碌碌。相反地,员工反而无所事事。

如果管理者一直用自己的意志管理团队,团队就会对其产生很强的依赖感。有人建议:管理者一定要学会放手,让团队自我进化,让成员自己成长,哪怕开始时出现一些损失、错误,也要容忍。

3. 建立机制

为什么有的人带团队,只要他不在,团队就乱成一团麻;而有的人带团队,他仍然可以自由出差、出国进修? 这就涉及管理者成长的第三个阶段——建立机制。机制就像是一台精确运行的机器,一旦建立起来,就会自然运转下去,不会因为个别因素而停止。既然是机器,必然要有运行规则,这就是机制中标准建设的内容。

我们经常说:管理机制就像是一个黑箱,判断好坏的重要标准是输入产品和输出产物。如果输入的是一流人才,出来的却是三流结果,那么这个管理机制就是有问题的;如果输入的是三流人才,出来的是一流结果,那么这就是一个运转良好的管理机制。

最后一个是建立文化。这一内容将在第三章中具体阐述。

(二)LEAD NOW! 模型

LEAD NOW! 模型,是约翰·帕克·斯图尔特(John Parker Stewart)和丹尼尔·J·斯图尔特(Danie J. Stewart)对高管领导力教练经验的高度提炼,他们将抽象的领导力,变成了身边随时随地可实践提升的点滴行为能力:按对内对外、对人对事两个维度将领导力划分为四象限,具体包含 21 项领导力行为习惯,每项领导力行为习惯内包含 30—40 条久经检验的实践建议。①

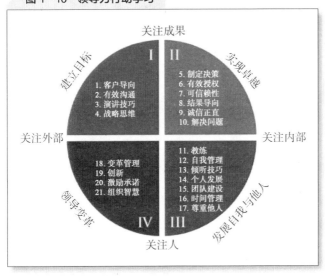

图 1-10　领导力行动学习

关注成果

建立目标　　实现卓越

Ⅰ　Ⅱ

1. 客户导向　　5. 制定决策
2. 有效沟通　　6. 有效授权
3. 演讲技巧　　7. 可信赖性
4. 战略思维　　8. 结果导向
　　　　　　　9. 诚信正直
　　　　　　　10. 解决问题

关注外部　　　　　　　　关注内部

18. 变革管理　　11. 教练
19. 创新　　　　12. 自我管理
20. 激励承诺　　13. 倾听技巧
21. 组织智慧　　14. 个人发展
　　　　　　　15. 团队建设
　　　　　　　16. 时间管理
　　　　　　　17. 尊重他人

领导变革　　发展自我与他人

Ⅳ　Ⅲ

关注人

① [美]约翰·帕克·斯图尔特,丹尼尔·J·斯图尔特著,王育梅译. 领导力行动学习手册:21 项可实践、可提升的领导力行为习惯[M]. 北京:电子工业出版社,2016.

提升领导能力的第一步,是明确什么是期望提升的领导力行为习惯,以及界定当前行为习惯现状与期望达到的行为习惯之间的差距。改变的方式可能是通过强化已有的优势或克服技能或认知不足所带来的挑战。

第一象限:建立目标。领导者的职责是定义团队的愿景和战略,建立坚定不移的目标。领导者需要明确组织存在的目的,清晰知道接下来要做什么,如何实现其定位,充分了解客户,分析行业趋势,制定战略,以及有效地与他人沟通。

第二象限:实现卓越。领导者的职责是实现卓越的组织运营——将战略转化为日复一日的工作。为了实现这一职责,领导者需要头脑清晰地制定决策,建立持续的可衡量的工作流程,持续改进工作,同时要保持行为的正直性。

第三象限:发展自我与他人。领导者必须重视学习对自己及他人的价值。领导者要不断发现个人成长的机会,建立并管理多元化的团队,培养技术专家,管理个人时间,训练并培养他人,同时严格进行自我管理。

第四象限:领导变革。领导者的职责是创造并拥护有利于组织的变革尝试。这需要,影响关键决策人,支持变革项目,授权相关人员,鼓励创新,对抗阻碍,让变革持之以恒。

LEAD NOW! 模型还包含了以下步骤(见图1-11)。

1. 确定维度。我想要提升的是对内领导还是对外领导?是对人领导还是对事领导?找到自己想要提升的维度,如对内、对事,则对应维度为"实现卓越"。

图1-11 LEAD NOW! 步骤

2. 确定行为习惯。阅读该维度中各项行为习惯的定义,找出其中一项你最希望提升的行为习惯。

3. 找出3—5条实践建议。阅读该行为习惯中30条左右的实践建议,从中找出3—5条当下自己认为最有效的建议。

4. 制定行动计划。基于3—5条实践建议,设定自己在未来一个月内的实践应用的具体行动方案。

5. 循环。回到第一步，再次选择提升的"1 个提升维度——1 项行为习惯——3—5 条实践建议——1 个月行动实践"。

要想领导行为发生改变，领导者需要检核一下：最近，我为提升领导力所做的努力产生了多大的效果；我们为提升领导力所做的努力产生了多大的效果。同时检核一下，是否要使用表 1-3 的领导力修炼原则。

表 1-3 领导力修炼原则

领导力	关键点	典型问题
简单为上	聚焦在少数能产生显著效果的行为上	为我该做的事情设定优先级，聚焦在那些我能改进的关键行为上
善用时间	将他们渴望的行为加入日程表，并检视自己的时间分配是否与之一致	将渴望的行为变成体现在日程表中的具体行动，而且确保它们实实在在得到了我的时间投入和关注
承担责任	不管是私下还是在公开场合，都能为达成改变承担责任	为推动改变的发生承担责任，并公开地宣布我的计划
利用资源	通过寻求辅导、调整人力资源体系支持他们渴求的改变	为了使渴求的改变最终发生，积极寻求各种支持
持续跟踪	用具体的方法衡量他们的行为和结果	设定评估指标，追踪达成转变的过程
不断完善	从错误与失败中学习，展现出恢复力，以此来取得持续的提升	反思什么是有效的、什么是无用的，并从成功和失败中学习
倾注感情	对于需要做出的改变投入热情	有热情去改变，因为这些改变是我坚信的东西，而且也符合我的个人价值观

思考题

1. 你对领导力的理解有哪些误区？

2. 你如何理解领导力的科学性、艺术性与领导理论之间的关系？

3. 你对可复制的领导力怎么看？

4. 为了提升领导力，你会采取哪些实际行动？

第二章　课程领导力在学校

　　自从人猿相揖别后，华夏大地便出现了原始的教育活动，这种教育活动产生于社会生活的需要，更是为了满足人类传授劳动、生产和生活经验，保证人类社会存续和发展的需要。到夏、商、周时代，具有浓郁东方色彩的教育管理模式便初具雏形了。至春秋战国时期，诸子百家各具特色的教育管理思想与实践，更是为我国古典教育管理理论的形成奠定了深厚的基础。在浓郁的文化氛围和丰厚的文化底蕴中，中国教育管理实践活动逐渐形成了具有浓郁中国风格的教育管理模式，并孕育了独具特色和魅力的中国教育领导力。

　　自20世纪以来，教育领域领导力的研究一直被教育学界所关注。教育领导力是领导力的分支，随着领导力研究的推进，教育领导力也随着快速推进，尤其是随着课程改革的发展，更加关注学校教学领导力、课程领导力等。

　　面对日益复杂的学校教育环境，为了提高领导力对课程改革的作用，21世纪以来，上海凝聚全市的力量开展学校课程领导力行动研究，以项目的方式解决学校课程教学改革中面临的实际问题，提高了学校课程品质，促进了师生发展，提升了课程领导力。

　　本章内容包括领导力理论对教育的影响、课程改革与领导力的关系、上海课程领导力的框架以及课程领导力提升路径，具体见图2-1。

第一节　领导力在教育领域

　　英国伯明翰大学教育学院前院长彼得·雷宾斯（Peter Ribbins）指出："领导力的质量是决定学校效能和学生学业水平的关键因素，这一点已是国际教育界的共识。"国内外有关教育领导力理论的研究，无论是传统的研究领导者个性特征的特

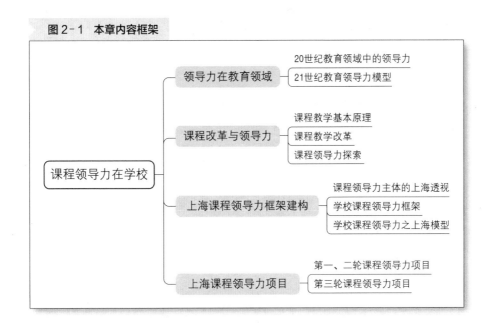

图2-1　本章内容框架

质论、寻求最佳领导行为的行为论、因情境而变的权变论、富有重构精神的后现代论，都越来越触及其研究核心——教育领导力。[①]

一、20世纪教育领域中的领导力

在20世纪，关于教育领导力的研究成果已相当丰富。但受所要解决问题的复杂程度和研究视域的开阔程度的制约，无论是哪一种教育领导力，在彰显其优越性的同时也暴露出其局限性。

（一）传统教育领导力理论的局限性

领导力是领导学研究的一个分支，曾有特质模型、行为模型、情境模型、权变模型、转换式模型等。每一种教育领导力模型在彰显其优越性的同时也暴露出了局限性。伴随着教育领导力模型研究的发展和变迁，新的教育领导力模型的完备

① 王明露，王世忠. 中国教育领导力探析［J］. 学子（理论版），2016（02）：6—8.

性逐渐增强,呈现出统整其他模型的趋势。[①]

1. 特质模型

20 世纪前半叶最主要的教育领导力模型是基于特质的领导力模型,关于这一点在第一章中已经阐述。专家认为特质模型至少存在三个问题:一是这些特质与领导力的相关仅仅是中度的,即这些特质仅仅是解释成功领导者的部分因素。二是特质模型低估了领导者特质的可变性,即可成长性的价值。三是特质模型是静态的,而领导力本质上应该是动态的。

2. 情境模型

情境模型的理论根基是社会心理学中情境变量对于行为的影响,强调情境对于领导力的重要性。根据这种理论,一位好校长之所以优秀,主要是因为其非常幸运的在合适的位置和时间担任了校长。有很多研究支持情境模型,其观点是情境而非特质或行为决定了谁将成为领导。

传统的教育领导力模型主要存在三个问题:一是这些模型多数是外来的,即并非诞生于教育系统,而是来自企业管理;二是这些模型多数是针对特定情境的,并不一定适合于教育系统;三是这其中缺乏一个能够整合其他模式的领导力模型。

(二) 学校变革型领导力

1. 学校变革型领导力的源起

加拿大学者利思伍德(Leithwood)等人于 1990 年在对教育改革中的 K‑12 学校的研究过程中,认识到变革型领导理论与校长面临的挑战间的关联,将其引入到教育情境中,首次明确提出了学校变革型领导的概念,认为学校变革型领导能够通过构建合作型的校园文化促进教师对组织目标的认同,激励教师不断发展,最终实现学校的发展与变革。与传统的教育领导理论相比,学校变革型领导理论则认为单纯依靠学校的领导者个人无法创造出促使学校可持续发展的环境,

---

① 中国科学院"科技领导力研究"课题组,苗建明,霍国庆. 领导力五力模型研究[J]. 领导科学,2006(09):20—23.

有效的学校领导应当是与教师共享的,领导者可以通过一系列行为实践影响教师,进而达到提升学生学业成绩、促进学校发展的目标。学校变革型领导力是学校领导者在实现学校变革过程中影响教师信念和具体行为实践、促进组织变革以适应不断发展变化的环境的能力,是把握学校使命并促使教师围绕使命而奋斗的一种能力。

2. 学校变革型领导力内涵

可以从以下三个方面把握学校变革型领导力的内涵:第一,学校变革型领导力既是指学校领导者的能力,同时也代表学校领导者与教师之间的相互作用和影响过程。第二,学校变革型领导力的直接作用对象是教师,以影响教师的内在心理状态,尤其是动机、价值观等发挥作用。第三,学校肩负着促进学生发展的任务,无论学校如何变革,最终目的是促进学生的发展。

学校变革型领导力的研究比重整体呈现增长态势,曾出现两个研究比重的高峰。其中,第一个高峰的出现是受 20 世纪 90 年代美国教育改革"重建浪潮"影响,这一时期美国教育改革的主题是反对以往的由外向内、自上而下的强制性变革,推崇由内而外、自下而上的自发性变革,变革型领导理论符合教育改革需要而得到了研究者们的重视,相关研究比重于 1996—1997 年达到峰值。

3. 学校变革型领导力特点

具体研究中,学者们对学校变革型领导力的理论维度解读主要分为两类,一类认为变革型领导力是跨情境的,一般领域的变革型领导理论在教育领域中同样适用,因此,这类研究直接将一般领域的变革型领导力的理论维度应用到学校组织中,影响比较大的有巴斯(Bass)和阿沃利奥(Avolio)于 1995 年提出的双因素模型(变革型领导力和交易型领导力)以及库泽斯(Kouzes)和波斯纳(Posner)于 1990 年提出的愿景领导模型,相应的测量工具为多因素领导力问卷(Multifactor Leadership Questionnaire,简称 MLQ)和领导行为问卷(Leadership Behavior Questionnaire,简称 LBQ)。

另一类则认为对学校变革型领导力的理论维度界定应当符合学校组织的特点,关注学校组织的具体情境,持这类观点的学者则在具体的学校情境中探讨变革型领导力的理论维度,如利思伍德等人 2001 年将"关注学校教学"首次纳入学校变革型领导力的理论维度中,提出了学校变革型领导力的维度模型。主要的测量工具有:学校领导力问卷(Nature of School Leadership Survey,简称 NSLS)、校长变革型领导力问卷(Principal's Transformational Leadership Questionnaire,简称 PTLQ)等。对两类取向界定的学校变革型领导力的理论维度进行归纳总结,最常被纳入学校变革型领导力的维度有:构建共同愿景、智力激发、个性化关怀和榜样行为,最少涉及的维度也是学校管理领导者的一个非常重要的内容,即改进教学方案。[①]

变革型领导理论认为组织的变革通过对组织内成员的引领、带动和培养而实现。具体到教育领域中,由于学校组织是一个关系系统,学校的变革应当存在两层含义:第一层是通过对课堂的教学实践施加影响而产生的改变,第二层是通过对教工直接施加影响而产生的改变,且第一层的改变以第二层的改变为前提。举例来说,相较于关注课堂教学和学生学业成绩的教学型领导,学校变革型领导在关注学生学业成绩提高的基础上,更加重视教师的能力、需要、组织认同等方面的内在心理状态的变化,特别重视组织文化、组织氛围等因素对教师的影响。

变革型领导的概念一经引入到教育领域就引发了学界的重视,提升校长的变革型领导力成为很多西方国家校长培训项目的重要内容,最早可以追溯到 2000 年的加利福尼亚州立大学的培训项目。此外,变革型领导力的提升也是一些学校领导者的选拔项目重点考察的内容,将变革型领导力水平作为校长候选人的确定依据。

进入 21 世纪,世界各国均面临着教育改革的巨大挑战,学校组织更需要一种循序渐进、稳步推动且主动自发的变革,学校变革型领导理论重回教育舞台。在这种背景下,学校变革型领导力再度受到了教育者、研究者和政策制定者的关注,研究比重开始回升,到 2012 至 2013 年间曾一度超过 30%。

二、 21世纪教育领导力模型

21 世纪是一个知识经济时代,变革成为主旋律。自 2002 年起,研究者们提出

---

① 缴润凯,刘丹.西方学校变革型领导力的研究述评及展望[J].外国教育研究,2017,44(08):76—89.

了多样化的理论模型,在学校变革型领导力的效用及影响因素的研究上得到了丰富的成果。此外,相关研究还通过构建间接效应模型的方法,对学校变革型领导力的前因变量、结果变量以及具体作用路径进行了阐释。

近年来,与教育密切相关的教学领导力、道德领导力、教育学领导力、学习型领导力等模型受到关注。

（一）教学领导力模型

早期的教学领导力模型强调行政决策因素对教师行为产生的影响,如校长树立明确的目标、配置教学资源、管理课程、监督教师教案等。而当前的教学领导力模型特别强调校长教学领导力对提升教师教学和激发学生学习所产生的影响。海林杰(Hallinger)等人推出的教学领导力模型是目前教学领导力理论中颇具代表性的模型,这个模型包含三个操作层面:界定学校使命、管理教学方案及提升学校气氛。[①]

勒德鲁(Nedelu)的研究表明,教学领导力与学校变革型领导力之间有很多相似之处,如二者均包含"设立共同愿景",均以校园文化建设为实现目标的重要途径,均采取多种行动来促进教师专业发展等。[②]

（二）道德领导力模型

"学校是一个学习共同体",是道德领导理论最基本的一个假设,也是实现道德领导的基本前提。在学校组织和学习共同体中,领导的着眼点和侧重点有所不同。萨乔万尼(T. J. Sergiovanni)发展了学校道德领导力思想,使道德领导力模型趋于完善。他认为,领导的权威不仅来自科层体制所赋予的权威,更重要的是来自道德权威和专业权威。在学校组织中,有四个方面可以为领导者构建替身:对学校作为一种学习共同体的规范的响应、对专业理想的承诺、对工作本身的回应以及团队精神。[③]

① 蔡怡. 教育领导理论新进展[J]. 比较教育研究,2007(01): 23—26.

② 缴润凯,刘丹. 西方学校变革型领导力的研究述评及展望[J]. 外国教育研究,2017,44(08): 76—89.

③ 从春侠. 萨乔万尼道德领导理论述评[J]. 国家教育行政学院学报,2009(04): 90—95.

（三） 教育学领导力模型

教育学领导力更多地显示了重视教学关系的特征。21世纪的教育学追求的是一种理想的学习环境,学习者、教师、家庭和社区与外部元素相互作用,共同建构知识。萨乔万尼认为,教育学领导力是"通过发展学生的社会、学术资本和教师智力、专业资本进行能力建设。通过运用现有资本提高师生的学习、发展和课堂效率来支持领导力"。教育学领导力是一种超越了直接学习环境的实践活动,关键在于以下三部分的发展：生态社区间的交流;所有成员参与的活动;运用一切可用资源建构知识。[①]

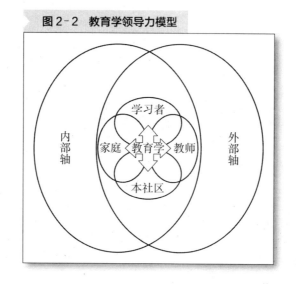

图2-2 教育学领导力模型

通过对教育学领导力模型的分析与探讨,我们看到,教育学领导力的研究维度从领导者个体的特质转到领导者行为,从强调情境的重要性转到领导者特质与情境的相互作用,从关注高层次价值观转到关注观念的转换,领导力模型呈现多样化趋势,在价值多元的社会中,形成了教育领导力复杂多变的面貌。

[①] 胡中锋,王义宁.教育领导力模式变迁之反思[J].华东师范大学学报(教育科学版),2015,33(03)：7—13.

总之,教育学领导力关注的是领导效能,其本质是影响力,是教育组织谋求生存和发展的关键力量。有专家认为,在教育学领导力研究领域中,领导力是根植于学校情境的,具有研究领域的特异性。

(四) 学习型领导力

学习型领导力[①]可向学校领导人就如何取得重大成就,尤其是学生学习方面的成就,提供方法和途径。相对而言,"教学型领导力"的内涵更关注校长的作用,而"学习型领导力"则包括了更多的内涵和外延,既融合了更为宽泛的系列领导力,又提供了更多的行动关注点,详见图2-3。

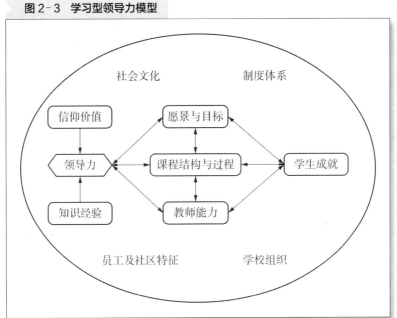

图2-3　学习型领导力模型

这一模型高度总结了学习型领导力的数个重要假设:第一,它强调领导力孕育并作用于一个学校组织、环境的境脉(大背景)之中。它在一个"开放的系统"中

---

① 菲利普·贺灵杰.学习型领导力:模型及核心维度[J].教育研究,2013,34(12):118—128.

运作,该系统不但包含了社区,还有制度体系和社会文化。学校组织的条件和其环境既能形成也能限制和制约领导力效能。第二,领导力的发挥和运作也同样受到领导者自身特质的束缚。尤其要强调的是领导者个人的价值观念、知识、经验等,它们是领导力实践中的变量源。第三,图2-3表明领导力不会直接对学生的学习产生影响,但它主要通过改变学校层面的条件和发展过程,进而对学生的学习产生积极影响。并且,图中的双向箭头表明学校领导力在影响学校层面的条件和环境同时也受其影响。第四,还应注意到这个领导力模型直接明了地(也不仅仅是)指向了学生的成长,特别是学生的学习成就。

思考题

1. 传统的领导力理论有哪些局限性?
2. 学校变革与领导力有哪些关系?
3. 领导力如何改变学生的发展?

第二节 课程改革与领导力

课程领导力的研究和实践与国家、地方和学校课程改革密切相关。课程领导力是课程改革的理念落地的根本保障。

一、课程教学基本原理

课程定义的分歧是一种客观存在。要建设性地分析这些冲突的定义,需要把课程放在它们的社会背景、认识论的基础和方法论上进行考察。这将有助于提升我们对课程的认识。

（一）课程的理解

每一种课程定义，就像每一个课程问题一样，都是在特定的历史时期、特定的政治经济背景下出现的。例如，澳大利亚课程论者史密斯（D. L. Smith）与洛瓦特（T. J. Lovat）在考察百年来一些有影响的课程改革和课程定义后发现：①在经济强劲、求职机会充沛时，很少有人关注学校课程；②而当经济衰退时，会有许多人指责学校课程。企业主和公众往往把年轻人找不到工作归咎于他们没有掌握有关的知识技能，国家会注重课程目标的具体性。因此，当20世纪70年代初西方经济繁荣时，课程专家把重点放在了个人的经验上，制定了各式各样可供选择的课程计划；而在80年代经济不景气时，一直以课程自由著称的英国开始确立"国家课程"，这不是一种偶然现象。史密斯与洛瓦特得出这样的结论：每一种课程定义都可能反映了其历史、社会、经济、政治背景。

（二）泰勒的《课程与教学的基本原理》

泰勒（Tyler）的《课程与教学的基本原理》①是课程与教学方面的典型著作，具有实用性。他认为开发任何课程和教学计划都必须回答四个基本问题：

第一，学校应该试图达到什么教育目标？

第二，提供什么教育体验最有可能达到这些目标？

第三，怎样有效组织这些教育体验？

第四，我们如何确定这些目标正在实现？

这四个基本问题——确定教育目标、选择教育体验（学习经验）、组织教育体验、评价教育体验——构成了著名的"泰勒原理"。

围绕上述四个中心，泰勒提出了课程编制的四个步骤或阶段：

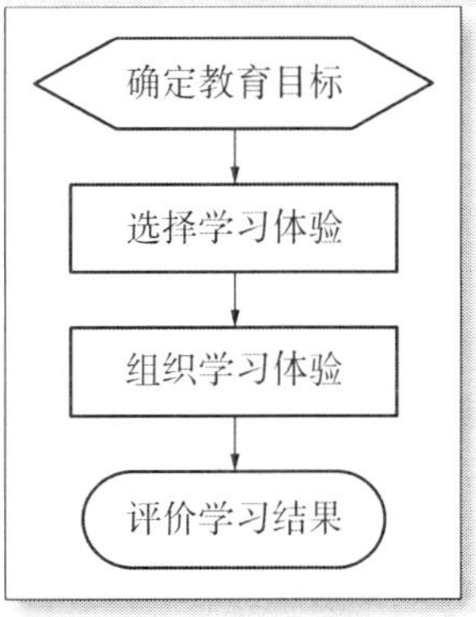

教育目标是非常关键的。首先，要对教育目标做出明智的选择，这必须考虑学生的

图 2-4　泰勒课程编制过程模式

----

① ［美］泰勒著，课程与教学的基本原理[M]. 施良方，译. 北京：人民教育出版社，1994.

需要、当代社会生活、学科专家的建议等多方面的信息;其次,用教育哲学和学习理论对已选择出来的目标进行筛选;最后,陈述教育目标,每一个教育目标包括行为和内容两个方面,这样可以明确教育的职责。泰勒认为目标是有意识地想要达到的目的,也就是学校教工期望实现的结果。教育目标是选择材料、勾划内容、编制教学程序以及制定测验和考试的准则。泰勒的课程编制原理强调课程目标的主导作用。

泰勒提出了五条选择学习体验的原则、在组织学习体验时应遵守的三个准则,以及教育评价至少包括两次评估。

"泰勒原理"倾向于把课程开发过程变成一种普适性的、划一性的模式,具有操作性和可复制性,但也有弊端。

二、 课程教学改革

对泰勒提出的课程与教学的基本原理,有专家提出批评: 它没有考虑课程开发中的创造性;忽视了不同学校实践的特殊性;教师在课程开发中的主体性、创造性没有得到应有的尊重;学习者是被控制的对象,在课程开发和教育过程中被置于客体地位,其主体性不可避免地受到压抑。

古德莱德(John I. Goodlad)认为"课程"应该划分为五个层次,即五种不同的课程形态: 理想的课程(Ideological Curriculum)、正式的课程(Formal Curriculum)、领悟的课程(Perceived Curriculum)、运作的课程(Operational Curriculum)、经验的课程(Experiential Curriculum)。从课程改革的趋势来看,各个国家都在追求个性化,而从各个国家课程改革的现状而言,从"理想的课程"到"经验的课程"之间有较大的落差。专业的课程领导的价值在于能够有效缩小"理想的课程"与"经验的课程"之间的落差,深化推进课程改革。各个国家在课程领导方面的研究起点有所不同,但是随着课程改革的深化,总体来说越来越重视课程领导。

（一） 国外课程改革

美国课程权利的下放不是一蹴而就的,而是逐步下放的过程,权利的下放是为课程改革服务的。20 世纪 60 年代末 70 年代初,美国教育改革的重点放在消除种族偏见和不同阶层儿童的不同经验上。兴起于 20 世纪 70 年代的"学校重建运动",使校本课程发展得到了不少教育实践者的欢迎,为课程领导的发展提供了契机。在美国,这个时期正是教育领导的回归期,有学者将校长领导分为技术领导(Technical Leadership)、人际领导(Human Leadership)、教育领导(Educational Leadership)、象征领导(Symbolic Leadership)和文化领导(Cultural Leadership)五个方面。20 世纪 80 年代前半期,美国的《国家处于危机之中:教育改革势在必行》,强化了州层面的教育规范,但 80 年代后期发现其效果微弱。于是 80 年代后期,美国扩大了学校自主权。作为改善学校的战略,各个地方积极开展的是"校本管理"(School Based Management)。这意味着,美国传统的教育管理模式,从中央办公室(各地方学区)强制的"自上而下"的模式,转变为"自上而下"与"自下而上"兼顾的双向性的管理方式,以满足各学校的需求。各学校课程自主权的开放,是这一阶段课程领导得到进一步发展的主要原因之一。这一时期,主要探讨理性的课程领导过程和方法,包括课程设计、课程实施和课程评价等方面的过程和方法,例如,1985 年出版的《课程领导与发展手册》(*Curriculum Leadership and Development*)。

美国课程领导环境既有有利的一面,也有不利的因素。在欧美,教师的课程领导,因校长课程自主权的下放,有利有弊。如,在欧美明确规定了教师的工作和作用,所谓的"个人主义文化"占统治地位。然而,这种个人主义文化,也会产生各种各样的弊端,比如优秀的实践难以传达给其他教师,教师面临的问题没有共有化,因而产生教师个人负担重等问题。为解决这些问题,政府采取了一些措施,但学者对此的评价却是褒贬不一。1999 年,有位学者指出,具有强烈的个人主义倾向的、被支配于互相不干涉的规范的欧美教师,被政府强制要求遵从"被束缚的合约"。"被束缚的合约"具有以下特征:不是在自然状态下发生的,而是在被行政监管下发生的;不是随意的,而是义务的;适合用于实行被政府或校长委任的事情;时间和地点是固定的;为了得到预期的结果而设计的。

总之,课程领导需要条件支持:第一,课程权利的下放;第二,课程领导的内涵随着时代发生变化;第三,课程领导的主体是多元的。

（二） 我国三级课程管理

进入 21 世纪后,随着基础教育课程改革发展步伐的加快,调整现行课程管理政策,实行国家、地方、学校三级课程管理,成为我国新一轮课程改革的基本思路。上海二期课改是三级管理制度的典型例子。

1998 年启动的上海二期课程改革,确立了"先试验后推广"的工作方针,根据市教委确定的"开放、民主、科学、高效、稳妥"的工作思路稳步推进。下面,节选二期课改试验总结报告。

□ 实践探索

二期课改的力度大,课程方案给高中阶段留下了较大的个性化发展的空间,这既是机遇又是挑战。二期课改所提出的三类课程和三级课程管理,要求学校创造性地落实课程方案:研究型课程,是培养学生创新精神和学会学习的重要载体和抓手,高中阶段已经有一定的探索实践的积累,但要普及到所有学校且达到方案要求的达成度还需要继续研究和推广;拓展型课程的开发和实施不仅促进学生个性与社会化的和谐发展,也是培养教师课程意识和能力的重要抓手,同时也是促进学校特色形成的重要载体,需要广大一线学校和教师不断探索;基础型课程的试验,一方面要为课程教材的修订提供实践数据,同时在课改重点的落实方面要有探索和突破,如,三维课程目标的有效落实、信息技术与课程的整合、"教"与"学"方式的转变等。

在市教委的正确领导,市、区、校三级部门的共同努力和社会各界的大力支持下,经过 5 年的探索和实践,基本实现了课改试验的预期目标,如课改研究基地学校校长在课程领导的意识和能力方面都有了不同程度的提高。

(1) 促进了校长课程领导意识的形成。参照市教委颁发的课程计划,制定学校实施的课程计划并组织实施,这种认识随着整体试验的深入,校长们的课程领导意识正在形成,领导的到位度在逐步提升,试验工作也逐步从无意识走向有意识,从盲目走向有目的、有计划,从随意到规范,从无序到有序,提高了试验工作的质量和实效性。

(2) 提高了校长的课程领导力。一些基地学校为了保证课程实施有计划、规范有序地进行,能制定相应的实施方案或实施意见,指导实施工作的开展。主要体现在：校长普遍已能进行学校课程实施系统的设计；基地学校普遍能按课程方案中的课程结构与课程设置的要求，因校制宜地设计校本化的课程实施系统；校长能因校制宜地设计和编制学校课程计划；校长能组织开发供学生自主选择的学校课程；整合三类课程，开发学校特色课程。

同时，校长作为学校课程的领导者是二期课改赋予的新使命。整体试验表明，学校的课程领导力与课程改革的校本化推进具有一定的正相关性。从某种意义上讲，校长的课程领导力决定着新课程校本推进的程度和质量。因此，大力提高校长的课程领导力是全面推广二期课改工作的一项迫切而重要的任务。然而，当前提高校长课程领导力的工作还存在两个突出问题：其一是校长领导课程的权责还不明确；其二是对提升校长课程领导力的工作未引起应有的重视。

自 2007 年以来，上海先后三次召开全市深化课程改革和加强教学工作的会议，聚焦教学有效性，提升校长课程领导力，进一步加强了学校作为课程实施的基本单位和深化素质教育的排头兵的地位，使得各项发展政策的重心不断下移，学校层面的能动性和创造力不断得以激活，许多学校纷纷制定了新的国家课程校本实施方案，并依托方案推进学校的教育教学改革。①

课程改革的空间是有的，关键是我们要能积极找到突破口，以前瞻性的理念、科学的思路和精细化的实践体系，形成试验项目。

总之，在新一轮国家课程改革实施国家、地方和学校"三级"课程管理政策的背景下，对学校层面课程领导涉及的课程权利的分配及应该承担的相应课程责任进行了学理探讨。从"课程管理"到"课程领导"，既是时代发展对学校管理提出的全新制度设计，也是学校共同体成员的集体专业自觉。

三、 课程领导力探索

课程领导的兴起、发展与课程改革有着密切的关系。从课程改革、课程自主

---

① 上海市中小学(幼儿园)课程改革委员会.扬起新课程的风帆——上海市中小学(幼儿园)二期课改整体试验总结[M].上海：华东师范大学出版社,2007.

权、校本课程开发等视角,对课程领导的发源地美国,以及中国的课程领导的兴起与发展进行阐述。课程领导与前面所述的教学领导、道德领导、教育领导有一定的关系。

(一) 国外课程领导探索

1. 课程领导力初探

课程领导是 20 世纪 50 年代美国学者首先提出的一个概念,20 世纪 70 年代起,随着美国学校重建运动的发展,课程领导问题引起了教育研究和教育实践工作者的关注。直至 20 世纪末全球大规模的课程改革浪潮展开后,课程领导的概念开始受到教育界、教育决策者和学者的关注。①

课程领导是集体合作的领导。1952 年,美国哥伦比亚大学哈里·帕索(Harry Passow)教授就发表了题为《以集体为中心的课程领导》(*Group Centered Curriculum Leadership*)的博士论文,提出了课程领导的概念。1955 年,美国的斯·曼·林肯研究所出版了《培训合作研究的课程领导者》(*Training Curriculum Leaders for Cooperative Research*)一书。这两本专著中,均强调课程领导的主体是集体,课程领导的过程需要合作。但是,当时这一课程领导的研究成果并没有引起太多的重视,这也许与当时美国的课程改革背景有一定的关系。1958 年苏联卫星的成功发射,引发了英、美等西方资本主义国家的恐慌,纷纷开展大规模的国家课程发展运动,以提高知识水平和综合能力。美国在布鲁纳(J. S. Bruner)的教育思想指导下,掀起了一场声势浩大的以中小学课程改革为中心的教育改革运动,受学科结构论影响的新教材很快编写并在全国推广,而学校和教师的课程自主权随之受到削弱。遗憾的是这次教育改革最终以失败告终。

根据美国课程专家的研究,所谓"课程领导"是指:①一个团体,而非个别的领导者(如校长),包括组织内的每一个成员都有成为领导者的潜能和权利。②团体内的所有成员一起学习、一起合作来建构意义和知识。领导是可以促使建设性转变的,学习具有共同的目的。③透过成员间的交谈,把观感、价值观、意念、信息和

---

① 徐国栋. 课程领导与学校发展:回顾与展望[J]. 教育曙光,2010(10):83—92.

假设表面化;一起研究和产生意念;在共同信念和信息的情境下,反思工作并赋予工作意义;促进有助于工作的行动。④要求权力和权威的再分配,共同承担或共享学习、目的、行动和责任。可以说,"课程领导是一种持续变化、充满活力的互动过程,也是课程领导者和教师在校内围绕课程问题谋求共识的互动过程"。

2. 革新的课程领导

随着课程领导的研究不断深化,关于课程领导的观点日益多元化。亨德森和霍索恩(Henderson & Hawthorne)在 2000 年所著的《革新的课程领导》(*Transformative Curriculum Leadership*)中阐述:革新的课程领导强调依据建构主义的后现代主义,认为教育者不仅要认同现代社会的主张,更要关注后现代的敏感性;革新的课程领导特别强调民主的课程领导;革新的课程领导提倡建构主义的改革。全书大部分篇幅论述如何进行革新的教学、如何设计革新的课程计划、如何做革新的课程评价。

戴尔·布鲁贝克(Dale Brubaker)在 2004 年出版的《创新的课程领导》(*Creative Curriculum Leadership*)中论述了课程领导的性质、策略、方法和技能。琳达·兰伯特(Linda Lambert)的《学校中领导能力的建设》从教育领导观出发,着重分析学校情景下的教育领导的性质、意义、方法和策略等。

利思伍德于 2012 年的元分析结果显示,学校变革型领导对学生的影响会随着学校类型、学校水平、学校所处地域、学生的社会经济地位、校长和家长的受教育水平的不同而变化。学校变革型领导能够通过教师的集体效能感、组织承诺、心理授权以及教师对领导者领导行为的感知等中介变量对学生的学业成绩产生影响。

值得指出的是,学校变革型领导力的不同维度对教师产生的效用大小及其具体作用路径不尽一致,如学校变革型领导力对于教师的影响主要是通过发展人员(榜样行为、个性化支持、智力激发、达成共同愿景)产生效用,其中,对教师的组织承诺和工作满意度均有显著影响的领导行为是发展人员和达成共同愿景。持续奖励对教师同样具有显著的积极效应。其他学校变革型领导力维度如高绩效预期、组织重建、关注沟通对教师也有显著的影响,但效应量较小。

（二）以项目方式提升课程领导力

为何采用"项目"的方式来破解课改难题,提升学校课程领导力? 众所周知,破解课改难题有多种途径,有理论研究,有实践探索。但即使在课改全面深化推进的今天,人们依然对课程理论与课程实践之间的疏离无可奈何。实践中的困惑是很难从课程理论中寻找到鲜活的、有针对性的解决办法的。①

1. 以"项目"的方式提升学校课程领导力

领导力理论认为,领导力不是领导者独有的素养,而是每个人应有的素养。学校课程领导力与校长课程领导力、教师课程领导力和学生课程领导力有区别,又有联系。

学校课程领导力的提升离不开校长课程领导力的提升和教师课程领导力的提升。校长课程领导力是校长统率、带领团队实现学校发展目标的能力,包括技术领导力、人际领导力、教育领导力、象征领导力和文化领导力五个层次。校长课程领导力与教师专业发展关系密切,教师专业发展是校长课程领导力发挥的沃土,而校长课程领导力是教师专业发展的动力。就教师课程领导力而言,其理论模型由"愿景创设力""教学决断力""教导执行力""沟通激励力""教学人际力"和"结果驱动力"六个维度构成。教师课程领导力理论模型具有很高的信度和效度以及跨样本的稳定性和代表性,能为后续教学领导力的实践应用提供实证基础。②

那么,如何提升校长、教师的领导力? 全球 Top20 企业和中国 Top20 企业在吸引和培养未来领导者方面采用的方式可以借鉴,具体依次为: 有针对性的领导力培训与发展、高度挑战性的任务、国际学习机会、快速晋升、长期激励、高薪酬福利。研究证明,企业领导者的成长 70% 靠实践,20% 靠教练、辅导或观察学习,10% 靠课堂学习。③ 言外之意就是,在实践中学习、研究、解决问题,即项目就是提升领导力的最有效方法。

项目（Project）就是以一套独特而相互联系的任务为前提,有效地利用资源,

① 陆伯鸿,韩艳梅. 一种基于项目推进方式的教育行动研究——上海市提升学校课程领导力的实践[J]. 上海教育科研,2012(05); 29—32.

② 吴晓英. 中小学教师教学领导力理论模型的验证[J]. 教育文化论坛,2019,11(01); 25—32 + 135.

③ 陈玮. 领导力培养: 中国优秀公司的新实践[J]. 中国企业家,2011(22); 95—99.

为实现一个特定的目标所做的努力。①项目有一个明确界定的目标——确定将要完成什么。②项目的执行要通过完成一系列相互关联的任务——许多不重复的任务以一定的顺序完成,以便达到项目目标。③项目需要运用各种资源来执行任务。④项目有具体的时间计划或有限的生命周期。⑤项目可能是独一无二的、一次性的努力。⑥每个项目都有发起人或客户。⑦项目包含一定的不确定性。①

成功的项目,70%—90%靠领导力,10%—30%靠管理。领导力促进项目成功,成功体验又提升领导力。复杂自适应项目组织具有主动性、智能学习性、适应性、协调性与合作性,项目组织实现上述特性的能力是项目领导力的重要内容,即成员自主决策执行力、项目组织适应力和项目组织凝聚力。

2. 课程领导的项目

(1) 美国 CLI 模式

CLI 是美国课程领导协会"the Curriculum Leadership Institute"的缩写,它于1982 年在堪萨斯州成立,由恩波利亚州立大学和几所公立中小学共同组成了一支研究队伍,以工作室(Workshop)的形式展开研究,提出了在实践中有步骤地进行课程和学校改善的课程领导模式。他们所研究出的这一课程领导模式已在全美一千多个学区推广。这一模式的出发点是,研究人员在研究中发现美国的教育实践中有诸多的问题,如:学业(Academic)课程的管理和决定,欠缺有效的学科课程的管理体系。

为了能改变这一现状,CLI 开发出了一套有序、长期的课程领导模式。同格拉索恩(Glathrone)的课程领导观一致,它立足于课程开发不同层次间的课程领导,强调各层次之间课程领导的连贯性与协同性。而不同层次的课程领导同样也基于不同的课程领导组织,这些课程领导组织有:学区的课程协调委员会、学区教育委员会、学科领域委员会等。这些课程领导组织事实上都是一些领导共同体,强调合作解决各种问题。

---

① [美]詹姆斯·P. 克莱门斯(James P. Clements),杰克·吉多(Jack Gido). 成功的项目管理(第 5 版)[M]. 张金成,杨坤,译. 北京:电子工业出版社,2012.

（2）加拿大 DIME 模式

该模式是加拿大萨克其万省教育厅组织开发的，其中的 DIME，分别为课程开发（Development）、课程实施（Implementation）、课程维护（Maintenance）、课程评价（Evaluation）。事实上，这是一套课程建设的模式，但不同于一般的课程开发模式的是，DIME 在这一过程中强调课程领导的角色与任务。

DIME 模式强调首先应形成一定的课程开发共同体。由于各阶段所涉及的具体内容各异，所以必须有不同人员的参与，这包括教师、校长在内等许多相关人士，他们不是上级和下级、命令与执行的关系，而是采取平等参与、分工协作的工作形式。DIME 模式各阶段具体情况如下：课程开发阶段实际上是指课程内容的挑选，课程方案的制定并进行适当的试验，这一过程主要由教师负责；课程实施阶段中学校及省教育厅必须提供必要的支持，而学校委员会这时承担主要责任；课程维护主要指课程内容和课程方案的修正，在此省教育厅负责完成；课程评价是用来确认新课程是否有保障，诸如师资培训、相关设备和教材的提供等保障；整个过程中，包括校长在内，不同的成员因角色的不同所承担的职责在各阶段有所不同，他们之间只有相互协调、合作才能完成整个课程开发工作。

这几种课程领导实践模式尽管来自不同的国家，有着各自的特点，但仍可以在它们的异同中找寻到各课程领导观所反映的思想。其中，出现频率最高的关键词莫过于"组织/共同体""愿景""合作/协调"，还有"变革/革新"，事实上正是这些词语整合在一起，构筑了课程领导的真实涵义。

（3）谢勒的问题解决模式

课程开发是学校课程领导力的常见情境，是提升课程领导力的重要抓手。谢勒（Saylor，J. G.）等人认为，课程开发应该以教育现场为重点，以解决学校及教师的课程问题为出发点，并就此提出课程开发的问题解决模式。[①] 这种模式强调了解教育现场的问题，经过详细的分析后确立适当的课程目标，并寻找切实可行的开发途径。

谢勒等人的问题解决模式，首要问题是要发现自己学校的课程存在什么问

---

① 于泽元. 课程变革与学校课程领导［M］. 重庆：重庆大学出版社，2006.

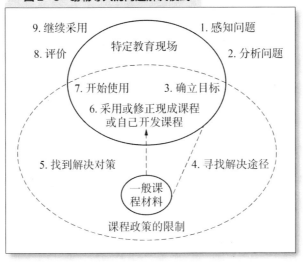

图2-5 谢勒等人的问题解决模式

题,只有深刻地体验到存在的问题,才有开发课程的动机。在现有的学校实践中,实际上存在很多问题,关键是有关人士有没有意识到这些问题。在很多情况下,学校人员会对存在的一些问题熟视无睹,或者即使知道那是问题,却把问题的责任推给校外的人员,没有真正地进行深刻的反省。而校外的课程专家,也往往倾向于关注理论上的探讨,对如何解决学校课程中出现的问题并不感兴趣,校外的教育行政人员一般也会保持得过且过的态度,对学校的课程问题也不会进行反省。可以说,没有反省,就没有问题,也就没有真正的课程变革。从这个意义上来讲,问题解决策略是一个十分实用和重要的课程变革策略。

问题解决模式的基本程序如下:

① 教师在日常的工作实践中发现种种课程问题,很多问题用原有的课程思想以及教学策略无法解决,他们需要新的思想武器和实际策略来解决这些课程问题。

② 一般情况下,教师对问题的感知是比较感性的、片面的,因此需要对问题本身进行反省和思考,以对问题的本质进行判断,确定真正的问题所在。比如,一个教师发现学生的学习兴趣普遍低下,这只是表面现象,现在需要找出这个表面现象背后真正的原因,然后才可能找出解决问题的方向。往往在这个时候,很多教师会觉得力不从心,因此,需要咨询学校外部的专业人士或者专门机构。

③ 学校外部的专业人士或者专门机构还有一个作用就是,帮助学校和教师寻找可能有助于解决问题的外部资源,包括物质资源和智力资源等。

④ 获得一些资源的支持之后,学校和教师要及时从外部的各种问题中抽身出来,恢复到对课程变革本身的关怀上来。很多学校和教师在这个过程中容易产生迷惑,不由自主地把外部资源的获取作为自己行动的主要目的,这是造成很多学校课程变革畸形发展的主要原因之一。

⑤ 通过对课程问题、资源现状等的探索和理解,学校和教师就可以提出解决问题的办法。

⑥ 把提出的解决办法应用到日常的工作实践中。

⑦ 在应用的过程中,学校和教师难免会发现新的课程问题,同样,需要对这些问题进行诊断,然后,找出解决问题的办法,这样就开始了新的一轮循环。

⑧ 一旦这种课程变革变得比较完善,并在实践中获得了相当的成功,就可以在本地区乃至在全国进行推广。

思考题

1. 泰勒的《课程与教学的基本原理》的优点和不足?

2. 课程改革与课程领导间的关系?

3. 革新的课程领导"新"在哪里?

4. 为什么以项目的方式提升学校课程领导力?

第三节   上海课程领导力框架建构

学校课程领导力在上海中小学校长、教师中人所共知。学校课程领导力对国家课程的校本化实施的品质极其重要,但是关于学校课程领导力内涵以及提升机理等方面,还有很多值得我们研究的地方。

　　从国内期刊论文发表来看,最早以"课程领导"为题的论文出现在 2002 年,是华东师范大学钟启泉教授的《"课程管理"到"课程领导"》。钟启泉在文中谈到,从教育生态学的管理理念出发,可以区分传统与革新两种不同的课程管理观,并探讨"课程领导"的概念。①

一、课程领导主体的上海透视

　　课程领导过程中"谁"是课程领导的主体,这个主体是否必须是领导者,必须是校内人员,必须是人,这都是绕不开的话题。

(一) 校长是必然的学校课程领导者

　　不可否认的是,学校课程领导中校长的课程领导确实很重要,同时课程领导是校长的不可推卸的责任。布莱德利(Bradley)认为,课程领导是校长有效领导的重要方面,校长的课程领导与校长所承担的责任是密不可分的。奥利弗(Olive)认为,不管校长作为积极的课程领导者还是消极地把课程领导的责任下放给下属,课程开发的成败仍然取决于校长的支持。英国教育和技能部颁布的校长国家标准强调,校长要引领学习和教学,校长在提高教学和学习的质量以及学生的成绩方面负有主要责任。伯林克和詹森(Berlink & Jensen)在大规模的问卷调查中得出的最重要的一条结论是,校长不能因为日常行政性事务影响其课程领导力。②

　　也就是说,校长不能仅仅停留在课程管理者角色上,而应该成为专业的课程领导者。与实施一般管理的方式不同,"领导"强调领导者与追随者以相互影响的方式来实现共同的目标,课程领导逐渐成为一种改造线性的、单向的、强制的、行政性的课程管理的普遍主张。"课程领导"偏重于对课程以及与课程有关的人、财、物方面的决策、指挥、创新,较多地考虑管理中的人文、价值和发展动力因素。

　　台湾地区学者提出了校长作为课程教学领导者的十大能力指标:①理解课程

---

① 钟启泉. 从"课程管理"到"课程领导"[J]. 全球教育展望,2002,13(12):24—28.
② 上海市中小学校长课程领导力发展与评价研究课题组. 中小学校长课程领导力发展与评价(资料),2012:4—6.

纲要及其配套文件;②理解学生成长与发展的现代理论;③理解学习理论的应用;④理解动机理论的运用;⑤理解课程设计、实施、评价与修订;⑥理解有效教学原理;⑦理解科技在促进学生学习中的角色;⑧理解教育的哲学与历史;⑨理解资讯来源、资料收集与分析;⑩理解仪式、例行事务和庆祝活动的重要性。尽管这些全是理解层面的,但是它为我们提供了构建课程领导力的视角。

只有提高校长课程领导的意识和能力,才能承担好校长的课程责任。钟启泉提出了校长的课程责任有[①]:(1)在学校课程规划中,如何在国家、地方和学校本位课程之间寻求平衡点、实现从理想的课程到学生习得的课程之间的连接以及深化对课程本体意义的理解,校长的专业水准和教师的课程能力无疑是最为关键的因素。(2)作为学校的课程领导之一,校长承担教师的专业发展和学生的知识、道德和人格的整体健康发展的责任。在实际的课程领导中,校长认真倾听课程利益主体的声音,通过学校层面的课程审议,进行校本课程规划的可行性论证;借由学校层面的课程领导,激发教师的课程意识。(3)在学校层面的课程领导中,作为课程领导的校长和教师能够调整固有习惯的课程思维模式,认真地倾听课程利益主体的声音,通过对现实课程实践的反思和批判而不断改进自身工作,促成道德的课程领导在学校教育实践中现实化。

根据不同学校的课程模式,钟启泉把当下学校校长分为以下四种类型:行政领导型;应试领导型;教学领导型;课程领导型。

□ 实践探索

上海市上海中学在第一轮课程领导力项目行动研究过程中,对学校课程领导力的内涵获得了更深的认识,并在实践中得以落实。[②] 认为学校课程领导力是校长在实践中为综合运用各类课程资源与灵活实施各类领导而产生的课程改革校本推进力,其结构框架如图 2-6 所示。校长课程领导内在品质、行为与风格最终转化为课程改革的校本推进力需要经历多种相互作用。首先,校长课程领导的内在品质(自身的气质、判断力与控制力、学识水平、人格魅力结合)与课程领导的行

---

① 钟启泉,岳刚德.学校层面的课程领导:内涵、权限、责任和困境[J].全球教育展望,2006,35(03):7—14.

② 上海市教育委员会教学研究室.为了学校的可持续发展——普通高中提升课程领导力的探索[M].上海:华东师范大学出版社,2013.

为的恰当运用之间的相互推动(根据情境因素来选择权威型、民主型、放任型等合适领导行为);第二,校长课程领导内在品质需要与学校课程改革内部与外部环境相适应,如正确分析国内外课程改革趋势,把握学校实情,提升对课程改革的敏锐力;第三,校长课程领导行为与教师群体参与的和谐。这涉及校长如何激励人、发展人的能力,构建组织的能力,发现有效途径并高效实施的能力;第四,教师群体与学校课程改革的内外部环境的相互作用。

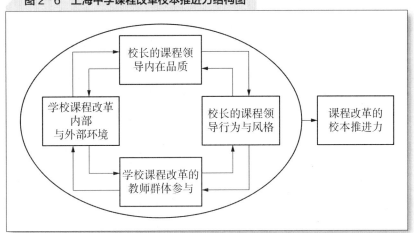

图2-6　上海中学课程改革校本推进力结构图

(二) 每一位教师都是课程领导者

不能否认校长在课程领导中的重要作用,但是我们也应该正视与课程领导发展密切相关的两个条件: 第一,教育行政对学校课程自主权的赋予;第二,课程相关的人员积极参与课程改革。

很多研究提出,校长是学校课程领导的核心,但校长并不是学校层面课程领导的唯一主体。亨德森和霍索恩在《革新的课程领导》中指出,课程领导是一个团队,一个由积极革新的学生、教师、家长、行政人员、社区领导等组成的互相合作的团队。从这个角度来说,在学校层面的课程领导中,校长有课程领导力,教师有课程领导力,学生也有课程领导力,甚至家长、社区也有课程领导力,不同主体侧重于课程领导中的不同要素。

很多案例表明，非领导者不一定没有领导力，如下面的"雁群飞翔"案例，其实我们真正希望在组织中看到的，是一群既负责任又能相互依赖的员工：如同雁群一般，可以看到它们以 V 字形编队飞行，其中的领导权时有更替，不同的雁轮流掌握领航权。不论同伴们飞往何处，每只雁都能负责行动中的某一部分，依情势所需而变换角色，可能是带头者、跟随者。当任务转换时，雁群可以调整整个任务结构以适应新情况，就像它们以 V 字形飞行，但以波浪形方式着陆。每只雁都会经历担任领袖之职。

课程领导力项目组对"学校课程领导力"形成了如下基本共识：学校课程领导力的主体是课程领导共同体——学校课程领导力不仅仅包括校长个人的课程领导力，也包括学校中其他成员的课程领导力，是一种团队能力。校长是学校课程领导力主体的核心，学校中层、教师都是学校课程领导力主体的组成部分。学校课程领导力主体之间互相作用、互相影响。

（三）课程"领导者"不只限于学校中的人

课程领导力不是领导者个人特点的产物，而是组织或者单位规范、习惯以及角色定义的产物。学校既是课程领导的客体，又是课程领导的主体。学校课程领导力可以分为两个层面：一个是组织的领导力，另一个是个体的领导力。组织的领导力，即组织作为一个整体，对其他组织和个人的影响力，这个层面的领导力涉及组织的文化、战略及执行力等。从组织层面考虑，用学校课程领导力来代表学校层面的课程领导能力更为妥当。

学校课程领导力是学校在解决课程教学问题的过程中呈现出来的。这种能力，无论是大事还是小事，无论是显性还是隐性，都涉及思想、设计、执行、评价的环节，即学校课程领导力。学校课程领导力不仅反映在校长、教师等主体上，还反映在学校课程相关的事和物上，包括文化、制度、机制等。也就是说，这些文本制度也起到课程领导（影响课程）的作用。

从这个意义上说，学校课程"领导者"除了人，还包括以下具体素材：（1）资料层面：①学校办学章程；②学校发展规划；③学校课程教学相关制度，学校德育制度（节庆文化活动、社团）；学校课程开发制度（准入、审核）；教研备课制度、作业制度；学生生涯指导（选课）、考试评价制度；场馆使用制度；等等；④计划总结（学校课程计划及其总结；学科课程实施计划及其总结；教研备课组计划及其总结；德育工作计划及其总结）；⑤过程性记录：综合素质评价（学生成长记录册）；教研组备课组活动记录；⑥校本课程；⑦科研项目（主题；层次）。（2）校内设备资源：图书馆、多媒体、科学技术艺术等实验室（专用教室）、体育场馆等；消耗性资源配置；经费投入。（3）现场活动：课堂教学、教研备课活动等。

二、 学校课程领导力框架

在学校组织这个多层次的开放复杂系统中，个人是不可化约的最小实体。下面以个人这个最基本的系统要素为实体代表，分析组织领导力发展的三个层次（实体、关系和情境）以及它们之间的相互影响。

（一） 实体层次： 个人领导

个人领导力发展是学校领导力发展的基础。把领导力看作整个系统的产物，并不意味着忽略个人发展在领导力发展中的重要角色。对于形成学校内更多联系来说，个人的发展是不充分但却必要的。而且，在后现代社会，越来越多的学校需要的是分担式、分权式或集体领导。每个学校成员都有可能在某些时候、某种情况下扮演领导者角色，这就要求所有学校成员都应具备相应的领导能力。因此，个人领导力发展不仅仅指那些正式任命的领导者的发展，还包括学校中每个人的领导力发展。当代英美领导力发展的研究者和实践者大多都认同的一个前提预设是，所有人都能够通过各种途径学习和成长，从而能更加有效地承担他们各自的领导角色，参与领导过程。

当然，在实践中，不是所有学校都有足够的资源去促进每个学校成员的领导力发展。但至少学校应动用资源去促进中层以上管理岗位上的教工的领导力发展，使他们成为领导者。目前学校在相当大程度上仍然需要依靠科层制来维持学校运转，与普通教师相比，那些拥有正式职位权力的管理者在组织过程中拥有更大的影响力，他们的领导力提升会对学校领导力的发展产生更直接、更大的影响。

在实践中,许多学校领导力发展项目的参加者不仅仅包括正式管理者,还包括学校中的高潜力人才,他们被视为正式管理职位的候选人。在知识型学校中,许多管理职能已经由能够自我管理的学校成员和各种制度安排承担了,更需要的是管理职位上的人员具有领导力,能够激励、发展知识型员工获取更大的成功。

(二) 关系层次: 相互联系

领导力是学校能否有效应对各类挑战的关键因素,学校领导力发展依赖于学校实体间高质量的相互联系。发展高潜能领导者的领导力以及为管理团队储备、输送新的领导人才可以增强学校的领导力。但要响应知识经济时代的复杂挑战,仅靠这种途径来增强学校领导力是远远不够的。当代学校需要把学校领导力发展的焦点从发展个人扩展到发展整个领导过程,让更多的人以集体的方式参与到领导过程中,以此来理解和解决各种复杂问题。发展整个领导过程意味着,关注如何有效地确定方向、创建联合和维持学校成员的承诺,而不必考虑多少人是或不是领导者。让更多的学校成员以更加多种多样的方式联合起来完成领导任务,可以使那些有能力引发必要变化、创新的学校成员更有可能在领导过程中发挥影响力,从而提高领导过程的敏感度和反应能力以应对多种复杂挑战,更有效地完成领导任务。

学校领导力被看成是整个学校系统的财富,而不只是最高层管理者们的财富。于是领导效能更多地体现为整个系统各个组成部分之间的联系或关系的产物,而不仅仅是系统内任何一个部分(如领导者)的产物。联系是学校实体之间的相互关系、相互作用、相互影响,这些实体包括学校中的个人、教研备课团队、非正式群体、职能部门等。联系很重要,因为它为学校成员进行集体协作开展领导工作提供了手段。也就是说,要使学校成员更加有效地联合起来完成领导任务,需要发展他们之间的关系。

学校中现有的联系模式足以应付一些常规性挑战,或者说技术性挑战。但它们难以应付越来越多的模糊不清、难以预测的复杂挑战。比如,学校中现存的用以区分和协调各个实体(如教研组、年级组、教导处、德育处等)的结构与边界有时会成为学校的障碍,而不是有效的学校方式。这就要求学校发展并丰富其内外部的联系模式,形成更加多种多样的、更灵活的、更具针对性的联系模式。一般来说,一个学校中的联系越丰富、越具有多样性、越灵活,学校作为一个整体应对复杂挑战的能力就越大。

当然,学校中各个实体间联系数量与质量的发展会受到各个实体自身发展水平的制约,但这些联系的发展又会反过来影响实体的发展。

(三) 集体情境层次: 文化与制度

学校文化与制度安排对领导力的发展有支持作用。在集体情境层次上分析学校领导力的发展,首先需要明确的是,该层次的发展是以前两个层次的发展为基础的。这个层次是包含了前两个层次的更高一级的(分析)系统层次,这个层次上的学校因素对前两个层次的发展起着重要的制约作用,而前两个层次的发展又有可能引发该层次学校因素的变化。

一般来说,工作系统的运行受到学校文化和各种学校设计,如学校发展战略、学校工作流程、学校的各种政策和制度安排等的影响。而信念系统源自学校成员共享的价值观,是一种比工作系统更深层次的系统,是学校文化的核心内容。信念系统常常会影响工作系统的运行,影响学校发展战略的确定、学校工作流程的建立、学校各种政策和制度的安排等。但学校战略、学校结构与流程、学校制度安排一旦确立,又会制约学校文化,即信念系统的进一步发展。因此,变革学校文化,改善学校工作流程,调整学校政策和制度都有可能促进学校领导力的发展。[①]

学校文化、学校战略、学校结构与流程以及学校的各种制度安排都会影响学校中个人的发展以及个人间相互作用关系的形成与发展。但学校是由人组成的,学校文化的变革、学校发展战略的确定、学校结构与流程的改造、学校制度的调整都是由人推动的,受到人际互动关系的影响。因此,不能忽视个人领导力及人际关系的发展对各类学校系统的发展变化所起的推动作用。

学校领导力发展包含三个层次上的发展,并不意味着每个学校在任何时候都必须在所有层次上有所发展。有时有些学校只在一个或两个层次上做出改进就

---

① 姜新生. 批判与建构: 学校课程文化研究[D]. 湖南师范大学,2008.

能实现预期的学校领导力提升。不同的学校在不同阶段、不同情境下可以根据具体情况灵活处理。

通过分析发现：①领导力是催化剂性质的行动，推动更好的执行和创新；②领导力不是一个职位和一个人的问题，而是涉及所有人所从事的变化万千的课程实践的持续过程；③课程领导力是权变的，是建立在课程环境、文化和课程约束条件下的协同能力；④课程领导力是双向的价值观、能力和影响方式的作用结果。

组织领导力的框架为学校课程领导力之上海模型的建构提供借鉴。

三、 学校课程领导力之上海模型

学校课程领导力的模型框架建构是一个非常复杂的、高难度的、挑战性的研究。上海课程领导力模型建构，不仅要考虑其理论性，还要考虑实践操作性、有效性。尽管第一章和第二章第一节中谈到很多领导力、教育领导力模型，但是用这些模型直接指导上海众多学校的课程领导实践，还有不适的地方。

（一）上海课程领导力模型的思考

经过第一轮课程领导力行动研究项目（详见后面"上海课程领导力项目"），项目组认为：①学校主体是学校集体团队，涉及校长、教师、学生、家长、社会、行政、教研等相关人员，其核心显然是校长、教师和学生。②学校课程领导力的作用点是课程，这里的课程是大课程的概念，包括课程、教学等方面。③学校课程领导力与学校校长、教师、学生等主体在"确定教育目标、选择教育体验、组织教育体验、评价教育体验"的过程中相互作用、相互影响。

上海倡导的学校课程领导力是组织课程领导力，其基于校长和教师个体及二者相互联系的过程发生作用。学校课程力在课程教学情境中相互作用，包括课程思想、课程愿景、课程规划、课程执行、课程评价等方面。课程领导力以课程为载体，在设计、执行、评价的过程中，领导者和追随者相互作用，提高课程品质，促进师生发展，成人、成事。

在第一轮课程领导力行动研究项目中结合文献研究和实践研究，结合上海课程领导力现状和发展需要,总项目组提出了学校课程领导力模型:课程思想力、课程设计力、课程执行力和课程评价力。

　　课程思想力分解为思想的前瞻性、愿景的一致性和文化的现代性等;课程设计力分解为方案的合规性、规划的科学性和举措的操作性;课程执行力分解为实施的有效性、专业的支持性和资源的保障性;课程评价力分解为目标的导向性、监控的即时性。

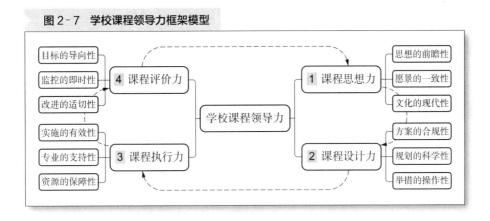

图2-7　学校课程领导力框架模型

　　上海课程领导力项目组认为学校课程领导力框架模型不是一成不变的,而是与时俱进的,应引导学校领会课程领导力,自觉提升学校课程领导力。学校课程领导力框架模型,就是从学校问题解决思路中提炼出来的,这些是问题解决的大环节、循环环节。每个环节,都由几个要素组成,环环相扣。

(二) 上海课程领导力四力模型的内涵

1. 课程思想力

　　课程思想力关注的是,不仅从结果角度看理念的前瞻性,而且关注不同层级(人、事)的一致性,还关注保持一致的路径。课程思想力:学校有正确的办学思想、理念、哲学,始终以学生发展为本,校长、教师、学生统一思想,形成共同的愿景,言论自由、民主决策,这些都是学校课程思想力的重要体现。课程思想力是引领学校课程价值的重要抓手,它旨在通过专业影响将学校打造成为具有共同价值追求的课程共同体。

2. 课程设计力

课程设计力关注的是,学校基于上面政策与学校实际设计科学可操作的方案的能力。学校课程设计力大致体现在以下几个方面:即规范办学能力,体现在善于把握和落实党的教育方针;校本化设计能力,体现在根据学校实际创造性地设计和落实,因校制宜,适合学校;课程逻辑性,体现在课程的理念、目标、设置、实施、评价等方面的一致性;具体化能力,体现在把思想、理论等转化为可实践、可操作的活动。

3. 课程执行力

课程执行力关注的是制度方案等的落实及其影响落实的人的素质保障和资源保障。学校课程执行力具体体现在以下几方面:组织实施能力,比如制度管理、落实主体明确、团队建设等;协调能力,比如机制保障、人际关系协调、工作协调;专业指导能力,比如专业指导、引导、领导,提供专业(资源)支持,标准要求的把握和落实;课程资源供给力,比如开发利用学校、社区、社会资源,共建共享资源,资源合理调配。

4. 课程评价力

课程评价力,关注的是评价本身要基于目标,基于证据,以及以评价结果来改进服务。学校课程评价能力,具体体现在以下几个方面:开展发展性评价,即围绕课程目标,参与主体多元,采用的方式多样;具有测量分析能力,即展开评价指标、途径、工具的开发工作,获取信息真实,分析有逻辑,结论客观;监控能力,即建立学校课程的预警系统,开展过程性监控与反馈;完善促进能力,即以评价结果为依据进行改进。

（三）上海课程领导力模型学理基础

课程领导之上海模型的研究不仅要紧跟国际潮流,还需加强本土化设计,注重理论联系实际,体现中国式新领导力。

学校课程领导力是最重要的组织资源和核心竞争力之一,在很大程度上决定着学校课程目标能否实现以及实现的程度。①

从领导力研究视角来看,学校课程领导力之上海模型体现的是新兴的团队领导和变革型领导,能够提高学校管理效能,促进教师心理的积极发展和学生学业成绩的提升。学校变革型领导力理论认为:①学校变革型领导力既是指学校领导者的能力,更是代表学校领导者与教师之间的相互作用力。②学校变革型领导力的直接作用对象是教师,以影响教师的动机、价值观等内在心理状态。③学校首要的、最终的目的是促进学生的发展。②

同时,学校课程领导力之上海模型体现了情境领导的特征。2015 年,联合国将"优质教育"纳入可持续发展目标,教育质量提升成为未来 10 多年世界教育改革发展的关键。学校课程领导力之上海模型符合联合国的三种质量保障模型:一是基于人文主义的"学习者中心"模型,二是基于经济理性的"输入—过程—输出"模型,三是基于社会学视角的"多维社会互动"模型。

课程思想力中的"思想的前瞻性"反映了"学习者中心"质量保障模型,以促进每一位学生发展为基本任务,强调以学习者为本,将促进学习者学习放在教育质量保障的中心地位。

课程思想力中"愿景的一致性"和"文化的现代性"更多地体现"多维社会互动"质量保障模型,强调教育是公共产品,关注不同利益相关者的参与、互动及不同诉求,强调相关背景的重要性。教师、学生、家长、社区等群体在内的不同利益相关者的观点是理解特定背景下的学校教育质量的关键。

课程设计力、课程执行力、课程评价力体现了"输入—过程—输出"质量保障模型。"输入—过程—输出"模型,关注教育投入的效率,追求教育产出的质量及教育系统的绩效。这一模型的基本假设是:教育的质量,包括教育的产出、学习成果、教育的影响等,是由一系列投入要素,包括学习者、课程、教师、学校等,以及其他背景要素共同作用的结果,需要回应课程设计、课程实施、课程评价等问题。

---

① 中国科学院"科技领导力研究"课题组,苗建明,霍国庆. 领导力五力模型研究[J]. 领导科学,2006(09):20—23.
② 缴润凯,刘丹. 西方学校变革型领导力的研究述评及展望[J]. 外国教育研究,2017,44(08):76—89.

如前所述,领导力也许不会直接对学生的学习产生影响,但它可以通过改变学校课程理念、愿景和目标,课程结构、内容和实施过程,教师教学和资源等方面的条件和发展过程,进而对学生的学习产生影响。[①]

学校课程领导力之上海模型体现了中国式新领导力,涵盖集约型的领导权力、共识型的领导决策、集体式的领导机制、台阶式的领导承继等面向及特质。集约型的领导权力,是指集中必要的资源与权力,以效率为价值取向进行领导。这种新型政治领导力范式,能够保障党和国家的长治久安、促进国家治理能力的现代化、助力于"中国梦"的实现、补益于现代政治文明。[②]

中国教育领导力是在中国优秀传统文化的引导下,教育领导者基于职位角色和自身素质,在领导和管理活动中产生的综合性影响力,是一种坚持以和为贵、以人为本、以德为先的影响力。在宏观层面,中国教育领导力是政府或教育主管部门通过统筹规划、综合改革、多方参与治理等途径,深化教育领域综合改革,服务和引导教育事业发展,以提供充足优质的教育资源,满足人们日益增长的、个性化的学习需求的能力;在微观层面,中国教育领导力则是指教育领导者或教育领导团队在知识、技能、个性等方面的有机耦合,以改变教育客体的认知与态度,促使其采取或放弃某种行为的能力。[③]

思考题

1. 学校课程领导力主体中纳入"非人"主体的意义?

2. 组织课程领导力框架和上海课程领导力四力模型的关联?

3. 上海课程领导力四力模型的学理依据是什么?

[①] 菲利普·贺灵杰.学习型领导力:模型及核心维度[J].教育研究,2013,34(12):118—128.

[②] 张记国,李景平,王婷.中国式新领导力:向度、特征及价值[J].理论与改革,2016(01):98—102.

[③] 王明露,王世忠.中国教育领导力探析[J].学子(理论版),2016(02):6.

第四节　上海课程领导力项目

专家指出,对学校课程领导力理论的研究与争论,不要过多地拘泥于基本概念、范畴、框架的束缚。领导力理论发展的历史说明,这个理论本身是一个开放式的体系,过多关注概念、定义、理论内部逻辑体系的推演,可能会影响到领导力研究工作的开展。

一、第一、二轮课程领导力项目

课程领导的兴起、发展与课程改革有着密切的关系。课程的校本化实施是学校课程领导的基本任务。专业的课程领导的价值在于深化推进课程改革,能够有效缩小理想课程到经验课程之间的落差。

这是一次基于问题解决、探寻深化课改有效路径和机制的大规模行动研究。"上海市提升中小学(幼儿园)课程领导力行动研究"(以下也简称为"上海市课程领导力项目")阶段划分如下:2010 年至 2014 年为第一轮项目研究阶段;2015 年至 2019 年为第二轮项目研究阶段。第三轮上海市课程领导力项目于 2019 年启动,其实施方案详见后面"第三轮课程领导力项目实施方案(节选)"。

（一）拟解决的主要问题

2009 年,上海二期课改推广到所有学段、所有年级,课改进入深水区,许多课程教学中的难点问题和瓶颈问题逐步浮现出来。我们认为,课程是学校内涵发展的核心,课程领导力的强弱决定着学校是否能够规范化、高质量、有特色地持续发展。校长、教师是课程建设与实施的主体,其专业素养的高低直接决定了学校的教育质量。启动课程领导力项目的背景可归纳为三个需要:

（1）深化课程改革的需要。上海市全面推进第一、二期课程改革工作已经取得了较好成效,但随着课程改革的深入推进,一些瓶颈问题也日益凸显出来。如学校课程计划编制不够科学、课程建设与实施不够有效、课程评价不够规范、课程管理不够到位等。如果不能有效解决这些问题,课程改革工作将难以持续深入发展,而要解决这些问题,亟需提升课程领导力。

(2)学校内涵发展的需要。课程是学校内涵发展的核心领域,课程领导力的强弱决定着学校是否能够规范化、高质量、有特色地持续发展。而学校需要具备怎样的课程领导力,如何进行课程领导,这是当前学校内涵发展过程中普遍面临的新课题。

(3)课程建设者和实施者专业发展的需要。校长、教师、教研员是课程建设和实施的核心主体,其专业素养的高低直接决定了学校教育教学的质量和水平。从现状而言,目前大多数学校对课程领导的认识不够清晰,课程领导的意识和能力有待提升。本项目中重点采用的"边学习、边研究、边实践,以研究引领实践,在实践中完善提升"的行动研究方法,不仅是提升学校课程领导力的有效方法,还是促进校长、教师、教研员专业发展的根本途径。

上海市课程领导力项目是集聚全市各方力量、各种资源,针对当前课改在实施中遇到的困惑、难点,进行合力攻坚的一个项目。通过项目这种方式,寻找破解课改难题的路径和策略,然后加以总结提炼,上升到经验和规律层面,从而发挥这些项目学校的辐射示范作用,推动面上工作。

(二)系统的解决方案

2010 年,上海市教委发布《上海市提升中小学(幼儿园)课程领导力三年行动计划(2010—2012 年)》。基于文件精神,上海市教委教研室组织开展课程领导力行动研究。每一轮项目研究都经历预研究、项目指南研制、启动、实施、结项等环节。两轮项目研究之间不是简单的重复关系,而是螺旋上升、迭代关系。

在第一轮课程领导力项目中,针对学校面临的问题,总项目组研制了"项目指南",以学校课程计划、学科建设、课程评价和课程管理为主要突破口,形成了 9 个子项目组及行动方案;第二轮课程领导力项目,结合国家教育综合改革,设课程方案、课程设计、课程实施、课程管理、课程评价等六个模块为重点研究内容,关注课程思想力、设计力、执行力和评价力。

为了系统解决上述问题，一是设计了"背景分析＋需求调研→顶层规划＋模型设计→分段推进＋专家指导＋展示交流→提炼总结"的行动研究路径；二是开发与大规模行动研究相配套的"可视化"的工具和流程，如可视化的研究目标与内容框架图、研究过程与方法图、行动研究与路径图、任务分解与进度表等，以便更有效地指导学校的实践与研究；三是在实践中注重"如何做"的问题引导，注重引导学校结合子项目实践，从机制形成、团队影响、专业提升、行为改进等方面，回答学校是如何基于自身实际提升学校课程领导力的。

（三）实施的路径与方法

下移课改重心，激发学校创造活力，开展校本化课改实践，探索课程领导力提升的策略、方法、手段、机制，这是解决困难、提高成效的基本选择。而抓住"课程"的要素，以"项目"的形式展开实践是一种可行的方式和策略。

行动研究法是这一项目的最主要的研究方法。同时，综合运用问卷调查、文献研究、实证研究、个案研究、比较研究等方法，开展螺旋式行动实践。

项目以"实践导向、互动生成、模式多样、促进提升、关注特色"为指导思想，设计了"研究—开发—试点—推广"的工作模式，确定了"聚焦问题、理论指导，点面结合、纵贯横通，专家引领、强化过程"的研究策略。

课程领导力行动研究项目不是封闭的研究系统，在行动实践中，以子项目为纽带的纵向贯通和以学段为纽带的横向联系，为分享经验、相互借鉴，搭建了平台。通过校长与教师对话、专家与学校对话、学段交流、相同研究领域跨学段交流等，聚焦内容、明晰思路、形成共识、改进行动。

项目强化规范化的管理，启动阶段关注项目论证；立项阶段关注学校项目设计；实施阶段关注项目过程监控和质量监控，包括指标引领、专家指导、调研、交流、展示活动等。

以强大的推动力把项目团队成员凝聚在一起。首先，在思想上整合，增强团队的凝聚力，创造团结合作、积极进取的氛围，增强项目团队的整合力和个体的驱动力。其次，在行动上整合，优化项目的管理力。项目的高效推进离不开项目成员对项目的认同感，这就需要增强项目成员的责任意识，建立畅通的信息沟通机制,加强对项目的管理控制。

（四）成果在理论与实践上的创新点

（1）"课程领导力"的上海认识

"课程领导力",即以校长为核心、教师为基础的课程领导共同体;以学校课程的文化建设、设计与开发、组织与实施、管理与评价等为载体;以提升学校的课程教学质量,促进学生、教师、校长、课程、学校文化的发展为目标,在学校的课程改革探索与实践行动中体现出教育思想、教育哲学,以及课程理解、规划、执行、管理、评价、创造等方面的能力。

（2）"大兵团"、"共同体"协同攻关的行动范式

规模大、人员多、历时长、多个子项目同步展开的大型研究项目,务必方向明确、程序清晰、方法得当、过程合理。"大兵团"攻关需要"可视化"的工具指引,以形成工作合力,提高工作效率;"共同体"建设需要机制、目标、任务的支撑。本项目一方面形成了行政人员、理论工作者和一线教师分工合作的"大兵团"协同攻关范例,使各个研究群体都能发挥各自优势,相互取长补短;另一方面探索了行政部门自上而下的引领指导与一线学校自下而上的实践创新有机结合的运行机制,整合了教育行政、教育研究人员和教育实践人员多方力量构筑的支持保障系,为集多方人员智慧共同实践与推动一项重大改革提供了很好的范例。

（3）形成课程领导力评价指标与工具

①明晰学校课程领导力的内涵与构成。课程领导力本质上是一种专业影响力,它渗透在课程设计、开发、实施与评价的全过程,它由课程思想力、课程设计力、课程执行力与课程评价力构成。校长、教师以及学校中的课程文本、制度等都具有课程领导力,不单单是校长、教师等人员,课程制度、文本也能产生专业影响作用。②明晰学校课程领导力的载体与提升路径,构建伴随课程制度研究的课程领导力提升路径。③构建学校课程领导力评价指标体系与工具。开发课程领导力评价指标和项目管理工具,评估与检验课程领导力的提升情况,提升项目的品质。

（4）形成基于证据的课程计划完善路径与技术

研究确立了学校课程计划的评价标准和工具,进一步优化了学校课程计划各

要素的编制规格要求与路径,建立了证据采集、分析与基于证据的课程计划完善路径。研究强调用证据描述问题、用证据呈现变化、用证据引发对话,分析了课程政策、课程哲学、需求分析、实践经验、课程教学质量评估等五大类证据,采用"以始为终、编以致用、迭代演进、主体卷入"的策略,从整体完善、局部完善等路径不断完善学校课程计划。

(5) 形成关键领域课程体系建设的规格与策略

①探明了关键领域课程体系建设与学校课程领导力提升之间的关系;②明确了关键领域课程体系的内涵;③确立了关键领域课程体系方案的要素和规格;④总结了关键领域课程体系的基本特征;⑤探索了关键领域课程体系建设的一般路径和部分工作。

(6) 形成了学科单元教学设计的规格、路径与工具

①厘清了学科单元教学设计的性质、内涵与特征,形成了设计规格:厘清了学科单元教学设计的内涵和外延。厘清了单元教学设计与核心素养、课程领导力的关系。研制"学科单元教学设计指南",突出了关键要素、流程图、属性表、问题链等。②构建了学科单元教学设计的支持系统。课程领导力项目组,从学校、教研组、教师等三个层面,针对"学科单元教学设计指南"使用过程中会普遍面临的问题共同进行实践研究,提供鲜活的实践成果。

(7) 学校课程领导力得到了显著提升

以校长为核心的学校课程领导力得到了显著提升,具体体现在以下几个方面:校长和教师的课程领导的意识和能力得到提升,反映在问卷调查、特级校长和特级教师评选中;学生的课程满意率得到了提升,体现在绿色指标数据中;项目学校的研究成果物化为专著和论文,在上海市和国家级教学成果奖评选中脱颖而出。

以第二轮课程领导力项目为例,教师参与面广,在项目研究中得到专业发展。据统计,项目学校教师参与率100%的学校达26所,占44.83%;参与面达50%以上的学校有50所,占86.21%。参与课程领导力项目的学校教师总数为5 683名,参与项目研究的教师数为4 179名,即73.50%的教师参与了项目研究。有22名校(园)长被评为特级校(园)长、特级书记或特级教师,4名校(园)长被评为正高级教师,1名校长获得"上海市教育功臣"荣誉称号(多人获得提名)。

（五）成果推广范围及应用价值

通过展示、参观、带教、宣传等活动，第一轮、第二轮课程领导力项目的成果经验得到辐射推广，学校影响力得到持续提升。据不完全统计，第二轮项目研究期间，项目学校开展国家级、市级、区级展示活动各有 63 次、169 次、187 次，参加活动的总人数超过 34 000 人。

在 2014 年的国家级基础教育教学成果奖评选中，上海市教委教研室申报的课程领导力项目成果获一等奖。在 2017 年上海市基础教育教学成果奖评选中，课程领导力项目学校获特等奖 5 项、一等奖 24 项。在 2018 年国家级基础教育教学成果奖评选中，课程领导力项目学校获一等奖 2 项、二等奖 4 项。

课程领导力项目是在国家教育综合改革背景和新课改背景下展开的，持续了 10 多年时间，代表着这一项目的价值和意义。上海的课程领导力项目有项目指南、工具，以及比较成熟的推进模式，其成果便于推广和辐射到其他省市。

课程是教育的敏感神经，具有牵一发而动全身的作用。因此，提升课程领导力应以课程为始点，以育人为基点，以师资为支点，以问题为导向，以完善、优化课程与教学为追求，这些都是对教育力的重大建树。

二、 第三轮课程领导力项目

（一）第三轮课程领导力项目实施方案（节选）

"上海市提升中小学(幼儿园)课程领导力行动研究(第三轮)项目"实施方案内容包括项目简介、项目校申报与遴选两个方面：①"项目简介"含项目基础、项目背景与意义、项目目标、项目基本假设、研究内容、研究方法、路径与策略、项目实施进程、项目团队、过程管理、预计成果、保障措施等，帮助学校了解项目概貌。②"项目校申报与遴选"含项目类别、项目学校确定程序、市区遴选推荐项目学校工作、市审核程序、项目学校公示等，指导学校有序申报项目。

1. 项目基础(略)

2. 项目背景与意义

继续开展"上海市课程领导力项目"是全面贯彻落实立德树人根本任务、促进学校自主发展、持续深化课程领导力项目研究的需要。

(1) 全面贯彻落实立德树人根本任务的需要。提升学校课程领导力是上海教育更好地回答"培养什么人""怎样培养人""为谁培养人"的根本问题,全面落实立德树人根本任务的迫切需要。

(2) 促进学校自主发展的需要。提升学校课程领导力是学校永恒的课题,是破解难点问题、实现学校自主发展的有效办法。《上海市进一步推进高中阶段学校考试招生制度改革实施意见》《上海市教育委员会关于实施百所公办初中强校工程的意见》已颁发,"办好每一所学校、成就每一名教师、教好每一位学生"已成为共识,落脚点是学校,且与课程和教学有关。因此,课程与教学问题的解决要从"课程"突破,要以"课程"为抓手,提升中小学(幼儿园)课程领导力,充分发挥学校在破解教育难题、探索育人模式、提高教育教学质量等方面的主动性和创造性,持续深化本市课程与教学改革。

(3) 持续深化课程领导力项目研究的需要。前期研究成果科学与否、好用与否需要在不同层面的学校中去应用、验证。同时在精准诊断、有效提高课程领导力方面还需进一步深化研究。

基于上述三个需要,第三轮课程领导力项目将继续深化与发展,坚持"问题导向、需求导向、实践导向、成果导向",凝聚全市之力深化课程与教学改革。

在第三轮课程领导力项目研究中关注:从个案经验总结转至系统化和规格化的经验提炼,形成产品;从实践中归纳经验转至在实践中推广、检验经验,优化产品;从课程规划研究转至课程规划新探索与改革教学实施并重;从共性问题的集中攻关转向针对问题以校为本的个性研究;从自上而下引导落实转向自下而上、上下联动的自主发展。

3. 项目目标

本项目研究以"评价引领、实践导向、互动生成、模式多样、促进提升、关注特色"为指导思想,关注课程领导力提升的关键行为表现,关注课程领导力的指标及可测评的工具,关注课程领导力提升的基本策略、方法和途径。项目目标如下:

(1) 进一步完善学校课程领导力提升的三个长效机制。一是市、区、校三级项目研究网络和研究共同体运行机制;二是学校课程持续完善机制;三是经验孵化共享机制。

(2)进一步提炼、检验、优化两轮课程领导力项目经验。提炼经验,形成规格,并在项目学校中实践、检验和优化,推动学校课程的优质均衡发展和持续完善。

(3)进一步促进教学方式变革。探索支持课堂教学转型的新技术、新资源、新模式,形成凸显学生个性化培养和实践性经历的课程实施方法。

(4)进一步探索提升课程领导力项目的实施方式。开发学校课程领导力测评系统,研制课程领导力提升行动指南和培训课程,采用"调研—培训—实施—评价"相结合的推进方式,全面提升学校课程领导力。

(5)进一步培育课程领导力项目示范校。

4. 项目基本假设

从研究目标、研究载体、研究方法、研究策略、研究机理等视角提出如下基本假设:

(1)围绕课程与教学的关键要素开展行动研究能够提高课程与教学的质量,提升课程领导力。课程与教学是课程领导力的重要载体,行动研究是提升学校课程思想力、课程设计力、课程执行力、课程评价力的有效方法,二者的有效结合能够提升学校课程领导力,提高学校课程与教学质量。

(2)提炼经验形成规格有利于经验传播,培训与项目相结合,可以有效辐射传播经验,提高项目实施的质量。改革可以丰富质量的内涵,规范可以提高质量水平,创新是改革与规范的统一,规格(规准)是基于改革实践提炼形成的规范与标准。将经验转化成规范,在实践中检验完善,并针对问题深化改革,把构想转化成现实,在规范和改革的过程中实现创新和质量提升。

(3)教研是持续提升课程与教学质量的基本保障。教研工作能立足一线教学,发现问题、指导实践、解决问题,总结经验、分享经验,发挥研究、指导、服务职能;教研工作能将立德树人、教育方针和国家重大改革,落实到日常教案、教学、作业、评价等方方面面。通过项目联合攻关等教研范式转型,针对需要研究的问题、提出目标或假设、组织团队设计实践路径和研究方法、收集证据形成解释和结论,持续提高项目品质和课程与教学品质。

5. 研究内容

通过项目研究,期望在理论和实践两个层面上探索出提升上海市中小学(幼儿园)课程领导力的有效途径。项目研究主体分为项目学校和总项目组:项目学校重点开展经验提炼、实践检验等方面的研究;总项目组重点开展课程领导力诊断评估、项目规格化、工具化、课程化、机制化等方面的研究。

6. 研究方法、路径与策略(略)

7. 项目实施进程(略)

8. 项目团队

(1)项目领导小组:由市教委成立项目领导小组,具体由基教处、托幼工作处、市教研室负责组建。

(2)总项目组:由市教研室组建总项目组,对项目进行整体规划和年度工作设计。下设四个学段项目组、评价项目组、专家指导团、区教研室项目组、学校子项目组和项目资源保障组。

9. 过程管理

本轮项目管理要进一步加强项目管理的精致化、实证性;进一步加强项目的监控与质量控制;进一步明确项目研究共同体的职责。

(1)项目学校:按计划开展项目研究,及时上传研究资料,分享研究成果,参与总项目组研讨与交流,完成总项目交付的各项研究任务。

(2)区教研室:每月一次深入项目学校,了解项目进程,指导项目研究;每学期向总项目组反馈项目进展,提出项目建议。

(3)专家指导组:每月一次深入项目学校开展调研,指导项目研究,评估项目成效;每学期向学段组反馈项目进展,提出项目建议。

(4)学段项目组:制定年度学段项目计划;每年召开2次学段专家组、区教研室主任组、学校校长组联席会议;每年组织1次全市项目展示活动;每学期向总项目组反馈项目进展,提出项目建议。

(5)总项目组和保障组:制定年度项目计划、经费预算和项目总结;根据需要组织项目培训;组织项目研讨和评估。

10. 预计成果(略)

11. 保障措施

(1)上海市教委给予"上海市提升中小学(幼儿园)课程领导力行动研究"项目组和立项学校一定的经费支持。

(2)各区教育局给予本区市级课程领导力项目学校1∶1及以上的配套经费。

(3)各区教育局或教育学院负责区域课程领导力项目,设项目负责人,具体落实本区课程领导力项目的研究和实践。

(4)组建市、区、校三级课程领导力项目研究网络,形成市、区、校课程领导力项目的协同互动机制。

12. 项目学校申报与遴选(略)

（二）课程领导研修活动

1. 活动背景

2019年,上海市教委教研室启动了"上海市提升中小学(幼儿园)课程领导力行动研究(第三轮)项目"(以下简称"第三轮课程领导力项目")。为有序、有效推进课程领导力行动研究,特组织了课程领导研修活动。

2. 活动简介

2019年12月13日至14日,第三轮课程领导力项目年度大会在上海市奉贤中学举行。会议由上海市教委教研室主办、上海市奉贤中学承办、中国教师研修网协办。

本次活动围绕"新项目·新行动·新成长"这一主题展开,来自120所课程领导力项目学校的校(园)长和骨干教师、项目核心专家代表、16个区教研室主任、上海市教委教研室领导和教研员等近230位教育相关工作者全程参加了2天5个单元的活动。

本次活动采用"合—分—合"的方式,第一个"合"的环节为跨学段项目大会,呈现出项目的"宽度"和视野的"宽度";中间"分"的环节为本次活动的特色亮点,体现出"共研"的"深度";第二个"合"的环节意味着深度研修基础上的经验分享"高度",以及领导的高瞻远瞩。

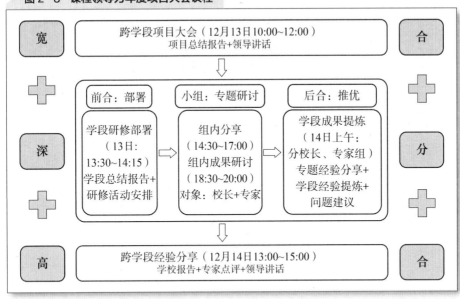

图 2-8　课程领导力年度项目大会议程

3. 活动内容

（1）跨学段项目大会

12 月 13 日上午的跨学段项目大会由上海市教委教研室副主任谭轶斌主持，奉贤区教育局局长施文龙致欢迎辞，上海市教委教研室金京泽做项目年度报告，上海市奉贤中学校长林春辉分享推进项目智慧，上海市教委教研室主任徐淀芳做学术报告。

① 项目年度报告：上海市教委教研室金京泽代表项目组，以"一天、一个月、一学期、一年、十年、明年、下学期、下个月、明天"为序，阐述了项目的"昨天、今天、明天"，报告有思想、有观点、有流程、有说明。2019 年度，通过总项目组研究、专家咨询、培训伴随、规范流程、课程领导力初态测评、规格指导、调研指导等过程，树立了 N 个里程碑：项目指南的研制→项目学校的遴选→项目启动→课程领导力基础性测评→项目开题论证→项目年度大会。

② 项目经验分享：上海市奉贤中学是第一轮、第二轮、第三轮的课程领导力项目学校。校长林春辉以"课程领导力，引领学校发展"为题，代表项目校进行了

推进课程领导力项目的经验分享。林校长主要从"聚焦真问题,实现新转变""创设真机制,激活真研究""力求真效果,促进新发展""新的目标和愿景"四个部分,阐述了学校与课程领导力项目共成长的动人故事。

③ 学术报告:上海市教委教研室主任徐淀芳以"指向提升质量的课程领导力项目(第三轮)回顾与建议"为题,强调了关于课程领导力项目的四点认识:一,项目指向的是提升学校的质量;二,项目强调行动研究,反对坐而论道;三,项目的任务是推动学校课程改革;四,希望在改革中把每一个学校的经验进行提炼、分享,形成团队智慧。

他从项目背景、项目设计和项目实施建议三个方面作了学术报告,从国家相关文件以及上海的改革实践出发阐述了项目意义,并从"落实核心素养及其指导下的教学构想"等方面提出了项目实施建议。

(2) 聚焦主题深度研修,凝聚共识同绘蓝图

为进一步增强年度项目大会中各参与主体的主动性、参与性、互动性,使整个活动过程都与每一位参与者关联起来,在关注"讲好我校故事"的基础上能够认真倾听他校的经验与困惑,调动互动对话的热情,整体提升投入度与获得感,本次研修活动以项目化学习的方式,引导和支持校(园)长与专家聚焦主题深入交流与研讨,直观、结构化地呈现指向关键问题的行动思路与路径。

① 学段开题情况分析报告:在分小组研修之前,上海市教委教研室课程领导力项目组学前段负责人贺蓉、小学段负责人陈群波、初中段负责人张玉华、高中段负责人金京泽分别组织了分学段会议,四个学段教研员分别就分段项目的推进情况进行了总结分析。

② 聚焦一个共同的话题:让人讲"他人要听的""跟他人相关的",一个关键在于这个群体内部有无共同的话题。第三轮课程领导力项目以立德树人根本任务落实和学生核心素养培育为导向,响应上海科创中心以及"四个中心"建设对人才培养的需求,重视学生信息素养、创新精神和实践能力的培育,攻坚新课程形态、新教学方式、新学习时空等难题,强化教学质量监测与课程更新机制探索。各项目校在课程方案、课程设计、课程实施、课程评价、技术应用和机制建设等领域做出选题上的突破。总项目组分学段对各项目校的研究选题进行分析,寻找共同

点,合并同类项,组建了 21 个具有研究共同体性质的小组(每个学段 5—6 个)。

③ 基于实践行动的交流分享:各个小组在轮值组长的引领下,首先就项目开题论证后的推进情况以及项目研究中取得的一个经验和一个困惑进行交流。这既是对实践行动的还原和呈现,也是对实践行动的总结与反思。在圆桌会议中,"项目校＋专家"和谐、充分地展开交流、对话与互动,相互学习、借鉴和启发。这既是一个经验的辐射推广过程,也是一个问题的暴露过程,经验与问题都指向行动和实践的改善。

④ 指向关键问题的共识凝练与呈现:在各校充分交流互动的基础上,回归本小组的研究主题,就共性问题展开研讨:本主题研究需要解决的关键问题是什么?各个关键问题解决的可能路径、工具、策略是什么? 各项目校分别在哪些问题上将有所突破? 这有助于项目校从具体、独特的情境中脱离出来,从系统、结构的角度来审视本校研究的价值性、突破性与局限性,有助于未来在更大范围、更多场景中的成果推广。各小组在专家的参与支持下,用海报的方式,直观、结构化地呈现团队思考结晶。

⑤ 在展示与表达中增进专业影响力:在 13 日晚间完成各小组的海报之后,14 日上午各小组又汇聚到一起,开展组间分享与互动。小组展示形式多样,有的一人勇挑重担,更多的男女搭配共同展示,还有整个团队共同汇报。通过简洁的海报,传递出背后的深层思考。在这个过程中,校长和教师的专业影响力得到展示和锻炼,也给其他开展类似研究的项目学校以借鉴和启迪。

本次研修活动"研究——实践——培训——辐射——转化"的一体化设计,让更多学校和幼儿园分享了课程领导力项目的经验与智慧。项目学校非常喜欢这种专家的近距离陪伴式指导,专题研修既高度专业,又贴心温暖。

(3) 跨学段经验分享

12 月 14 日下午的会议,由上海市教委教研室党总支书记纪明泽主持。会议分学校和区的智慧分享、专家点评和领导讲话三个环节。

经过 13 日下午、晚上和 14 日上午的深度研修而选定的大会分享经验、点评指导的发言代表满足了以下结构要求:学前、小学、初中、高中四个学段全覆盖;突出初中强校工程学校和区域推进经验。

上海市虹口实验幼儿园园长顾伟毅的分享题目为"课程领导从'构'开始";上海市三门中学校长秦娟的交流题目为"课程领导力项目助推初中强校工程建设";上海市静安区教育学院附属学校校长张人利以"融合课程、教学和评价的研究"为题发言;上海市杨浦区教育学院副院长陆卫忠以"发挥专业支撑,推进区域课程领导力行动研究"为题发言。

上海市教育学会副秘书长谢慧萍作了小学学段点评,浦东教育发展研究院原院长顾志跃作了四个学段课程领导力项目及其研修项目的综述。上海市教委教研室主任徐淀芳作补充说明。

上海市教委副主任贾炜指出,课程领导力项目是推动上海教育发展的重要抓手,是上海基础教育的龙头项目。课程领导力的研修方式越来越接近一线的需求,我们要让教育改革同盟者越来越多,旁观者越来越少。

要求课程领导力项目要做到四个体现:

一是体现高水平落实国家课程。上海要落实国家发展的新奇迹,基础教育也要参与其中。上海要更加体现教育发展的前沿趋势,注重学生可持续发展,培养学生的创造力。

二是体现高强度的教科研支撑。上海要加深对学生的理解,关注学科发展,关注跨学科的学习,融入信息技术。

三是体现高互动的推进模式。行动研究要加强专家、教师、校长和学生共同

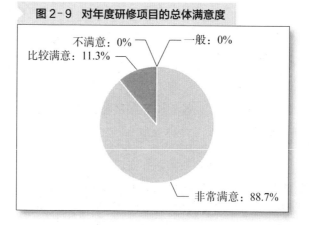

图2-9　对年度研修项目的总体满意度

不满意:0%　　一般:0%
比较满意:11.3%

非常满意:88.7%

作为,从教学、教研、评价三方面形成共同体,推动实践从少数变成多数,变成常态化的研修。

四是体现高品质的课程统整。课程发展的关键是统筹团队、融会贯通,做到守底线、结构化、有特色。

4. 活动评价

为进一步完善课程领导力研修项目、提高研修质量,上海市教委教研室进行了研修满意度问卷调查。结果显示,本次活动受到与会者的高度认可。

思考题

1. 课程领导力的上海模型与其他领导力模型有何共同点和不同点?

2. 上海课程领导力行动研究有何特色亮点?

第三章 课程思想的凝练

　　学校课程思想力是课程领导力的重要组成部分。学校课程思想力,就是思想对学校课程的作用力,与学校课程思想、课程愿景和课程文化密切相关;[①]是以校长为核心的团队力量,综合体现学校课程思想的前瞻性、课程愿景的一致性和课程文化的现代性。思想的前瞻性是核心,引领和指导学校课程的方向;愿景的一致性是中坚,承载着课程思想,指明课程改革方向;文化的现代性是基础,促使课程思想和课程愿景真正发挥作用。

　　要实现学校课程思想力,就需要进行课程思想的凝练。课程思想的凝练是学校课程领导力的核心:第一,学校要以学生发展为本;第二,学校的课程思想得到校长、教师、学生、家长等利益群体的广泛认同;第三,学校形成自上而下和自下而上相结合的课程文化。

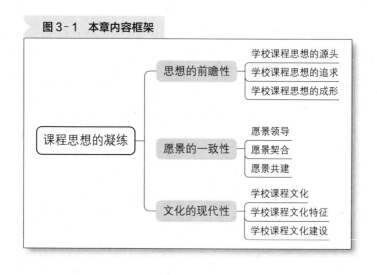

图 3-1　本章内容框架

課程思想的凝练
- 思想的前瞻性
  - 学校课程思想的源头
  - 学校课程思想的追求
  - 学校课程思想的成形
- 愿景的一致性
  - 愿景领导
  - 愿景契合
  - 愿景共建
- 文化的现代性
  - 学校课程文化
  - 学校课程文化特征
  - 学校课程文化建设

---

① 李长志. 校长的思想力[J]. 教书育人,2007(02):61.

第一节　思想的前瞻性

拿破仑说,世界上有两种东西最有力量:一是宝剑,二是思想。孔子的教育思想虽历经两千多年的岁月磨砺,但仍对现代教育产生重大影响,例如,孔子关注人格教育,注重人的全面发展,提倡因材施教,重视师生交流互动,倡导终身教育。显然,思想比宝剑更有力量。

思想领导是学校领导的首要任务,课程教学是学校教育的核心领域,"课程思想"是经过思考和探索而产生的思维力量,从物理学角度讲,"力"是改变物体运动状态的原因。

一、学校课程思想的源头

一所学校的课程思想,至少与以下几方面内容有关联:第一,国内外教育先贤的课程思想;第二,由国内课程政策、课程方案等所体现的课程理念;第三,经过长期实践积淀下来的本校办学思想;第四,以校长为核心团队的课程观。

(一)课程哲学

有专家认为,课程思想的范畴包括课程哲学、课程理论、课程学说、课程思潮、课程观念等,具有历史性、社会性、前瞻性、继承性等特征。

哲学、教育哲学是课程思想的重要组成部分。哲学为教育者特别是课程工作者提供组织学校和班级的框架。哲学帮助他们回答为什么会有学校、什么科目是有价值的、学生怎样学习、使用什么方法和学科内容是什么等问题。

任何一种教育思想的产生和发展都不是偶然的,从根本上讲,有两个因素至关重要:一是时代发展变迁所提出的新课题;二是一个时代占主导地位的哲学思维方式。在这二者之中,后者既是世界观,又是方法论,包含着唯物辩证法的基本内容,在最终意义上决定着教育思想的理论内涵和发展方向。

至少有四种哲学深刻影响了教育：观念论、实在论、实用主义和存在主义。① 观念论是最古老的哲学体系之一，柏拉图通常被人们认为是观念论的古典代表人物。观念论强调从道德和精神上来解释世界。真理和价值是绝对的、永恒的和普遍的。观念论教育家喜欢学科内容课程的秩序和模式，这种秩序和模式把概念与观念相互联系起来。

实在论同样是西方最古老的哲学之一。亚里士多德是实在论的代表。实在论者从物体和物质的角度来看待世界。实在论也强调有组织的，由独立的学科材料、内容和物体分类知识组成的课程。

实用主义是以变化的过程和关系为基础的。最伟大的实用主义教育家是约翰·杜威，他把教育看作是改善人类处境的一个过程，把学校看成是与社会环境一致的专门场所，学校即社会。他认为理想的课程是以孩子的经验和兴趣为基础，并为未来生活作准备的。实用主义者认为，教学应是一个把握科学的方法并改造经验的过程。

存在主义哲学倾向于让学习者自由地选择学什么，自由地决定什么是真的并以什么标准来判断真理。课程将避免系统化的知识或结构化的学科。存在主义者相信最重要的知识是关于人类的状况和每个人所必须做出的选择。

虽然教育哲学的方方面面可从观念论、实在论、实用主义和存在主义衍生出来，但一种共同的方法，就是提供一种教育哲学的模式。有四种公认的教育哲学模式：永恒主义、要素主义、进步主义和改造主义。教育哲学对课程理论的架构产生了深远影响，衍生出课程哲学。

课程哲学影响着学校课程的价值取向，进而决定着课程的决策与开发。可以说，每个学校的课程目标、内容、结构、评价，都隐含着课程设计的相应哲学思想与观念。

（二）现代课程理论

现代课程理论和后现代课程理论对学校课程思想有一定的影响。

---

① 张华. 课程与教学论[M]. 上海：上海教育出版社，2000.

1. 以泰勒为代表的现代课程范式

关于泰勒的《课程与教学基本原理》，已在第二章中阐述。《课程与教学基本原理》是典型的现代课程范式，阐述了以下四个基本问题：如何确定教育目标、如何选择教育体验(学习经验)、如何组织教育体验、如何评价教育体验。

卡普拉(Capra)认为，现代主义课程模式具有如下特征：行为目标分类；不以环境为转移的客观知识；外设的竞争性评价；将教师与学生、意义与情境、主观个体与客观知识、身体与精神、学习与环境割裂开来的二元论方式；通过价值中立的知识传递过程来获得进步的线性发展方式。这些课程理念所传递的现代主义思维模式和技术至上的意识形态是生态危机的根源。[①]

2. 后现代课程理论

小威廉姆·E. 多尔(William E. Doll)从伊·普里戈金(I. Prigogine)的混沌学原理出发，吸收了自然科学中的不确定原理、非线性观点和改造主义教育哲学，并结合了杜威、皮亚杰(J. Piaget)、布鲁纳等人的教育思想，勾画出了其后现代主义课程理论的框架。

对于后现代主义课程理论，可以从广义和狭义两个视角去诠释：一是将其视为在后现代状况下出现的各种理论(包括一些采用了现代主义哲学的课程理论)。二是将其视为站在后现代主义立场并应用了后现代主义假设来建构后现代主义课程理论，并以前者作为论述的基点。

靳玉乐等认为，狭义的后现代主义课程理论更符合实际，同时将其分为两种情况：一是秉持这种课程观的理论家并未意识到自己陈述了后现代主义的课程思想，他们只是根据社会、文化等危机提出了相应的对策。二是理论家自觉地站在后现代主义立场上对课程进行后现代建构，但也许这些建构之中还夹杂着不少现代主义的因素。这些课程理论的共同特征是用后现代主义思想来批判以泰勒为代表的现代课程范式。

于泽元分析了后现代主义课程目的观的转变，提出了开放性、多元性、创造

---

① 陈建华. 后现代主义教育思想评析[J]. 外国教育研究，1998(02)：1—6.

性、内在性的后现代主义课程特征,并在此基础上描述了后现代主义课程的内涵①:课程是提供给学生的现实机遇,是学生在现实机遇中的生成与创造。在这一课程思想下,后现代主义课程目标、课程内容、课程实施、课程评价等方面出现了新的风貌,提出了以开放性、生成性、流变性、生态性、包容性为特征的目标观,其奠基于多元文化、生态主义、建构主义的课程内容观,作为诠释创造与交往对话过程的课程实施观,以及导向多元与差异、美学精神并注重目标多样与流变的课程评价观及相应的方法论。

(三) 国家课程改革的指导思想

国家新课程倡导的是一种课程共建的文化,需要教师重新认识自己的角色。因此,作为一种师生共建文化,第八次课程改革的出台,不仅将要改变学校的教学方式,也将改变师生的生活方式,正如著名课程专家斯腾豪斯(Stenhouse)所言:"课程改革就是人的改革。"

课程改革就是人的观念改革。人的思想观念应是抑制新课改的最大瓶颈。当今的新课程处处体现着"以人为本,张扬个性"的新思想、新理念。如何用前瞻的理念、前卫的行动去荡涤陈旧的糟粕,显然非常重要。而新课程则直逼着我们这些当今的教育者们去慎重反思我们现存的教育观、教学观、课程观、知识观、学生观、人才观、质量观、考试观、评价观。若不更新上述种种观念,便不可能拥有一个更新的认识,装扮一种更新的角色,当然也不可能内化成一种更新的教育教学行为。

课程改革就是育人的方式改革。众所周知,传统的教育是面向过去的教育,那种重结果轻过程、重理论轻实践、重智力轻情感、重共性轻个性、重竞争轻合作、重单科轻综合、重绝对知识轻变化质疑、重模拟训练轻科学探究等,以继承为中心的教育思想已在师生甚至家长的心灵中打下了深深的烙印。不同的育人方式便会塑造迥异的人才模式,现代教育的育人理念,已远不是为将来的社会这一"大机器"塑造出一个合适的螺丝钉,而是着力培养和增强孩子在未来生活中更成功地

① 于泽元. 后现代主义课程理论研究[D]. 西南师范大学,2002.

寻找自己的幸福能力。

课程改革就是学习方式的改革。曾经风靡一时的《学习的革命》一书明确地指出：如何使学生学会学习，是当今世界教育所面临的最重要的问题。当今课程改革的核心正是针对这样的问题而突出强调科学探究，目的就是指导学生针对面临的问题应如何思考，而不是思考些什么问题，更不是让前人的思想成为他们的记忆负担。新课程理念之一，就是增强学生的问题意识，激发学生的求知欲望，进而舒展他们的天性，放飞他们的心灵，从而最好地开掘他们的天赋！

课程改革就是评价方式的改革。有一权威的调查结果显示，中国学生有三好——"基本功好，基础知识好，考试成绩好"；而西方学生有三强——"动手能力强，演说能力强，独立精神强"。显然我们的教育优势正是西方教育力图解决的问题，而我们力图解决的问题正是西方教育的优势。新课程改革所赋予的现代教育评价理念是，给予更多的尺子，让每位学生都能拥有最多发展的机遇，使每一位学生都能享受人生最多成功的喜悦！

课程改革就是师生关系的改革。当今教育正处于知识爆炸时代，担负教化学生任务的教师们也很明显地看到，光谈知识储备多少已根本不能适应人的发展需求了。当今富有时代内涵、充满时代气息的课程改革，需要的不仅是如奔腾不息的河流般的知识储备，也不仅是"大师"口若悬河式的刚性灌输，我们需要彻底更新师生关系，要让教师与学生相互间以情启智，以智冶情，和睦相处，和谐共生，从而相互依靠、真诚合作，肩并肩地一起去探索那奔腾不息的河流的源头。

课程改革要取得成功，必须上下达成共识，自下而上与自上而下形成良性互动。课程作为教育的主要载体，其改革必须依靠国家政策的支持和政策创新，除此之外，更重要的是要确立教师的主体地位，发挥教师的首创精神。国家有科学的规定动作，各个学校的每位教师都有拿手的自选动作，在规定动作中完成任务，在自选动作中出新、出彩，最终形成自下而上与自上而下的良性互动。

（四）学校课程思想传统

如果说国家课程是国家意志的集中体现，蕴含着主流价值取向和主要育人目标,那么校本课程则是基于本校实际(包括办学条件、现有资源、教师力量、学生现状等)进行的对国家课程的补充、延伸、加工和开发,蕴含着满足本校学生个性成长需求的校本意图和校本价值。两者都关乎"育什么样的人"和"怎样育人"等教育哲学层面的判断,而这又将影响到具体的课程建设和实施行为。因此,无论是课程研发、实施还是评价,都将在思想价值的引领下展开。可以说,校长课程领导的第一使命是带领教师在正确的思想价值指引下,朝着有利于学生全面可持续发展的方向进行改革和实践。[①]

校长的思想和价值引领应体现为端正"三观":正确的办学观——学校的办学对象指向学生而非其他,学生应该成为办学的主体;科学的育人观——教育是为了促进学生身心和谐发展,为其将来成为合格的社会公民奠基;高端的专业观——育人是一项专业的工作,有高度的专业要求,其专业性更多地体现在课程的高效实施上。

现实中校长在表述自己的教育思想时,往往倾向于抛出学校的办学理念,以校风、学风体现学校文化内涵。虽然校长的教育思想贯穿于其对教育规律的把握和解决学校教育问题的方式方法中,但是校长很难将这些理念性的内容与日常教育生活的众多活动统一起来,以致于往往出现理论与实践"两张皮"的情况,也即校长理论化的阐述与实际活动表现之间不够贴合。

上海市上海中学原校长唐盛昌强调学校办学思想的传承:当学校逐步走向良性循环之际,需思考的是,上海中学曾经有百年辉煌的历史,是前人以他们对教育事业孜孜不倦的追求、甘为人梯的无私奉献,培养了一大批在国内乃至世界上有影响的德高望重、德才兼备的高级领导干部、两院院士。当从前人手中接过接力棒时,必须站在他们的肩膀上,为后人点亮更加辉煌的火焰。[②]

□ 实践探索

上海市曹杨第二中学建设课程化的社会实践活动长效机制,取得突破性进展,经过长期的探索与实践,最终形成了"一个课程建设理念、一个课程体系、三类

---

① 金培雄.学校课程领导:由困境而入境[J].《教育视界:智慧管理版》,2018(11):37—40.
② 唐盛昌.终生的准备与超越[M].北京:高等教育出版社,2004.

课程手册"的经验成果。①

"道德生活体验场"是学校组织和设计社会实践活动的理念,即借助社会生活的真实场景(社会实践场所),再辅之以精心设计的活动,营造富有感染力的氛围,让学生"浸入式"观察和体验道德行为,引发道德冲突,进行道德判断,获得道德认知发展。

近几年来学校还在不断完善社会实践课程体系,不断丰富社会实践项目。比如,新开发的"三农"系列:江村考察——重走大师路(了解农民),甘肃学农——告诉你一个真实的中国(体验农村),"格莱珉银行"跟岗实习——精准扶贫项目/同济大学农学课题研究(服务农业)。

学校为每一个活动精心设计了三类课程手册,即"课程建议手册、教师指导手册、学生活动手册",为社会实践活动"多维有序"的开展提供了保障。

二、 学校课程思想的追求

一所学校的课程思想主要体现在学校的办学理念和教育哲学等方面,对本校的课程定位、课程目标、课程实施、课程评价、课程管理等起到指导作用。

对校长而言,思想是先导,问题是主线,解决方式体现实践智慧水平。反过来,高水平的处理方式体现思想,思想意味着解决问题的方式选择。思想就是在问题解决过程中体现出来的思考与智慧。

(一) 让学生受益是学校的最终目标

学校课程领导力的最终指向应该是"人"的发展,包括校长、教师、学生,乃至家长。学生的发展是学校教育的出发点和落脚点,学校的一切教育教学活动都是为了提升学生的核心素养,所以学校课程的开发要围绕"为了学生的发展"这条主线。失去这个根本,课程就形同虚设,即是功利的、低效的,甚至是无效的。②

---

① 提升课程领导力:为选择性、个性化、高效率学习提供课程平台 上海市提升中小学(幼儿园)课程领导力行动研究项目(第二轮)成果巡礼(高中篇)[N].文汇报,2019-9-4(12).

② 符云峰.对校长课程领导力的审视与实践[J].教育视界(智慧管理版),2018(12):39—42.

顾明远始终倡导以学生发展为本,以学生为主体。真正理解、践行顾明远的教育思想,要做到三个"真正":真正确立学生的主体地位,围绕学会学习、主动学习、创造性学习的核心推动教学改革;真正以对学生的尊重、信任与爱为教育信条,从实际出发,培养学生的兴趣,让学生在活动中成长,教师形成自己的育人思路,落实在行动中;真正用以学生为主体的理论、思想牵引、推动专业成长,搭建一个更高的平台。

□ 实践探索

上海市莘庄中学以"DIY"为课程统整的核心。DIY 即"Do It Yourself"(自己动手做),"Design It Yourself"(自己设计与创作),"Discover It Yourself"(自主探索与发现)。以综合素质培育为价值追求的 DIY 统整"三精"特色课程,突出学生自主探究、勤于思考、勇于实践,注重学习过程中的经历和体验,侧重学生创新精神和实践能力的培养,具体落实在"三类 DIY 课程群"实施上,即校本化的基础型课程、个性化的拓展型课程和研究型课程以及专项化的精品课程,依托人文、艺体和科技三个 DIY 学园实施,最终转化为培养学生的"四力",即学习力、领导力、创造力和综合竞争力。①

1. 开齐开足课程

以学生发展为本,校长首先要有开足开齐课程的意识。国家虽然将部分课程开发和管理权力下放,但学校要有依法依规办学的坚守,体现国家意志的课程方案必须坚持,不能功利化,高考不考的课程就不开的现象要杜绝,在这方面要有底线思维。如果校长的意志不坚定,不能开足课程开齐课时,片面抓升学率,那么素质教育和核心素养都成了虚妄之谈。

培养什么样的人是一名校长永远无法回避的基本问题,是学校育人思想的根本。比如,体育、艺术、劳动技术等课程,是对学生德智体美劳全面发展非常重要的课程。体育课程不是简单的体育活动,而是严格执行体育与健身课程标准,把运动与心理健康结合起来,让学生在和谐、平等、友爱的运动环境中感受集体的温

---

① 提升课程领导力:为选择性、个性化、高效率学习提供课程平台 上海市提升中小学(幼儿园)课程领导力行动研究项目(第二轮)成果巡礼(高中篇)[N]. 文汇报,2019 - 9 - 4(12).

暖和情感的愉悦；在经历挫折和克服困难的过程中，提高抗挫折能力和情绪调节能力，培养坚强的意志；在不断体验进步和成功的过程中，增强自尊心和自信心，培养创新精神和创新能力，形成积极向上、乐观开朗的生活态度。艺术课程则注重让学生得到艺术的熏陶，滋润学生的心灵，旨在将艺术内化为他们的人格、修养和气质，从艺术中学生可以得到有关自身和世界的知识、信仰和价值，这些知识、观点、体验和意义是任何其他学科都不能提供和代替的。体育、艺术、劳动技术课程与其他文化课程形成互补，既释放了学生的学习压力，又激发他们对美的热爱与追求，完善世界观、人生观和价值观，提高思想道德素质，树立远大理想抱负。对于高三年级也是如此。坚持针对高三年级不折不扣地开足体育、艺术课程，不仅不会影响学生成绩，还会提高学生的成绩，更能促进学生全面发展。

2. 提高课堂效益

国际学生评估项目（The Program for International Student Assessment，以下简称"PISA"）2018 年报告可以给我们一些启发。PISA 报告中指出，中国学生擅长阅读、数学等测试。但报告同时提到，中国学生的总体学习效率不高，学习时长足够但学习效果欠佳；同时，整体幸福感偏低，排名倒数第八。具体数据为：四省市（北京、上海、江苏、浙江）学生的阅读、数学和科学的学习效率分别为 119.8 分/小时、118.0 分/小时、107.7 分/小时，在参测国家和地区中排名靠后，分别排在第 44 位、第 46 位、第 54 位。学生的学校归属感指数为 − 0.19，满意度平均分为 6.64 分，在参测国家和地区中分别排在第 51 位和第 61 位。

无论是在校内课堂还是在校外培训机构，中国学生过得都"不容易"。PISA 之父、经济合作与发展组织（Organization for Economic Co-operation and Development；以下简称"OECD"）教育与技能司司长安德里亚斯·施莱克尔（Andreas Schleicher）说："一方面，你可以说中国的学生对未来作好了准备；另一方面，这一结果的代价是学生、家长不仅需要付出大量金钱，还要付出大量时间和精力。"中国学生在校内外学习时间较长，但效果偏差；芬兰学生用时最少且效果最优；阿联酋学生用时最长，效果却倒数第三。

"中国学生为考试所作的准备有一点太过了，考试只是检验学习成果的一种方式而已。"安德里亚斯·施莱克尔年少时主修物理学、数学与统计学，他表示：

"实际上真正重要的技能是,你是否能像一个数学家、科学家一样思考,把实际生活中的问题'翻译'成数学,学会设计实验,再将结果运用到实际境况中。"

安德里亚斯·施莱克尔同样认为,如果学生能够与老师保持融洽的关系,并且享受学习过程,就会在学业成果上有着更好的表现。

实际上,这一想法与中国教育部门"减负增效"的改革思路不谋而合。

□ 实践探索

为兼顾学生全面发展与个性化成长的需要,大同中学重构课程体系,确立了学科核心课程、素养拓展课程、专业导航课程、生涯发展课程的课程结构。学校满足学生对课程门类选择、课程层次水平选择、课程学习进程选择的需求,充分尊重学生的自主性、选择性,拓展课、研究课、专题教育、体育专项等均为学生提供了充分的选择与自主空间,学生对课程的自主性显著提升。[①]

（二）学校课程思想的适切性

1. 前瞻性

课程思想的前瞻性体现在持久性、持续性上。孔子的教育思想、陶行知的教育思想,与现在的课程改革有很多契合点,体现了强有力的生命力,表明当时提出的教育思想具有前瞻性。在深入进行课程改革的今天,陶行知教育思想宝库中蕴含的课程思想,可以丰富新一轮课程改革的理论,他的课程思想具有鲜明的民族特色和世界价值。[②]

凡事预则立,不预则废。校长思想力基于学校历史,立足于学校当下,着眼于学校未来,充分表现在洞悉教育发展趋势的判断能力,强调关注教育新趋向、新变化,解释可能出现的新问题。即能把握教育改革脉络,具有超前预见、超前谋划、超前决断的能力。有了这种预判力,就能争取学校发展主动权,冷静面对学校发展过程中存在的问题和可变因素。课程教学思想的前瞻性是由教育的功能和目的决定的,是客观事物在课程教学工作中的反映。只有立足现实、着眼未来,通过

---

① 上海市教育委员会教学研究室. 课程领导的上海高中行动[M]. 上海：上海科技教育出版社,2019.
② 成尚荣. 陶行知课程思想与基础教育课程改革[J]. 课程·教材·教法,2005(05)：84—88.

不断改进课程教学方法和手段架起通向未来的桥梁,才能真正把教学思想贯穿于教学实践之中。课程内容需要与时俱进,教学方法和手段需要不断更新,教学思想则需要依托现实并不断超越现实,唯此才会有教育的发展。[①]

2. 思辨性

校长思想力不是一种简单的单向思维结果,是校长根据学校发展的表象来反思教育发展中的隐性因素,从学校传统的历史中探析学校发展的未来,从自身的教育理解中关注学校全体成员的需要,从个性的教育判断中促成全体成员的积极参与,从学校物化资源的建设中关注学校精神文化的发展,从学校辉煌成功中辨析存在的危机。思辨性是校长思想力的最基本的表征。

3. 教育情怀和理想信念

校长的个人成长离不开自身的教育情怀与坚定信念,可以说,对教育的执着追求是推动校长不断追求学校变革的不竭动力。卓越的校长对时代的社会需求具有敏锐的洞察力,在科学的理论指导下完善自身的观念体系,并依据教育规律作出尝试性探索,承担起学校发展的使命与担当。在推进教育治理现代化的时代,更需要有勇于担当、锐意进取、胸怀宽广的"狮子型"领导。[②]

□ 实践探索

奉贤中学近三年来整体办学质量不断提升,得到了学生、家长及社会各界的广泛好评。无论是走班管理、学习手册编制、基于标准的单元教学还是奉贤中学的综合素质评价方案,都着眼于激发学生的发展潜能,培育"民族担当、领袖品质和自主发展"的研究型人才,紧扣学校课程目标,指向学校办学目标。学生的满意度调查数据表明,三年来学生对学校的满意度逐年提升,目前接近百分之百。[③]

三、 学校课程思想的成形

对一所学校至关重要的课程思想并非是从天而降或自然而成的,而是在学习

---

① 赐成. 教学思想的前瞻性[J]. 中学历史教学参考,2002(11):40.

② 李醒东,付云飞. 中小学名校长教育思想的生成与凝练——基于扎根理论的视角[J]. 教育科学研究,2019(08):27—31+38.

③ 上海市教育委员会教学研究室. 课程领导的上海高中行动[M]. 上海:上海科技教育出版社,2019.

实践锻炼中、总结经验教训中积累和增长起来的。学校课程思想受到哪些因素的影响，如何凝练？这是一个牵涉众多理论和实践的复杂过程。

学校课程思想的凝练路径和方法应该因校而异，因为各校情况大不相同：有的学校是百年老校，具有悠久的办学传统和明确的课程思想，而有的学校是新建的学校，富有创造空间；有的学校蒸蒸日上，有的学校停滞不前；有的校长亲身经历了本校变迁，有的校长刚从外校调到本校。学校课程思想的凝练路径往往是自上而下的，校长是其核心。

确立办学思想是校长专业发展的内在需要。校长的专业水平需要在办学思想的凝练中发展和成长，办学思想凝练是校长专业水平的自我提升过程。

（一）"学"字当头

孔子说过："学而不思则罔，思而不学则殆。"不断学习是校长坚定政治定力、修炼人格魅力、提升精神境界的重要途径，是胜任领导工作、增强发展引力的必然要求。对于课程思想的凝练，校长不是凭空想象的，而是通过书本学习、经验学习、实践学习获得先进的课程思想，进而构建自己的课程思想骨架。学习、学习、再学习，这是路径所在。

学习领会伟大教育家的课程思想。孔子的教育思想、陶行知的教育思想与现在的课程改革有很多契合点，体现了强有力的生命力，表明当时提出的教育思想具有前瞻性，需要认真学习和领会。符合教育规律的课程思想才有生命力。

学习领会新课改理念。洞悉国内外教育发展形势，关注课改新趋向、新变化，着眼于学校的未来，解释可能出现的新问题。例如，真正领会以学生发展为本的基本理念，确立学生的主体地位，围绕学会学习、主动学习、创造性学习的核心推动学校课程改革；真正通过以学生为主体的理论、思想来牵引、推动自己的专业成长。

调查研究中学习。要经常性地深入基层、深入教师，广泛听取教师的意见和建议，了解教师的所思所愿，收集好想法、好建议，努力做到站得高、看得远，讲全局、抓大事，不断提高抓住本质、抓住要害的本领。[①]

---

① 顾伯冲. 领导力首先是思想力[N]. 学习时报，2018 - 08 - 29(002).

学习型领导力绝非戏剧性般的蓬勃发展或召开重大发明新闻发布会而获得的,与此相反,它是学校里年复一年、日复一日,持续专注于改善学习条件,在课堂教学中让价值观和行动保持一致性的过程和常态。鲁滨逊(Robinson)等人发现了校长参与教师专业学习所产生的重要效应。这让人联想到巴斯(Barth)把学校描述为一个学习者的社区,学校也是校长、教师和学生学习之间的重要纽带。

□ 拓展

黄炎培职业教育思想的形成正值五四时期的前夕。当时,中外各种思想交流相对自由和开放,社会思想多种多样,实用主义思潮、平民主义思潮、科学教育思潮等各种思潮充斥社会。黄炎培的职业教育思想是在与国内各种教育思想的相互撞击中产生的,对国内各种教育思想的思考、辨析和吸纳,为其职业教育思想增加了更多的知性和理性。[①]

（二）实践反思

校长的思想力是校长判断学校发展形势能力、规划发展愿景能力和推行自己教育主张能力的一种综合体现,这是开展课改的内在精神力量。如果没有思想的引领,课改就会失去应有的高度,也无法深入持久。[②]

办学思想凝练旨在促使校长的办学思想从模糊的、潜在的和不自觉的状态转化为清晰的、显在的和自觉的状态。通过办学思想凝练,促使校长把感性知识理性化、隐性知识显性化、零散知识系统化、个人知识公共化,从而实现自己专业能力的成长。

校长形成思想力的路径是多样化的,办学思想凝练应关注以下几个方面:多数校长都有丰富的人生经历和办学实践经验,这是宝贵的财富,因此可以从人生经历的回溯、办学实践的反思中凝练办学思想,也可以通过先行理性思考确定价值追求。严格来说,这两者有时难以区分,总体来说是一个双向建构的过程,只是侧重点不同而已。[③]

---

① 唐高华. 黄炎培职业教育思想前瞻性探因[J]. 教育与职业,2007(33):5—7.
② 陈庄. 思想力·建构力·行动力——课改突破高原的底层路径[J]. 教育视界,2015(21):20.
③ 夏心军. 思想力:校长治校的应然素养[J]. 江苏教育,2014(04):32—35.

1. 实践中提炼思想

校长首先应是个实践家,能够在实践中获得认知,在解决问题的过程中获得实践智慧,在实践智慧中提炼办学思想。校长的课程思想来自课程实践,应为课程实践服务。判断校长是否具有思想力的操作标准,首先表现在校长会讲述学校自身的故事,其次是校长的实践能够符合教育规律,能解决实际问题,并具有一定的原创性。

校长的智慧很大程度上不是对教育理论本身的原创,也不是对教育价值预设的革新性改变,而是在教育实践当中逐步形成的对教育生态的整体把握,并将其贯穿于学校治理中的价值实现过程。

2. 反思中凝练思想

校长应当具备反思意识和习惯,坚持"学习—实践—反思"或"实践—学习—反思"。若不善于反思实践,校长的想法就只能停留在"经验"水平上,不能上升到"思想"的高度。校长往往需要从很多课程实践中提炼经验,寻找规律,最后将其上升为统领学校课程诸多领域的课程思想。

校长通过总结凝练和传播办学思想,让自己的办学思想通过自我反思检查、同行专业审查和社会大众检验,形成能够反映教育规律的系统的教育认识,使其在更大范围内推广普及,指导教育实践,引领教育发展。

3. 校长的追求:教育家

袁振国指出,教育是塑造人类灵魂的崇高事业,教育是思想与思想的交流,校长要努力成为教育家。首先,教育家要有自己的教育思想,要有对教育的独立见解,更要有对教育理想的不懈追求。教育家的教育思想应当更深刻,更系统,更自觉,更富有创造,并且更能坚持实践自己的教育信念。其次,教育家不仅要有深刻的思想,更要有丰富的教育实践,可以说教育家就是有思想的实践家。能否把抽象的理论、先进的理念融汇到每一个具体的教育细节之中,这是教育思想家和教育家的明显区别。教育家应当善于在实践中不断深化教育思想,不断丰富教育智慧,不断提高教育艺术。再次,教育家是改革的实践家、创新的实践家,他们能够与时俱进,使自己的教育思想在改革的实践中不断创新。善于发现新情况、新问题、新趋势,善于捕捉新机遇,采取新措施建立新机制。这是当代教育家的明显特征。[①]

(三) 内生动力

1. 校长思想力是一种内生力

思想力是校长在专业成长和工作实践中,克服困难,确立科学的教育理念,为进一步提升在学校发展过程中的引领作用而形成的一种具有个人风格的能力。这种能力基于校长专业发展需要和对学校发展理解而形成,是一个由感性走向理性、由自发走向自觉的过程,将零星的教育思考凝练成办学观念,并指导学校发展。

唐盛昌指出:①校长最可贵的素质是有自己的哲学思想。坚持独立思考,实事求是,做个有思想、有个性的人。②读懂教师就是要让每个教师都得到专业发展,重视文化立校,建设教师的精神家园,打造教师团队。③校长的知识背景最好是兼具多种学科背景,是复合型的综合素质。④要重视自身业务能力的提升。校长应是三尺讲台上的强者,业务不强、讲话不响。一个业务不强的校长很难有号召力和影响力。

2. 科学研究是校长思想力的不竭动力

学校发展需要校长具备先进的办学理念,把握学校改革方向,挖掘学校教育内涵,集聚发展力量,不断实现学校教育改革的新价值。而学校管理没有现成的经验,也没有固定的模式,只有不断研究与探索,在研究中寻找理论依据,在研究中开发教育资源,在研究中实现由经验向科学迈进。

3. 理性实践是检验校长思想力的重要途径

蕴含在学校教职员工队伍中的实践智慧是非常丰富的,校长要勤于在实际工作中捕捉教职工的智慧,提高思想的体察力,做一位发现实践智慧、提炼实践智慧、丰富实践智慧的有心人。校长思想力是促进学校发展抑或是带来"水土不服"的效应?是彰显教育规律还是仅仅停留于"移花接木"式改造?这需要通过学校的各项工作去检验。因此,校长要尊重学校文化,理性处理实践过程中遇到的困

---

① 唐盛昌.终生的准备与超越[M].北京:高等教育出版社,2004.

难和问题,在实践中修正,从而提升校长思想力的校本性。

笔者认为,哲学无边界,理论无国界,但学校有情境,而且课改会体现国家意志。课程思想源于课程哲学,遵循课程理论,符合国家课改方向,切合学校实际;课程思想以学生发展为终极目标,兼顾学生、教师和学校的发展,在学校情境中继承和发展;思想凝练应以学习为先,实践反思为重,指导学校愿景等。

□ 实践探索

课程领导力是课程观的价值体现,是从课程理念到实践落地的坚守与引领。宜川中学以"生命之舟　宜航之川,为师生提供适宜的学校生活"为愿景,坚守"为学生全面而有个性的发展创造适宜的课程"的理念,能够从学校理念和育人目标出发,整体把握和系统建构课程,知晓课程的顶层设计,提升了思想力。①

思考题

1. 学校课程思想都包含哪些内容?学校课程思想都有哪些要素?学校课程思想的来源是什么?

2. 学校课程思想与哪些人有关?如何形成学校课程思想?学校课程思想对学校课程起到哪些作用?

3. 衡量学校课程思想前瞻性的标志是什么?

第二节　愿景的一致性

领导力专家沃伦·本尼斯(Warren G. Bennis)和彼得·圣吉(Peter M. Senge)都强调了愿景在领导中的关键意义。本尼斯不仅将"清晰阐明未来的愿

---

① 上海市教育委员会教学研究室.课程领导的上海高中行动[M].上海:上海科技教育出版社,2019.

景"视为成功领导的关键,更将领导力定义为"愿景转化力"。^① 以变革型领导为代表的新型领导力理论认为领导力是"领导者为实现共同愿景,通过个人魅力和行动来有效地影响追随者情感、价值观的过程"。这种愿景领导过程由三阶段构成:领导对未来组织状态的合理规划;领导精要描述愿景并传递给追随者;授权使追随者能有效地实现愿景。

学校课程愿景领导是基于学校层面的课程愿景领导,它存在于各个学校组织之中,是一种校长与师生间相互作用的活动,最能充分体现学校愿景的核心要素。实现有效的学校课程愿景领导,需要上级教育行政部门在课程愿景领导中发挥正面作用,需要校长对课程愿景领导具有正确且准确的理解,另外,还要调动教师参与课程愿景领导的积极性和主动性,当然这一过程也离不开课程专家的参与和家长的理解与配合,以及课程愿景领导的校本化。^②

一、愿景领导

梦想成真,需要遵循三个原则:第一,愿景的建立过程和愿景目标的内容同样重要;第二,传达愿景的原则是,愿景的制定是一个持续不断的过程,你需要不断地对之进行讨论;第三,执行愿景的原则是,永远盯住愿景,并且保持做出承诺的勇气。

(一)愿景内涵及价值

1. 愿景内涵

有人说,"愿景"来源于古希腊语中的"to see"(去看)一词;还有人说,"愿景"一词来源于英语的"vision",本义有视觉、美景、幻象等。关于愿景的研究成果很丰富。

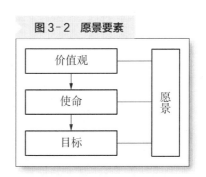

图 3-2　愿景要素

---

① 崔勇,张文龙. 基于课程愿景的课程领导[J]. 教育科学论坛,2018(10): 6.
② 黄文源. 学校课程愿景领导及其实现路径的研究[D]. 华中师范大学,2010.

美国领导学学者威勒(Jr. Weller)、哈特雷(D. Hartley)和布朗(J. Brown)进一步研究了愿景的内涵,指出愿景包括价值观、使命和目标三个要素。价值观是愿景的核心要素;使命反映组织利益相关者的共同核心价值观,并提供未来发展图景;目标是行动宣言,明确说明使命完成的方式。威勒、哈特雷和布朗的贡献在于界定了愿景的构成要素并讨论了彼此的关系。

美国学者布兰佳(K. Blanchard)的观点与上述观点差不多,认为一个成功的愿景应该具备三个关键因素,有意义的目标、明确的价值观和未来的蓝图。

关于愿景和使命,现代管理学的创始人、美国管理学家德鲁克做了大量研究后认为,两者的区别在于,使命回答"组织存在的理由是什么"的问题,而愿景回答"组织未来期望成为什么"的问题。也就是说,愿景是对一个国家、一个组织或一个团队在未来某个时间节点发展图景的想象和描述。从这个意义上看,似乎愿景的范畴大于使命。

美国管理学学者梅克埃文(E. K. McEvan)从组织领导的角度指出,愿景是一种基于领导者的价值观、信念和经验,反映其对未来组织图景的驱动力。梅克埃文研究的实际上是领导者的愿景领导力,包括价值观、信念和经验等构成要素,同时也指出了领导者愿景领导力对组织愿景的驱动作用。

美国管理学学者吉姆·柯林斯(Jim Collins)和杰里·波拉斯(Jerry I. Porras)的研究结果表明,长盛不衰的企业都拥有明确的核心理念和具有挑战性的远景目标。核心理念包括核心价值观和核心目标两部分,核心价值观是组织的信条,核心目标是组织的终极目的。远景目标是指具有大胆创新特征的10—30年目标。柯林斯和波拉斯的贡献在于区分了长远愿景与短期愿景。长远愿景是指没有时间限度的发展方向、终极目标和指导思想,短期愿景是指可实现的具有时间限度的战略目标。

综上,根据不同学者的观点,愿景可以呈现为未来画面、理想画面、核心价值观、核心使命等。[①] 这种前景的实现,或许需要10年,或许需要更长时间。

2. 愿景的价值

一个人、一个团队、一个学校,有没有愿景对其有什么影响? 梅克埃文调查了

---

① 范雪灵,王小华. 愿景型领导研究述评与展望[J]. 经济管理,2017,39(12):176.

高绩效校长的特质,结果显示排在前十位的特质是：善于沟通者、教育者、愿景制造者、促进者、改革者、文化建构者、活跃分子、生产者、人格树立者、贡献者。另有研究指出,成功领导者的五项特征分别是：愿景、激励、战略定位、完整思维、组织的诡辩。

当今的学校活动中,学校愿景对于组织发展的作用主要体现在以下几个方面：

第一,有利于提高学校价值。最大化地提升学校的存在价值是制定学校愿景的终极目标,学校的存在价值是学校存在的原因和目的。

第二,有助于克服危机。在现代社会中,学校面对的外部环境日益复杂而且具有很强的随机性,任何一个小细节处理不慎就可能引起较大的学校危机。而学校愿景有助于将学校危机转化为机遇。科学的学校愿景可以把学校领导和成员放置到更高的位置上去看待学校发展和学校发展过程中遇到的危机。学校的应急处理方案必须依照学校愿景来制定,只有这样才能保证学校危机处理方式能够得到社会的广泛认同。

第三,有效调动学校资源,促进学校发展。愿景描绘出了学校在将来的发展状态,指明了学校资源投入的方向。学校因为有愿景,就可以一直朝着既定的方向一直前进,在保证短期目标的同时,也可以为中长期目标的实现打下坚实基础。

学校愿景是"我们想成为谁"的形象表达,它代表了学校的抱负,体现了学校所肩负的使命和所倡导的核心价值观。一个没有清晰愿景的学校,很难形成强有力的领导力。学校怎样以现在为出发点一步步走近愿景呢？学校的战略规划是这一过程的行动指南。学校领导力发展由此与学校战略规划紧密相联。要达到有效推动学校领导力发展的目的,领导力发展项目的具体目标应该与学校战略目标相联系。

校长对于教育的理解、认识、反思,对于人生的启迪、感悟、剖析,对于时代的洞察、把握、顺势,均会对办学方向和实践、内涵和个性产生深远的影响。一位课程领导力强的校长必然具备上述素养——有自我的主张,有坚定的原则,有清醒的体认。

（二）学校课程愿景

1. 课程愿景是学校愿景最核心的部分

学校课程愿景需要思考的是：给学生提供什么样的课程，不仅仅是静态的文本课程，还有动态的现场课程。

学校课程愿景在课程领导中具有基础地位和中介功能，体现了其对课程管理的超越。① 在课程领导实践中，课程愿景的作用更加突出。靳玉乐、李朝辉、林明地等学者都认为描绘课程愿景是课程领导的基本策略，课程愿景在课程领导中的重要性和基础性是体现在它的中介功能上的。

课程愿景领导作为课程领导中的有机组成部分，是一个新兴的研究领域。课程愿景是一个国家、一个组织、一个团队或一个人未来的课程发展图景。历史经验证明，最为成功的国家、组织、团队或个人都得益于有一个高瞻远瞩、符合社会潮流、代表先进生产力和先进文化、能够整合利益相关者价值取向的课程愿景。作为一种由内而外的组织治理方法，课程愿景能使组织形成强大的向心力，使组织成员紧密团结在一起，为组织发展提供强大的推动力。

学校课程愿景对于学校价值的意义分为三个不同层次：学校对社会和国家的价值处在愿景的最高层，中层是学校的运营领域和目标，下层是学校成员的行动准则或实务指南。愿景所处的层次越高，就具有更大的效力、更长的延续时间。

2. 学校课程愿景要以国家愿景为导向

学校对人类社会和国家的贡献和价值是学校赖以存在的根本理由，也是其奋斗的方向，它是最高层次的学校愿景，具有最高的效力。所有领导者都应具备提出和实现组织愿景的能力。对于战略领导者而言，能否提出令人振奋、具有广阔发展前景、能够为追随者所认同、能够持续引领组织或团队向前发展的共同愿景，将直接决定着一个组织的前途与命运。例如，建设中国特色社会主义、实现中华民族的伟大复兴和持续推进国家现代化是以邓小平同志为核心的党的第二代中央领导集体提出的国家愿景，正是这个愿景推动了我国的改革开放并初步实现了

---

① 崔勇，张文龙. 基于课程愿景的课程领导[J]. 教育科学论坛，2018（10）：5—10.

富民强国的目标。[1]

□ 拓展

中共十五大报告首次提出"两个一百年"奋斗目标。国家强、民族强、人民强，归根结底就是要教育强。党的十八大明确提出：通过"两步走"战略，进一步赢得发展新优势、开创事业发展新局面，奋力实现第一个百年奋斗目标，全面建成小康社会；进而实现第二个百年奋斗目标，实现中华民族伟大复兴。"两个一百年"奋斗目标的科学提出，需要教育作为先导产业。

2018年9月10日，全国教育工作大会在北京胜利召开。会议强调，全面贯彻党的教育方针，坚持中国特色社会主义教育发展道路，坚持社会主义办学方向，坚持改革创新，以凝聚人心、完善人格、开发人力、培育人才、造福人民为工作目标，培养德智体美劳全面发展的社会主义建设者和接班人，加快推进教育现代化，建设教育强国，办好人民满意的教育。

教育是民族振兴、社会进步的重要基石，是功在当代、利在千秋的德政工程。教育是国之大计、党之大计。教师是人类灵魂的工程师，是人类文明的传承者，承载着传播知识、传播思想、传播真理，塑造灵魂、塑造生命、塑造新人的时代重任。党的十八大以来，我国围绕"培养什么人、怎样培养人、为谁培养人"这一根本问题，全面加强党对教育工作的领导，坚持立德树人，加强学校思想政治工作，推进教育改革，加快补齐教育短板，教育事业中国特色更加鲜明，教育现代化加速推进。教育成效方面，人民群众获得感明显增强，我国教育的国际影响力加快提升，中国人民整体的思想道德素质和科学文化素养全面提升。

学校课程愿景的制定，始终要以国家愿景为指导，以办国家满意、人民满意、学生满意的教育为宗旨。

3. 学校课程愿景的特性

学校课程愿景是以学校为组织单位的课程领域的愿景，指出学校实现价值的途径和方式。学校课程愿景应满足愿景的要素和作用，因此学校课程愿景体现学校课程的价值观、学校课程的使命和学校课程的目标。学校课程中长期规划、学

---

[1] 中国科学院领导力课题组，谭红军，霍国庆，苗建明. 愿景领导力研究[J]. 领导科学，2009(06)：26—29.

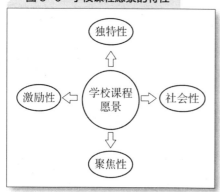

图3-3 学校课程愿景的特性

校课程战略等需要反映课程愿景。具体而言,学校课程愿景具有以下特性:

学校课程愿景具有独特性。学校课程愿景是学校未来发展目标的综合体现,是学校历史和现实的延续。虽然在制定学校未来发展愿景的过程中领导者要综合考虑外部的社会价值观、社会进步和科技等因素,但对于学校而言,未来发展状况也受学校内部因素的影响,如学校课程思想、课程文化等。

学校课程愿景具有社会性。作为个体的学校总是存在于特定的社会环境之中,其愿景的建立和实现受到社会环境的影响。一方面,不同的社会文化和社会制度,决定了学校对自身未来认识的设想。另一方面,学校愿景是否被社会接受也决定了学校愿景的合理性。所以学校在进行战略选择和愿景制定时必然会受到社会环境的影响。

学校课程愿景具有战略聚焦性。学校课程愿景从本质上说是一种对学校课程发展战略的图景化。所以学校战略必然是学校愿景的核心内容。而且学校战略也是制定学校愿景的大方向和最终诉求。而现实工作中,多数学校处在愿景领导的低级阶段。愿景描述不够清晰、过于关注阶段性目标,使其到了一定阶段后必然进入发展的“高原期”。把短期目标、学校文化、战略规划、战术对策当作愿景的现象比比皆是,研究和探讨个性化的战略焦点是所有学校必须面对的挑战。

学校课程愿景具有精神激励性。激励性也是课程愿景领导区别于其他领导方式的显著特点。事实上,只有在学校真正建立起了被学校成员接受的学校课程愿景,课程愿景领导才真正开始发挥它的作用。而且与其他激励方式不同,愿景领导更加关注学校成员在精神层面的满足。

学校课程建设是一项极其复杂的工作,课程愿景的具体产品至少有课程规划、课程设计、课程活动三个层面,将课程愿景提炼为“可喻之义”,清晰准确地传达意图,并促成持续的沟通、交流、创新和完善,是课程领导实践的重点。

□ 实践探索

上海市七宝中学课程愿景：研究型高中——优质高中转型发展的新方向

创新型国家建设必将需要大批创新型人才,具备较高的研究素养和创新能力不仅是未来创新型人才的基本特征,也是其能够创新的功底。高中教育作为培养未来创新型人才的重要奠基阶段,应该从创新型国家建设的战略高度重视高中生的创新能力培养问题。但就我国目前的高中教育来看,学生的研究能力和创新素养培育恰恰是一个薄弱环节。许多学生的学习方式还比较传统,学习过程中喜欢被动接受式学习,缺乏问题意识、创新意识,缺乏研究的思维与习惯,也缺乏研究的能力与氛围,导致学生普遍存在应试能力强而创新能力弱的现象,而这恰恰是创新型人才培养中要避免的,也是高中教育在改革发展中所应解决克服的挑战。

优质高中由于有较好的师资力量、优质的生源和办学资源与设施,在学生创新素养培育与人才培养方式改革探索方面应该比一般的普通高中要承担起更多的责任与使命。在"全面发展,人文见长"办学理念和"平民本色,精英气质"育人目标的引领下,七宝中学自 1998 年在全国率先开展研究性学习实践探索以来,在坚持注重学生全面发展、注重培育学生人文素养的基础上,在育人实践中还充分发挥"研究"的育人功能与价值,把"研究"的理念逐步植根于学校办学实践和人才培养全过程中,致力于营造浓厚的学校研究氛围,培养"具有浓厚人文情怀和强烈社会使命感的,有较高研究素养,能够用科学的方法论探索世界、创造生活的未来卓越人才"。在借鉴国外学术性高中办学模式与经验基础上,结合国家创新型人才的培养需求、学校的育人目标及多年开展研究性学习的办学实践探索,学校于 2015 年正式提出创建"研究型高中"的办学目标:希望学校能够成为一所具有深厚人文底蕴、浓厚研究氛围、鲜明创新特色,引领国内高中发展,达到国际水准的一流研究型高中。

二、 愿景契合

学校组织和每个团队、个人都应有愿景,但因立脚点不一样,个人和团队愿景可能有多种不同情况:同向、异向、混沌状态。愿景的契合度决定组织和个人的发展度。

（一）学校课程愿景应兼顾师生成长

学校愿景领导实现激励功能的前提条件之一就是得到学校教师成员的认同。那么如何才能做到这一点呢？关键就在于教师的个人利益应在学校课程愿景的实现过程中得到满足或是回应。这需要领导者或是说学校课程愿景规划小组在设定学校课程愿景之初就将学校的发展与教师个人利益联系起来，使教师的个人价值在学校课程愿景的实现过程中得到实现，同时又有助于其个人的发展与成长。

□ 实践探索

上海市大同中学 CIE 课程的诞生，既体现了学校课程愿景，同时又符合教师专业发展和学生创新素养培育的课程愿景。CIE 课程是大同中学开发的以挖掘学生潜在创新意识、培育学生创新素养为目标，以学生自主开发并参与的项目为驱动，以"云"为课程、师资、教学资源的构成形态，组合而成的创新素养培育校本课程。[1]

现代社会中，学校不能仅将自己与教师间的关系理解成雇佣与被雇佣的关系。事实上，除此之外，教师还十分重视个人价值的实现和自我职业生涯的提升。科学的学校课程愿景，通过有效融合教师的个人利益，可以让教师对于学校愿景更加认同和支持，激发教师自觉参与学校发展。另外，科学的学校课程愿景还起到一定的约束作用，在将课程愿景成功根植于教师内心之后，教师会自觉抵制以权谋私、效率不彰等不利于学校发展的不良现象。将学校发展同其个人发展等同起来，可以对学校制度起到强大的补充约束作用。

学校课程愿景最初只是领导者对于学校发展的一个目标，但是要最终实现却需要所有成员的共同努力。所以一个成形的学校课程愿景，应既包含领导者思想又体现成员理想，这样就可以将学校课程愿景变成全体学校成员的共同理想和追求。有鉴于此，在实现课程愿景领导的过程中对学校课程愿景进行长期有效的管理就显得尤为重要：第一，长期的灌输和影响。要实现学校课程愿景就要让其深深地扎根于学校成员的内心。不仅仅是将其写入课程规划就可以，而且需要采取

---

[1] 上海市教育委员会教学研究室. 我们的课程领导故事[M]. 上海：华东师范大学出版社，2013.

多种形式,利用现代化的沟通方式,长期对成员进行教育与宣传,并采取一系列监督措施确保学校课程愿景成为全体成员的共同理想。其次,要坚持对学校课程愿景的不断修正。学校课程愿景的实现从来不是一蹴而就的,所以需要学校领导对学校进行合理分解,在学校发展的不同时期强调学校课程愿景的不同板块与阶段。

（二）学校课程愿景兼顾相关群体利益

对于一个学校来说,所谓利害相关群体是指"能够影响学校任务的完成或是受到学校运营结果影响的相关群体或个人"。利害相关群体对于学校的影响非常巨大,如果学校运营忽略了他们的利益或是要求,就可能导致学校运营的失败。

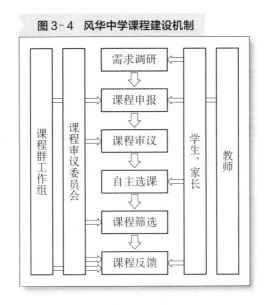

图 3-4　风华中学课程建设机制

需求调研

课程申报

课程审议

自主选课

课程筛选

课程反馈

课程群工作组

课程审议委员会

学生、家长

教师

学校在制定课程愿景时需充分了解和分析学校面对的利害相关群体,明确他们可能的要求和想法,列出清单并将其充分反映在学校愿景的内容之中。如果学校课程愿景忽视了相关群体的利益诉求,就很难得到他们的理解和支持,学校的运营也就很难找到有效影响利害相关群体的方式。比如说,一个学校如果只是以高升学率为目标而忽视了学生的全面而个性的发展,没有将学生身心健康发展融入愿景,没有把学生持续发展纳入愿景,必将遭到学生家长的抵制。反之,当家长的愿景和学校的愿景一致时,家长会大力支持学校课程愿景的实现。图3-4展示了风华中学课程建设机制。

当学校课程愿景和家长、社会愿景相一致时,则会发生同频共振效应,反之会出现异频衰减。因此,学校领导要能够提出清晰明了、有吸引力、可信赖的课程愿景——关于学校及其成员更高尚、更美好的未来图景。学校领导在构建课程愿景时,必须考虑追随者教师的需要,使教师、领导者和组织的共同价值内化于愿景,并要准确识别来自组织内外部环境的机遇与挑战、有利条件与资源限制等。然后,领导者用强有力的方式传达愿景,并通过激发教师、授权教师去为实现愿景而奋斗,引导实现愿景的进程。

□ 实践探索

宜川中学建立专家论证机制。对一线教师来说,进行课程开发与建设离不开专家的指导与引领。学校定期聘请上海市教科院、上海市教委教研室,以及华东师大、上海戏剧学院等课程专家对学校创新实验课程的开发与实施情况进行检验和评估,提出改进的建议和意见。同时设立绩效奖励机制。学校将课程领导力项目列为重点项目,并在学期结束时,根据实施成效给予绩效奖励。学校在一个学期投入近7万元奖励两个课程领导力项目,引导教师积极参与项目研究,并在项目研究中获得专业成长。[①]

三、 愿景共建

学校课程愿景的形成过程就是课程领导力的提升过程,促进师生的发展;学校课程愿景的作用过程也是提升课程领导力的过程,促进学校的发展。

对学校来说,校长在构建学校课程愿景方面具有重要的作用,校长就是学校愿景构建和传播的负责人。[②] 但是,学校所有事情都由校长负责,似乎不太现实。

---

① 上海市教育委员会教学研究室.课程领导的上海高中行动[M].上海:上海科技教育出版社,2019.
② 谢翌,李朝辉,等.学校课程领导引论[M].北京:高等教育出版社,2012.

正如一位受访校长所言,如果你想要一所成功的学校,不能全部自己去做;要看到教职员工的优势,委派他们并提供支持,接受错误并继续前行。

(一)"草根式"愿景构建

基于一个组织的领导者的地位和作用,一般而言,共同愿景的构建是由决策核心层的人发起的。特别是那些希望构建共同愿景,而从前没有共同愿景或不注重共同愿景构建的组织,更是这样。"草根式"愿景的构建,往往是从一个人、一群人的朴素零散的想法,开始逐渐转变为学校共同的愿景的过程。

1. 影响学校课程愿景的因素

学校共同课程愿景的形成和作用发挥,受到多种因素的影响:首先取决于学校领导是否具有领导者的素养,如想象力、灵感、远见、洞察力、认知能力、分析决断能力、沟通能力;其次取决于教师的心态,如顺从型心态、批判型心态;最后取决于学校是否拥有优良的文化,如和谐开放的组织文化。

学校课程愿景作为学校发展的目标,是一所学校特有的、全体教职工共同的对未来希冀的课程景象,它创造出了众人一体的感觉,并使这种感觉遍布学校的各类活动中,从而使整个学校的各项工作、各项活动融会贯通起来。

2. 学校课程愿景建设需要沟通

建立共同愿景不能靠命令,不能靠规定,只能靠周而复始的沟通和分享。建立共同愿景不是针对某一具体问题的回答,也不是一种形式性的东西,而是必须由组织各级管理者和全体员工全过程、全方位、全方法、全面地将共同愿景贯彻落实在生产经营和工作的各个方面。

3. 学校课程愿景构建步骤

学校课程愿景的形成并非一蹴而就,有时,从一个人朴素零散的想法到一个团队的共同愿景,需要经历多个阶段的磨合。

第一步:个人课程愿景的形成。课程愿景是在梦想的基础上加以现实的考虑,加上本身具有的价值观和办学理念形成的。

第二步:团队课程愿景的研讨。愿景型领导者应该起到引导者的作用,能在学校课程愿景和个人课程愿景中起到纽带作用。

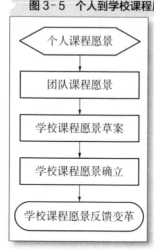

图3-5 个人到学校课程愿景构建步骤

第三步：课程愿景草案的形成以及传播。愿景型领导者将个人的课程愿景价值观融入学校的同时，也要有效地回应自己的愿景并且做一个系统的规划。

第四步：学校课程愿景的确立以及共享。当愿景型领导者了解组织对学校课程愿景的认可度后，他们需要承担设计师的任务，需要及时地确立学校课程愿景。

第五步：学校课程愿景的反馈与变革。一个成功的愿景应不断变化，良好的愿景型领导者应该有较强的创新意识，并且能把愿景应用于不同的情景环境中。[①]

4. 学校课程愿景构建路径

对学校课程发展现状的分析是提出学校愿景的基础和前提条件，学校课程愿景的形成有很多路径：凝炼式愿景，集成式愿景，影响式愿景。

（1）愿景凝炼式路径。具体而言，就是把大家心灵深处的共同的意象挖掘出来，并进行凝炼，进一步构建共同愿景。这一路径的特点是"从群众中来，到群众中去"，适用于那些组织成员同质性很强又积极面向未来的组织。上海市卢湾区第二中心小学的课程愿景是：开启学生的智慧，让课堂洋溢生命活力，使课程不断趋于合理与完善。学校在提出课程愿景之前追溯了百年发展轨迹。[②]

---

① 唐永泰. 魅力领导与追随者效能影响之探讨[J]. 中国行政评论，2001(10)：167—204.
② 陈瑾. 怎样领导一所学校的课程愿景——以"转识成智"的课程愿景之构建为例[J]. 新课程（综合版），
　2007(02)：50—51.

（2）愿景集成式路径。振臂一呼，应者云集，那些有相同个人愿景的人组成一个集体，在集体中再进一步实现共同愿景的构建，就是集成式。许多协会和团体共同愿景的建立属于这种类型。招聘新员工时，不仅看素质和能力，同时强调个人发展及个人愿景与组织愿景的匹配性，这也可以看作是通过集成式路径建立组织共同愿景的方式。

（3）愿景影响式路径。影响式建立共同愿景的途径讲的主要是从个人愿景建立共同愿景。从个人愿景建立共同愿景，并不意味着一定从组织最高首领的个人愿景到组织的共同愿景，也可以借助前辈，还可以借助外部。

（二）"规范式"愿景构建

对新校来说，没有鲜明的学校课程文化，这有利有弊：利在于学校是一张白纸，愿意画什么，就画什么；弊在于这样的课程愿景没有很好的根基，难以保障它真正起到作用。对新校课程愿景的形成，一方面要靠校长的高屋建瓴，一方面还需要发动广大教师集思广益，形成共识。

1. 考虑愿景领导力因素

德鲁克关于企业愿景的见解也可以用来分析非营利组织和国家行政组织的愿景，其基本原理是相通的。综合归纳德鲁克的观点，价值选择是构建组织愿景的核心问题，外部的社会演化和内部的组织变迁是影响愿景的两类因素，文化变革和科技进步是对愿景影响最大和最直接的因素，这五个因素及其相互关系就构成了本课题组的愿景领导力模型（见图3-6）。

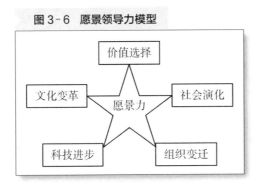

图 3-6　愿景领导力模型

愿景领导力五要素是制定学校课程愿景必须考虑的关键因素,它们彼此之间有着错综复杂的关系。其中,价值观是其他要素综合作用的产物;社会演化主要是由社会文化和代表生产力的技术等因素决定的,但又不限于文化和技术的演化;组织变迁则是社会演化在学校组织内部的体现和变异。

愿景的核心问题是价值选择,而实际的价值选择则是异常复杂的价值整合过程。从价值观的层面分析,领导者必须整合个人、团队、组织、国家和人类的价值观。

愿景是组织未来的发展图景,是组织历史和现实的延续。虽然组织未来发展图景在很大程度上是由外部的社会价值观、社会演化、文化变革和科技进步等因素决定的,但对于那些具有悠久历史、强大核心竞争力和卓越领导者的组织而言,未来发展图景也受组织内部因素的影响。一个好的愿景能够吸引、凝聚和激励最适合组织的优秀人才,同时也能够排斥和淘汰不适合组织的人员。一个好的愿景能够使组织持续抓住各种发展机遇,整合各种优势资源,既实现跨越式发展,又实现持续发展。

2. 确立学校愿景流程

美国领导学学者纳努斯(Nanus)具体分析了确立学校愿景的过程:先经由愿景核查(了解学校特性及发展方向),再进行愿景分析(了解服务之顾客、知晓愿景之潜在障碍及解决方法),然后建立愿景脉络(了解重要发展机会及概率),最后进行愿景选择(选取正确愿景并加以完善)。纳努斯强调,确立愿景要综合分析学校内部因素(学校特性、发展方向)和外部因素(客户、威胁因素、机会因素)。

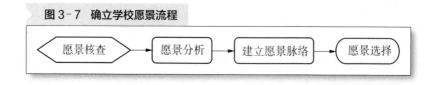

图 3-7　确立学校愿景流程

此外,中国台湾地区亚洲大学吴天方教授强调塑造愿景首先要分析如政治、经济、社会变迁等外在环境对组织的冲击,从战略运作、运作理念、管理机制等角度审视组织现状的优劣势。之后再综合评析,产生目标和战略的共识,提出行动方案。根据吴天方教授的理解,确立愿景的前提是进行战略分析。

3. 有序协商确定愿景

组织共同愿景的建立是一个系统性的过程,在该过程中,领导者需要将自己对组织所处的外部环境的分析与对组织的规划相结合,通过组织讨论和标准化检验等过程,逐步完善组织愿景并将其向全体组织成员推广。所以在这个过程中,领导者需要调动一切有利于愿景建立的因素,完成愿景领导的第一步。虽然到目前为止,组织愿景仍被许多人视为是一种神秘、无法控制的力量,但确实有一些原理和工具可以协助组织建立愿景。

第一,树立愿景的前期准备。在组织树立和建设愿景前期,首先应该对组织所处的环境进行深入分析,其次是广泛听取和收集组织成员的想法。这样有利于组织愿景更加切合实际,且获得更强的组织认同感,并激发组织成员为实现组织愿景而竭尽全力。可从不同岗位中选取相关成员组成讨论小组,最合理的规模应该控制在5—7人。

第二,充分讨论确立共同愿景。在建立组织愿景的过程中,首先要做的工作就是鼓励组织成员明确地表达自己心目中理想的自己和组织,以及他们对于组织的期望。

4. 学校愿景的检视

美国管理学学者斯图亚特(R. J. Starratt)认为,确立愿景的方式有两种检视方式,内向视角检视组织内部人员的价值观、信念等,外向视角检视社会的挑战、组织所面临的问题等。也就是说,确立愿景必须同时考虑组织的内部因素和外部因素。

对组织愿景进行标准化检验,可以选取组织内部的一个部门或者组织外部的利害相关者作为检验对象,听取相关人员的反馈意见。其检验标准是:首先,学校愿景是否有利于学校推动社会发展,实现组织价值。其次,学校愿景是否兼顾或实现了利害关系者的利益。第三,学校愿景是否成功整合了组织成员个人愿景。第四,学校愿景是否有利于积累学校成果。第五,学校愿景是否有利于提升组织竞争力。

专家认为,愿景是领导者激励员工的重要方式,需要领导与员工之间的互动,即愿景沟通。建立能够为全体成员所认同的愿景,明确组织的核心理念、使命和目标,并将其付诸于实际行动中,在组织结构、文化和管理上实施变革,将有利于组织顺利发展和更好地适应外部竞争。在越来越具竞争性的环境中,学校领导者面临的一个重要挑战就是获得战略性愿景。据调查,影响愿景式领导关键特征因素有:分析决断、学习总结、机会意识、战略前瞻、勤奋务实和关注现实。[①]

(三) 愿景实现步骤

愿景的有效传递及沟通能力对学校领导者而言是非常重要的。愿景型领导认为愿景不仅要构建,还需传递和实践,当然,这一过程中,"榜样示范"也作为重要一环发挥作用。

1. 传递愿景

传递愿景是价值领导的重要载体。基于价值的领导具有以下特征:①明确表述一个清晰的、有吸引力的愿景。激励型领导者能建立起追随者对新愿景的承诺,或者强化已有的愿景。②用强烈的、富于表现力的方式来传达愿景。愿景不仅仅是空想,重要的是要在愿景和实现愿景的可靠战略之间找到明确的联系。③展现强烈的自信和实现愿景的信心。领导者的信心、乐观和热情是有感染力的。④要传达出对追随者抱有很高的期望,并对其能力充满信心的信息。

2. 榜样示范

树立角色榜样可以强化内在于愿景的价值观。有效领导的前提可以总结为"示范领导",要求追随者为了组织愿景作出个人牺牲的领导者应该以身作则、树立榜样。

库泽斯(Kouzesm)和波斯纳(Posner)在《领导挑战》(*The Leadership Challenge*)一书中归纳出"榜样领导"的 5 种惯常行为:第一是"挑战流程",指寻找机会,敢于冒风险,尝试用更好的方式来完成工作;第二是通过发掘未来的目标和号召他人参与来"激发共同愿景";第三是"使他人能够行动",通过培养参与、合

---

① 李效云,王重鸣. 愿景式领导的关键特征研究[J]. 心理科学,2004(03):580—583.

作精神和增强追随者有效参与的能力来实现;第四是"示范达成愿景的方法",实现方式包括明确自己的价值观念、把行为与共同价值联系起来以树立榜样、安排一些小的成功来让人们明白愿景是如何得以实现的;第五是"鼓舞心灵",意在借助情感力量激发追随者的动机,具体做法包括承认每个人为集体工作所作的贡献、花点时间来庆祝努力过程中所取得的各种成绩。

3. 实现愿景

罗特(Rotter)和赫斯克特(Heskett)列举了一系列有效领导者的个性特征和行为方式,其中比较重要的有 6 种行为方式:营造危机感以激活追随者、将追随者的需求融入愿景、挑战现状、讨论愿景、构建愿景和授权追随者实现愿景。

图 3-8　**愿景实现流程**

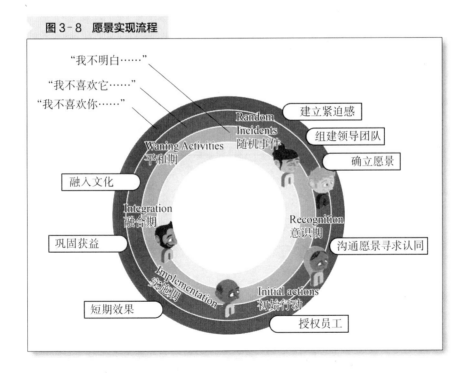

授权教师参与到愿景之中,不管是构建愿景、传递愿景,还是实现愿景都很重要。学校领导应该鼓励中层和教师采用同学校战略、愿景相一致的方式变革他们的部门,而不是告诉他们具体该怎么做。

☐ 实践探索

学校课程体系是一所学校的核心竞争力,是办学质量提升的主要原因。奉贤中学自选项目的研究推动了学校基础型课程的教学和评价改革,针对日常教学中的突出和深层次问题,调动学科教师的广泛深入参与,通过制度建设确保项目研究的有序落实,一线教师的思考和实践探索也取得了丰硕成果。在建设课程体系过程中,充分体现了以校长为核心的团队,明确学校发展愿景,营造指向学生发展素养的课程文化,立足学校历史发展现状,探索出一种具有奉贤中学特色的育人模式。①

思考题

1. 学校课程愿景的内涵是什么?学校课程愿景包括哪些方面?学校课程愿景的特征是什么?

2. 学校课程愿景是如何形成的?学校课程愿景和个人愿景的关系是怎样的?学校课程愿景的呈现载体是什么?

3. 学校课程愿景有什么作用?

第三节 文化的现代性

根据对 200 多个组织进行的一系列定量研究,罗特和赫斯克特认为,领导的有效性取决于领导者对文化的影响和他们改变组织文化的能力。判断领导者特质和行为方式是否合适的标准就是看其能否促使组织文化的变革。

课程领导不是个人单打独斗的行为。作为课程领导者,要首先处理好与学校教师的关系,方能实施课程领导。领导者应在学校形成一种伙伴式的团队精神,

---

① 上海市教育委员会教学研究室.课程领导的上海高中行动[M].上海:上海科技教育出版社,2019.

实施权力分享,让学校教师参与学校决策,与此同时,领导者还必须帮助教师实现专业发展。

一、 学校课程文化

文化是一个非常复杂的概念。文化从本质上来说是以信念和价值为核心的思维方式,而做出选择的标准,也是一定信念和价值的结果。

(一) 学校文化概述

美国人类学家泰勒(Tyler)认为,文化包括知识、信仰、艺术、法律、道德、风俗,以及作为一个社会成员所获得的能力与习惯的复杂整体。

1. 学校文化类型

人们把学校文化定义为以价值和隐含假设为核心的一套思维模式,这套思维模式决定了学校人员如何看待教育以及教育究竟应该怎么做等问题,并因此形成学校的教育行动规范和外在的物质形式,如教材、外在环境构造等,进而渗透进学校成员的各种行为之中。不过需要注意的是,这种思维模式,虽然有一部分是明文规定的,但这不过是露出水面的冰山而已,文化的真正重力在水面之下,以"潜规则"或者"潜思维"的形式存在着。

学校文化有很多分类方式,其中美国学者奎因(Quinn)和麦克格拉斯(McGrath)所提出的四维度文化类型(见图 3 - 9)非常典型[①]。这一分类中,从纵向来看,越接近顶部,则越强调弹性与变化,越接近底部,则越注重秩序和控制;从横向来看,越靠近左侧,就越会以内部的、微观的观点为标准,越靠近右侧,则越以宏观的、外部的角度为重心。以这四个维度作为坐标,可以分出四个象限,分别代表理性主导文化、层级节制文化、凝聚共识文化和成长调适文化。

理性主导文化中的理性,主要是以外部为标准的理性,趋向整体系统的竞争;

---

① 朱陶. 学校文化对学校课程决策的影响及其重建策略[J]. 西南民族大学学报(人文社会科学版),2013,34(09): 210—214.

图 3-9　四维度文化类型

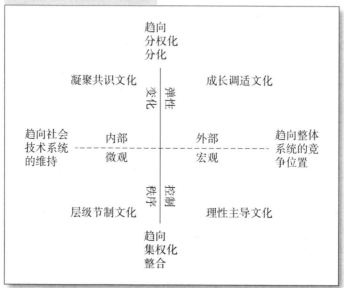

另一方面这种文化类型强调控制,趋向集权化与整合。

层级节制文化和理性主导文化有些相似,同样趋向集权化和强制化,只不过它更偏向关注学校内部,强调通过层级体制把学校内部控制起来,强调内部法规的完善。

凝聚共识文化同样注重内部人员与学校微观系统的调适,但是对内部的关注并不是通过集权化的整合手段来实现的,主要通过人员之间的参与、开放以及领导的承诺等来实现,因为它同时趋向分权化,强调给内部人员赋权。但是,这种趋向的学校文化可能更善于自娱自乐,对外界要求并不敏感。

真正对外界敏感而又注重大家民主参与的则是成长调适文化。一方面,这种文化注重内部人员的成长;另一方面,它也注重和外界进行联系,以获取外界资源对内部发展的支持。

奉行理性主导文化的学校,对于如何应答外界的要求以及如何与同类学校进行竞争的问题会特别看重;奉行层级节制文化的学校,则会把课程实施的组织问题、评价问题看得很重,成为人们优先决策的对象;奉行凝聚共识文化的学校,会把如何更好地满足教师以及学生文化的教育需求放在首位;奉行成长调适文化的学校,则不仅关注如何应对外界的要求,也关注如何让这种要求被教师认识并拥有。

在奉行理性主导文化的学校中,千方百计提高学生学习效率和学习成绩是天经地义的,因为这是应答外界要求的主要内容,因此不会再去关注要不要减轻学生负担、要不要减少考试压力这类问题。

2. 学校文化载体

学校人际关系是学校文化的重要表现,包括学校领导之间的关系、学校领导与教职工之间的关系、教师与教师之间的关系、教师与学生之间的关系、学生与学生之间的关系等。良好的学校人际关系有助于广大师生员工之间的密切合作,形成一个团结统一的集体,更好地发挥整体效应,完成学校的奋斗目标和工作任务。学校主体间关系的文化建构需要使学校人际环境的各种关系处在最和谐、最优化的状态,并在与外部关系建立联系的过程中积极主动地影响公众,使公众对学校有一个美好的印象和最佳的评价,从而能够积极主动地配合学校开展活动。

学校文化是学校发展的灵魂,对师生的人生观、价值观产生着潜移默化的影响,更是凝聚人心、提升办学品位的重要途径。校长必须认识到学校文化建设的重要性。首先,校长要理解学校文化的发展脉络。学校文化是学校在长期发展过程中积淀而形成的,内在于全体成员的一切活动之中,影响着师生的行为方式。

校风主要包括教风、学风和领导作风。其中教风是主导,学风是主体,领导作风是"催化剂"。在教师中树立起为人师表、教书育人、治学严谨、认真负责、耐心细致、开拓进取的教风,引导和促进勤奋学习、积极向上、严谨求实、尊师重教、遵纪守法、举止文明的优良学风的形成,对学校校风建设具有非常重大的现实意义。

学风即学生的学习风气,是指学生集体在学习过程中表现出来的治学态度和方法,是学生在长期学习过程中形成的学习习惯、生活习惯、卫生习惯、行为习惯等方面的表现。学风不仅受校风、教风的影响和制约,反过来,又对校风、教风的形成产生影响。

3. 学校文化对课程的影响

学校文化最终决定了学校会在课程事务方面做出何种决策,或者围绕着某些价值标准做出课程决策,形成该学校课程发展的特有取向。比如,在上述文化类型中,一些学校会将外在的要求作为课程决策中选择的标准;一些学校则会主要考虑学校内部的情况来做出课程抉择;还有一些学校会把控制作为第一位的标准,从而让课程决策更具有工具性色彩而又有一些学校则会把让教师和学生享有充分的权利作为重要的标准之一,从而让自己的课程决策更具人文性。

学校发展与学校文化建设水乳交融,因此课程改革与课程文化建设之间也是同步关系。课改的问题归根结底是文化的再造问题,课程改革与课程文化在学校发展、学校文化建设中处于核心地位;抓住课程改革、课程文化这一核心工作,必然能带动学校组织文化、环境文化、管理文化的发展,这对于推进学校文化建设具有十分积极的意义。①

(二)学校课程文化内涵

课程文化作为学校文化的重要内容,是学校教育活动的存在方式。在文化与教育转型的过程中,多元文化并存所带来的文化价值冲突必然在不同程度上影响着学校文化,并使学校课程改革与建设面临复杂的文化生态环境。

学校课程文化如同学校课程研究一样,历史不是很悠久。从 1978 年到 20 世纪 90 年代,关于课程文化的专题探讨很少,只是散见于少数教育学、教育文化学及传统文化与教育现代化的研究论著中。②

三级课程管理体制的确立使得学校文化中的校长课程文化、学校管理文化、校本文化等研究繁荣起来。关注学校文化是新课改取得成功的关键,与学校有关的课程文化成为研究焦点,教师与学生作为教育主体成为研究重点,其中发现教师和学生在课程改革中的矛盾冲突及原因并找到协调途径是研究难点。

1. 课程文化要素及构成

课程文化是用文化的眼光认识课程的思维方式和研究方法,也是具有实体内容和对象化的文化结构。

---

① 程红兵. 课程文化建设及其影响的实践研究[D]. 上海师范大学,2010.
② 辛继湘. 课程研究的文化觉醒——21 世纪以来我国课程文化研究[J]. 湖南师范大学教育科学学报,2019,18(04): 112.

课程文化既是"文化载体"，又是"文化型式"。在课程文化研究中，前者的对象主要是课程与各文化型式的关系，后者的对象主要是课程及其要素的文化特质。[①] 根据文化的基本构成来阐明课程文化的构成要素，认为课程文化包括课程物质文化、课程制度文化、课程行为文化和课程精神文化等方面。学校课程文化中，学校课程物质文化是基础，学校课程精神文化是灵魂、是核心，学校课程制度文化是保障，学校课程行为文化是表征。四者密不可分，相互影响、相互作用，共同构成学校课程文化的完整体系。[②] 以学校课程制度文化为例，课程文化好坏取决于学校管理者的思维、视野、理论水平、决策能力和实践能力，体现了学校管理者的价值取向、信仰追求。

以课程视角审视课程文化时，会发现这是一个复杂的系统。它是由课程价值观、课程规范、课程符号、课程传统与习俗以及课程物质设施等要素构成的复合整体。各个要素既具有相对的独立性，又相互结合组成严密的体系。课程价值观是各要素的核心，它体现于其他各要素之中。

学校课程文化是指按照一定社会对下一代获得社会生存能力的要求，对人类文化的选择、整理和提炼而形成的一种课程观念和课程活动形态。学校课程文化，集中表现为科学与人文相结合的课程文化观和课程活动观，并在课程目标、课程内容、课程实施和课程评价等层面展示其主要内涵及特点。

学校课程文化中包括隐性课程文化，它以隐蔽的、潜在的、渗透的方式作用于每一位师生，不但影响师生的教学、学习状况，而且还影响师生的情感、意志、价值观等个性心理特征的发展和人格的完善。隐性课程文化资源深藏于学校文化之中，这些资源在向师生发出信号时不是直接公开地向师生施教，而是以隐蔽的方式，在暗示中把道德、审美、知识等经验渗透到具体的人、事、物以及活动过程之中，影响老师，并传授给学生。

2. 学校课程精神文化

学校课程精神文化主要是指特定的学校教育主体（校长、教师和学生）所应有

---

① 范兆雄. 课程文化研究框架分析[J]. 教育理论与实践，2005(17)：33—36.
② 姜新生. 批判与建构：学校课程文化研究[D]. 湖南师范大学，2008.

的卓越高远的治学理念、德才兼备的人才价值取向、求真与创新的探究精神等,这种精神文化是课程设计过程中应当考虑的主导价值取向,是学校提高育人品位的深厚底蕴和灵魂。①

学校课程精神文化主要通过各种价值观念体现出来,价值观念也就构成了学校课程精神文化的内容:① 开放的教学内容观。教师应该教什么,学生应该学什么,教学内容的组织是教学改革必须解决的现实问题。② 全面的教学价值观。学校教学要关注学生差异性需求,特别是那些超功利的情感世界、精神需要,关心整个人生价值的实现,为他们的终身发展打基础。他们应该给学生以施展才华的时空,给他们以张扬个性的机会,尊重他们的需要和在教育中享有的权利,为他们的健康成长营造宽松、和谐的精神家园。③ 促进反思的教学评价观。评价就其实质来讲,是一种批判与建构学校课程文化研究的监控机制,包括"他律"与"自律"两个方面。每个人的素质发展都经过一个从"他律"到"自律",从学会评价他人到学会评价自己的过程。以他人为镜,是不可缺少的,但发展的成熟、素质的完善主要建立在自律的基础上,真正的评估应鼓励被评者思考自己到底是如何参与的,学会了什么,有些什么进步,还存在什么问题,从而增强学习的信心,明确努力的方向,促进被评者学会自我评价、自我调节与自我改进。

3. 学校课程行为文化

学校课程行为文化作为学校课程文化的一个重要组成部分,是一所学校历史文化积淀在现阶段的显露;而作为学校课程文化"动态"的部分,又是需要维护且可以塑造的。对一个人而言,优秀不仅仅是一种行为,也应是一种习惯。对一所学校而言,优秀不是一时一事的展现。学校课程理念,只有被学校成员普遍认同,成为群体的价值观时,才能内化为个体的思想而显现为群体的课程行为,才能逐渐成为学校的课程行为文化。

对学生而言,"耳濡目染"和"言传身教"中的"目染"和"身教"比"言传"更为重要。教师行为对学生的影响是潜在的、自然的、含蓄的。它不但作用于学生的心理意识层面,也作用于潜意识层面。就学校教育的文化选择过程而言,经过文化

---

① 刘启迪. 课程文化:涵义、价值取向与建设策略[J]. 课程·教材·教法,2005(10):21—27.

选择的教学内容即课程和教材,还只是一种"文化源",要将其内化为学生个体的精神财富,还需要教师在教学活动中对其进行一番"过滤""变通"和"重组"才能实现。在这期间,教育者本身作为一种文化载体,其价值观念、道德品质、知识层次和结构、审美趣味、思维方式、行为处事习惯等,也在各方面影响着教学活动,潜在地传递给学生。这就意味着,只有当教师成为文化选择的积极支持者和主动参与者,真正领会和掌握所选择的文化并在思想和行动各方面同所选择的文化保持一致时,才能使之得以顺利传递,学校教育预期的文化传递功能才能真正得以实现。

教风是指教师的教学作风。教师在学校的主要任务是教书育人,一所学校,教师的教风好,学校的教育质量就高,培养的学生的质量就高,学校的社会声誉就好。美国哈佛大学前校长科南特(J. B. Conaut)曾说,大学的荣誉不在于其校舍和人数,而在于一代一代教师的质量。教师是一块块基石,是社会衡量学校办学实力的尺子,是衡量学校办学水平的基本出发点。在学校教育过程中,教师发挥着重要作用,教师的教风是教师教育、教学的特点和作风,是教师的职业道德、专业知识水平、教学方法、教学技能等因素的综合表现。它直接影响着学生的学习动机和成绩,是影响学校教学和教育质量的关键因素,教师素质的高低对学生的影响是持久而深刻的。因此,在校风的形成过程中,教风是校风的基础,教风建设必须通过广大教师的不断努力才能实现。学校要重视加强教师队伍建设,提高教师素质,切实做好教书育人的工作,身体力行,从一点一滴做起,才能促进良好教风的形成与发展。

"播种行为,收获习惯",只有当这种个人自主学习的方式成为全校师生的共同习惯时,我们才能说学校的学生具有自主学习的课程行为文化。因此,我们要通过对学生进行适当的引导,让学生在学习活动之前自己确定学习目标、制订学习计划、作好具体的学习准备,在学习活动中对学习进展、学习方法作出自我监控、自我反馈和自我调节,在学习活动后对学习结果进行自我检查、自我总结、自我评价和自我补救,使这种学习行为成为学校学生的习惯性行为,成为学校学生的行为文化。

学校课程行为文化的改变是学校课程文化建设的根本目的。文化即"人化",学校课程行为文化建设的主体自然是学校中的师生,是人。这种主体特点就决定了学校课程行为文化的建设主要通过人的活动来体现。而人最重要、最直观的表现又是其言行,所以学校课程行为文化主要通过学校里教师的活动方式、学生的行为、课程实施过程中管理者的管理行为、学校主体间的关系等体现出来。

二、 课程文化特征

课程文化发展的客观价值决定了课程文化有进步与落后之分。因为它所反映的是人们在生产和生活实践中创造的文化,而文化有"落后与进步之别"。[①] 课程文化发展是指课程不断地由旧质到新质的转变,是文化的进步。

(一) 实体层次: 以人为本

学校课程文化应从人的终身、全面发展出发,以人为本,围绕"一切为了每一位学生"的核心理念,努力营造一种充满人性化的、开放的、民主的、科学的课程文化。[②]

课程文化的建设过程中,要扭转学校课程文化的"无人"状况,既要关注学生的发展,也要关注教师的发展,处处体现以人为本的课程文化理念,将人本思想贯穿到学校课程文化建设的每一个环节。

1. 政策导向

以人为本的教育哲学和价值追求,使我们越来越深刻地意识到,它极大地改变着我们过去的经验和意识,建构着新的价值观念、思维方式和行为方式,引领着我们的教育教学生活,要求我们实现课程文化的转型。

"为了中华民族的复兴,为了每一位学生的发展,为了每一位教师的成长"这一基本取向预示着我国基础教育课程体系的价值转型——从"关注学科"到"关注人",从"关注知识"到"关注生命",从"目中无人"到"以人为本"。由此可见,人的全面发展是学校课程文化建设的最终目的。人的全面发展是指人的自我意志获

---

① 范兆雄. 论课程文化发展的客观标准[J]. 教育研究,2004(06): 63.
② 李仲辉. 学校课程文化与人的发展[J]. 当代教育论坛(校长教育研究),2008(04): 36—39.

得自由体现,人的各种需要、潜能素质、个性获得最充分的发展,人的社会关系获得高度丰富。

根据我国教育方针的规定,所谓人的全面发展是指人在德育、智育、体育、美育及劳动技术诸方面的全面平衡发展。学校课程文化应从人的终身、全面发展出发,以人为本,围绕"一切为了每一位学生"的核心理念,努力营造一种充满人性化的、开放的、民主的、科学的课程文化,把培养目标从原来的精英教育走向现在的大众教育。同时,学校课程文化还需要考虑教师本身的发展。

2. 学校课程制度

现代学校课程制度文化强调以人为本的思想与科学管理手段的结合,强调建立以发展人的主体性、促进人的全面和谐发展、提升人的生命价值为根本目的,以科学管理手段为途径的制度文化体系。

学校管理者当以尊重人、激励人、关爱人、发展人为前提,慎重审视案头的规章制度,用文化人的笔触,建立一套与时俱进、极具"文化含量"、闪耀人文光辉的新的教师管理规章制度。

优秀的、先进的学校课程文化是学校发展的内在动力,是实现教育理想的沃土。在学校里充满着开放与民主、宽容与和谐、学习与进步的文化氛围,充满着文化自觉和文化创生的巨大力量。树立"以人为本"的核心理念,创建"以人为本"的制度体系,营造"以人为本"的环境氛围,真正实现尊重人的权利、满足人的需要、促进人的发展的目标。

优质的学校课程文化是人性向善的温床,道德苏醒的摇篮,它能对学生的精神状态产生积极的影响,同时通过潜意识,以潜移默化的形式影响着学生的情感、意志、态度、价值观等方面的形成与发展。

学校课程文化建设与人的全面发展是相辅相成和不可分离的。因为学校课程文化建设是人的全面发展实现的前提和条件。更进一步说,实现人的全面发展就是把人,包括学生和老师,从旧的枷锁和羁绊、陈旧的时代烙印中解放出来的过程,是唤醒并形成人的文化创新意识、注重人的有个性的人格建树和心智能力发展的过程,是人的素质培养和文化创造力提高的过程,是促使人从"丰富的个体"到全面自由发展的超越性过程。学校课程文化建设不仅是人的全面发展的前提条件和基本保障,而且又是实现人的全面发展的必由之路和必然结果,学校课程文化建设的最重要的和终极的目标是实现人的全面发展。

学校应该确立以尊重人、信任人、激励人、发展人、成全人为出发点和归宿的人本思想,创造具有亲和力的人文环境,师生在做中学、做中成长。

（二）情境层次： 全面发展

学校课程文化在学校课程发展中的主要功能和作用包括：整合、导向、维持秩序、传续等。

学校课程文化要强调发展,这里的发展内在地包含着学生的发展、教师的发展和学校的发展,三者是统一的而不是对立的。

整体而言,包括学生发展和以学生发展为中心的教师发展以及学校发展在内的三个层次的发展是一致的、完整的。没有教师的发展和教师为学生发展所付出的劳动和智慧,学生发展就成为空话;没有学校的发展和学校为师生发展所提供的环境、条件和平台,师生的发展不可能达到较高的水平和状态。

在学校这个特定的时空,学生、教师、学校三个方面的孤立发展是不可能的,也是无意义和无价值的。显然,将学生发展、教师发展与学校发展对立起来的观点和做法,是不科学和不明智的。从局部和眼前利益看,可以牺牲师生的根本利益和整体发展来换取学校的发展,但这是一种失落方向和价值的发展,绝不是真正意义上的学校发展。强调学校的科学发展,就应该强调学生、教师、学校发展的统一,重新校准学校发展的着眼点和归宿点。学校发展的根本目的是为师生发展创造良好的条件、环境和平台,而师生发展是学校发展的主要目标、重要内容和服务对象,更是学校发展的内在需要、基本动力和重要资源,还是学校发展水平的重要表征。

学校课程文化对学校及其教育起着不可忽略的影响和作用。学校课程文化是各个生命主体成长的摇篮,丰富多彩的学校课程文化将给予人的发展以充分的营养,使人在彰显其生命个性的同时,带动学校各个方面的改善和发展。所以,良好的学校课程文化不仅促进人的发展,促进学校的发展,更能在促进教育的发展方面奠定基础。学校课程文化反映的不仅仅是一所学校的办学理念、育人观、价值观,而且反映基于办学理念、育人观、价值观的对于教育本真的理解和追求。

（三）关系层次：民主决策

在国家、地方、学校三级课程管理背景下,学校的课程文化也需要体现现代性,需要自上而下和自下而上相结合。

1. 开放：课程知情权

决策是决策者的事,更是所有受决策影响对象的事。与政策有关的人群有知情权;了解政策的目的和目标,了解决策的过程及风险,应该是受决策影响者的基本权利。

只有开放,才能根据学校的培养目标选择和生成更多的先进文化,促进学校课程文化的建设。民主既是课程文化建设的手段和途径,也是学校文化建设的目标之一。在课程文化建设中要通过多种有效形式充分发挥学校师生的主体作用,充分发扬民主,尊重教师的意见,倾听他们的心声,创造和谐融洽的工作和学习环境,最大限度地发挥每个成员内在的潜力和创造力,共同把学校建设好。

2. 平等：参与权

学校管理中,民主平等主要是针对师生关系来说的。现在的课程制度中有很多地方渗透着不自由、不民主、不平等的思想,处处体现着对学生的不尊重。在课程实施过程中的不尊重也就意味着支配、占有,意味着教师的强制与专断。也说明教育更多地体现为教师个人的"一厢情愿",是教师个人在班级舞台上的表演,是教师个体理性的自我实现。而没有了学生的主动参与,缺少学生的"弹奏"与"伴奏",缺乏学生个体激情"演出"的教育,则失去了其基本的内涵。很显然,这种教育思想和行为是不能实现教育的本体价值的。所以,教师及其管理者具有自由、民主、平等的教育理念是进行学生课程制度文化重构的前提。制度作为协调人与人之间关系的规范,从来就不是由哪一个人或哪一部分人说了算的,它是经过大多数人的认可,通过多方利益博弈而达成的协议。

同样,作为协调教师和学生课程行为规范的制度文化,它的建立也不应该由教师或学生单方面说了算,而应该是在双方共同讨论、协商的基础上达成的双边协议。尊重、平等是"以人为本"价值观的前提,没有尊重、平等的"以人为本"是不存在的,那样的"以人为本"也只可能是以他人为本。

3. 享受:决策权

强化开放意识,从单干走向合作。教师要放弃传统独自开展教学活动的方式,加强与其他教师的专业对话、沟通、协作,从单干走向合作。这种开放与合作表现为:首先,愿意接受新事物,愿意尝试新的教学方式,愿意接受新的理论与实践经验,并为获得新知付出积极的努力;其次,能公开地承认自己在尝试新做法中的困惑,能与其他教师坦诚地交流彼此的感受和看法,能给同事真诚的肯定和鼓励,以共同探索新课程理念下有效的教学方式,愿意向他人学习,在与他人经常性的交流与合作中不断取得新的进步。

发挥教师群体的智慧和力量,实施跨年级、跨学科、跨层次的协同教学,实现学科间的整合和知识的融通,构建一种共享的课程行为文化。

在以凝聚共识文化作为主调的学校中,人们则会对更多的问题进行讨论和协商,但对于如何进行有效控制,如何应对外界的强制性要求,显然缺乏讨论的激情。而在成长调适文化中,人们可能对一些内部的情况视而不见。

□ 实践探索

大同中学以课程委员会为抓手,从顶层设计贯通学校办学目标、课程目标、培养目标、德育目标,在重构学校课程体系中提升学校育人合力、教师课程素养和学生自主空间,初步形成了基于数据以服务学生选择学习、个性化发展的走班教学支持系统。[①]

三、 学校课程文化建设

学校课程文化的变革是课程与教学改革中最深层次的改革,学校课程文化的再生正是课程改革的直接诉求和终极目标。随着新课程改革向纵深推进,学校应致力于把文化元素和文化意识根植于办学过程之中,渗透于学校生活的方方面

---

① 上海市教育委员会教学研究室. 课程领导的上海高中行动[M]. 上海:上海科技教育出版社,2019.

面,实施和开发多元的课程文化,建立民主的课程管理文化,创建富有个性的学校课程文化,实现师生共同进步、全面发展的终极目标。

(一) 复杂的系统工程

学校课程文化建设研究是一项系统工程,课程文化的建设是动态的、立体的过程,是不同层面、不同角度纵横交织形成的结合体。学校课程文化建设既要考虑学校课程物质文化、课程制度文化、课程行为文化等显性要素,也要考虑学校课程精神文化等隐性因素。它需要一代又一代的学校课程文化研究者和建设者的共同开拓与创造。

课程文化传播发展的总趋势是由强势文化向弱势文化扩散,并会伴随着两种文化的矛盾和冲突。它经由课程文化"冲突——改革——融合——创新"的循环发展过程,呈现出运行周期律。[①]

学校课程文化的建构是一项长期的工程。如同传统消极的课程文化不会在一夜之间消失一样,优质的学校课程文化的形成也并不是一蹴而就的,两者在价值观上的深层差异注定了它们自接触之日起,就不可避免地要发生碰撞与冲突。换言之,课程变革不仅是一个课程文化理想确立的过程,也是一个新旧课程文化冲突的过程。由于传统消极的课程文化长久以来的稳定性,以及在其浸润下普遍存在于人们中间的"文化惰性",因此两种课程文化间的冲突将是长期存在的。况且,随着时代的发展,在一定时期处于先进状态的课程文化随着时间的推移,也会丧失其先进性而被新的课程文化所取代。从社会学的视角看,文化作为一种资本,即"文化资本",又往往与权力、利益纠缠在一起,这就使得文化冲突更为复杂,也预示着课程文化的建设将是长期的、艰难的过程,设想"忽如一夜春风来,千树万树梨花开"的变革局面是不现实的,学校课程文化将随着时代变迁与人的不断发展而不断重建。我们不可能奢望通过一次课程改革就能取得一劳永逸的终极效果,而必须坚持持续不断地推进课程改革,在改革实践中不断反思,不断构建,不断提升现代课程文化意识水平。

---

① 范兆雄.课程文化发展研究[D].西北师范大学,2004.

未来学校的竞争,是学校文化的竞争,归根到底是学校课程文化的竞争。学校各部门之间既要分工明确,各有侧重,又要通力协作,互相配合,树立"一盘棋"的思想,形成"学校搭台、教师伴奏、学生唱戏"的局面,让学生在优良的学校课程文化氛围中时刻受到熏陶,"春风化雨,润物无声",达到从批判与建构学校课程文化研究到开发学生思维,培养学生实际技能,促进学生身心健康的目的。

(二) 沟通渠道: 信息处于流动状态

因为学校不同利益相关群体所掌握的信息量不同,致使对话产生障碍,沟通交流不畅通,进而阻碍学校课程文化建设与发展。

1. 不同利益相关者有不同诉求

学校校长、中层、教师、学生、家长、社区、社会、市区教育行政等都是学校课程利益相关者。联合国教科文组织质量保障体系强调教育是公共产品,关注不同利益相关者的参与、互动及不同诉求,强调相关背景的重要性不同的利益相关者——包括学习者、家长、教师、政府等教育活动的参与者,实际上他们对教育的需求、想法和价值观并不完全一致。如果不对任何教育系统运行的特定的历史、社会、经济、政治和文化背景进行全面的分析,是无法真正理解教育质量的。教育的本质是一种社会活动,教育作为一种公共产品,对教育质量的评价应该充分体现教育的社会属性,关注不同利益相关者已形成的与国家教育系统目标相关的共识或社会契约,关注社会多元主体背景下的教育目标的实现过程和实现程度,以及在这一过程中教育的不同维度与多元主体目标的互动机制。①

2. 利益相关者参与的重要性

由英国国际发展部资助的,致力于提升低收入国家教育质量的研究项目联合会(EdQual)于2010年提出优质教育实施框架,高度强调不同利益相关者的观点在提高教育质量方面的重要性,指出优质教育是政策、学校、家庭与社区等三方面的有利条件共同支持和作用的结果。因此,在该框架指导下,撒哈拉以南非洲国

---

① 吴凡. 面向2030的教育质量: 核心理念与保障模式——基于联合国教科文组织等政策报告的文本分析[J]. 教育研究,2018,39(01): 132—141.

家与地区要提升教育质量,必须要注意不同环境之间的互动,确保有效的投入与过程要素能真正发挥作用,缩小不同群体与环境方面之间的差异。比如,如果要改善国家政策制定与学校层面实施相脱节的情况,就必须重视教师群体的参与,确保教师教育和在职培训与新课程改革的需求相一致,同时要支持学校对质量实施监控;如果要缩小及消除教育成果与家长、社区的期待的差距,就需要注意课程的相关性,在国家层面政策制定过程中,要能够倾听来自家长和社区的不同利益相关者的声音,加大决策过程的透明度和问责力度;如果要解决家庭、社区学习与学校学习之间的相互割裂的情况,就需要关注学生的营养和健康问题,与家长一起创造一个有利于学习的家庭环境。综上可见,认为包括教师、家长、社区、政府等群体在内的不同利益相关者的观点是理解特定背景的教育质量的关键。这一模式也有助于评估和理解特定的教育系统在加剧、复制或缩小及消除社会不公平等方面所发挥的作用。

3. 自上而下的信息流动

首先,校长必须明晰学校文化渊源,把握学校文化根基,整合文化元素,提炼文化内涵,优化治校理念,将文化资源有效地转化为自己的思想力,并形成独特的学校文化系统。其次,校长要吸纳文化精髓,改进学校的管理策略。随着学校发展的深化,学校文化的校本化特征就会越来越显著,不断传承、不断丰富,影响着每一位成员的生存模式。因此,校长必须深入研究学校文化内涵,发掘价值资源并改进学校管理的各个环节,建构科学与人文相融合的教育机制。第三,强化学校文化核心价值的引领。学校文化具有很强的弥散性,校长要关注学校文化,把自己的教育思想融入学校文化体系中,学校的一草一木、一人一事都应该反映出学校的核心价值,并使之体现在学校的办学理念和校风、教风以及学风建设中,渗透到每一位师生的思想与日常行为中,成为全员认同的共同价值观。

学校管理者既要有识别教育改革机遇的敏感性,又要有捕捉发展机遇的胆略,树立现代办学理念,以人格的影响力、思想的辐射力、道德的感召力、成功的穿透力,把学校的办学理念及批判与建构学校课程文化研究转化为教师的共同追求。

□ 拓展

PISA 报告指出,向公众公开学生成绩的学校成绩更好。即使考虑了其他所有的学校因素、人口和社会经济因素之后,公开学校的学习情况仍然对成绩有影响作用。这种影响作用存在于许多国家(地区)中,这表明外部标准的监督所带来的动力,而非主要源自学校和老师个人的鼓励,可以对结果有实际的影响力。

4. 愿意听、善于听自下而上的声音

(1) 愿意听。倾听不同的声音,有三个方面的前提条件。第一,有不同的声音可以让决策者听到。学校本身就是一个"多利益攸关体",每一个利益攸关者所占的位置不同,自然会看到不同的东西,发出不同的声音。但是,从另一个方面来说,由于声音太过杂乱,而且彼此之间好像相互矛盾,其抵消效应十分明显。假若决策者真的这样认为,就错过了倾听不同声音的大好机会。如果能够在一定程度上理解不同的声音,这些声音就会变得有秩序,对课程决策就有十分重要的助益。第二,有机会听到不同的声音。学校要做好课程决策,很重要的方面就是要建立好决策的组织机制,让不同的人员参与进来,让不同的声音生发出来。在具体实践中,一些学校建立学校课程决策委员会或者课程开发委员会,建立并健全集体教研制度等,让更多的人参与到这个过程中来,就给大家提供了很好的参与课程决策的机制。第三,课程决策者愿意倾听不同的声音。有不少课程领导者担心倾听不同的声音会降低自己的威信,或把不同的声音视作干扰,不仅对这些声音听而不闻,甚至会采取措施予以打压,最终让这些不同声音在表面上销声匿迹,在决策过程中保持"口径一致"。

比如,教师在教学、学生管理和各种社团活动中,应该根据学生的成长需要,尊重学生的个性和身心发展规律,尊重学生的人格,倾听学生的呼声,充分理解、信任学生,真心依靠学生,放手发动学生,不断提升自身工作对学生的吸引力和亲和力,引导他们以主人翁的姿态投入到学习、工作和生活中,促进他们道德、自觉、自律意识的养成,最大限度地发挥他们的创造潜能。

(2) 善于听。尽管有些课程决策者愿意倾听,但是并非都善于倾听,因此要注意倾听的方法。真正善于倾听的决策者会认识到,我们每一个人对世界的认识,都是带着我们的历史的"有色眼睛",所看到的世界因每个人的历史而不同的,每一个人都会从自己的视角来看待这个世界,从而给这个世界以不同的解释。因此,决策者如果真的进行倾听,就需要像胡塞尔(Edmund Husserl)所说的那样,搁置自己内心中的倾向,仔细倾听别人说些什么。另外,倾听需要有一个正确的心态,就是相信每一个人的言语背后都有一个正确的动机。因为每一个人都是站在自己的立场上对事件做出评述和判断,而且这种评述和判断都是期望有利于自身的,决策者需要站在学校成员的角度来看待他们所评述的事情,从中发现人们对课程事务的真实态度和愿望,进而因势利导,推动学校的课程发展。再者,倾听也要善于归纳和总结,从不同学校成员那里看到课程事务的不同方面,综合平衡利弊,寻找最佳选择。

校内已经孕育了很多新的思想萌芽,存在着不同的可以帮助决策者进行文化重建的声音,关键在于我们能否真正地倾听,能否构建民主决策的氛围。只有通过真正地倾听,我们才可以在谁来决策、决策什么以及如何选择决策的标准等方面克服文化的禁锢。

(三)合理授权: 充分发挥领导力

讨论课程授权之前,首先要对学校课程进行分类。从涉及人员的角度,可分为三类: 第一,学校课程规划、课程计划等涉及所有人员的课程决策,需要组建学校课程管理委员会,课程管理委员会组成成员应有代表性,并按照一定的流程进行课程决策。在课程决策过程中,有时通过改变代表权重的方式来解决问题。第二,涉及部分教师的课程,比如,年级、教研组、实践类课程。第三,涉及个别教师的课程,比如,校本课程等。合理授权意味着决策机制的建设、决策流程的确定。

1. 课程决策是课程领导力的重要体现

学校课程领导是学校课程领导者运用自己的权力或者影响力去影响学校课程事务以及与课程相关人员的过程,决策是这一过程中的关键一环。通过课程决策,领导者才能够把学校课程思想转化为即将进行的课程实践,并影响其他相关人员。课程决策的关键点如下:

一是有着比较坚定清晰的教育哲学,并能够把课程哲学转化为学校的课程发展愿景,激励教师共同前进。二是对课程决策和课程发展过程有着丰富的知识和能力基础,对课程决策和课程发展的关键之处具有足够的敏感性。三是具有广阔的视野,不仅能够洞悉课程发展的趋势,而且能够根据这些信息引导学校课程不断向前发展。四是具有课程改革意识,能够敏锐地体察到学校课程发展中的问题,引导人们对问题的关注和理解,不断向学校成员提出进一步发展的挑战,并在此基础上提出决策日程,不断推进学校课程变革。五是具有沟通和协调能力,通过沟通了解不同课程利益相关者对课程的愿望,通过协调促进这些人员之间彼此理解和包容,并通过慎思过程达成共识,保证课程决策既能够体现众人意志,又能够顺利达成。六是具有共享和赋权意识,能够让其他成员分享学校课程决策权力,通过组织架构的挑战给予更多人员进入课程决策的机会,并通过专业发展提升有关人员课程决策的能力。

课程决策是课程领导的核心,学校能否做出正确的课程决策,不仅是学校进行课程领导的标志,也是决定学校课程领导水平高低的关键性因素。此外,从国家的政策导向来看,课程实施也不再强调忠实取向,而是要求学校根据自己的实际情况进行适当的调适,以使新课程改革能够落到实处。这样学校在课程实施中就有大量的空间做出课程决策。

2. 学校课程决策受课程文化影响

学校课程决策是植根于学校情境中的,必然要受到学校文化的深刻影响。一所学校的文化会秉持一定的信念和价值,一定的信念和价值又会在课程决策中发挥决定性的影响,学校文化最终决定了学校会在课程事务方面做出何种决策,或者围绕着某些价值标准做出课程决策,形成该学校课程发展的特有取向。学校文化作为以一定假设和价值为核心的思维方式,对学校课程有着很大的影响,决定着谁来参与课程决策、对什么进行课程决策以及课程决策的依据。学校必须进行有效的文化重建,通过构建强有力的学校课程领导、提升学校文化反省力、倾听不同的声音以及加入异质因素等策略来做好课程决策。[①]

---

① 朱陶. 学校文化对学校课程决策的影响及其重建策略[J]. 西南民族大学学报(人文社会科学版),2013,34(09):210—214.

3. 课程决策类型

从奎因和麦克拉斯所提出的文化类型中,我们不难看出课程决策的方式大体上可以分为两类:一类是集权式或者层级式的。几乎所有的课程决策都由主要课程领导决定,或者采用一种层层汇报、最终拍板的方式进行课程决策,基础人员,尤其是一般教师,通常情况下并没有参与学校课程决策的权力。另一类是分权式或者分享式的。在这类学校中,课程决策的制定不是由个别人说了算,而是由大家进行协商,最终求同存异,得出一种折中的方案。课程文化和课程决策密切相关。

4. 课程决策需要授权

哪些人可以参与决策,哪些人在决策过程中能够发出最为响亮的声音,在很大程度上是由学校文化来决定的,因为学校文化决定了哪些人可以走上前台,哪些人需要作为服从者或者背景存在。

要建立民主科学的决策机制,让教师参与决策,增强其主人翁意识。建立健全由教师、学生、学生家长、教育专家或社会知名人士共同组成的学校委员会,完善教代会、教职工大会、基层教育工会、少先队等组织,大力推行校务公开,加强民主管理和民主监督,建立民主评议和竞争上岗、班主任联席会、家长理事会、学生代表会等制度,让广大教师和学生真正成为学校的主人,在学校管理中发挥主人翁作用。

建立健全科学的管理制度,做到有法可依,有章可循。如教职工全员聘任制、目标管理岗位责任制、目标管理批判与建构学校课程文化研究全员工作绩效考评制度等。以便发挥各人的积极作用,形成全体规范和团队协作精神,提高工作效率。

授权和决策,从其本质上来说,是从多种可能性中进行选择的过程。学校课程决策则是以学校教师为主体,对课程发展中的事务做出种种判断和抉择的过程。澳大利亚学者奥伯格(Oberg)认为,课程决策在课程规划过程中的各个部分都有所体现。在课程目标方面,课程决策必须确定以什么样的教育思想作为教育的导向;在课程内容方面,则要决定哪些学科进入课程体系,这些学科该如何整合或者分化,以及在这些学科中哪些知识可以纳入课程;在课程实施方面,则要决定采用什么样的组织原则来规划教与学的活动,同时也要评估诸如硬件设施、学习氛围、人力资源等因素;在课程评价方面,则要选择形成性评价还是终结性评价,以及各种评价的标准和策略等。在这个过程中,各种决策可以依序而行,也可以在目的与结果之间往复进行,其核心则在于做好慎思。

□ 实践探索

上海戏剧学院附属中学将一些不仅业务能力强,在教育教学方面成绩突出,而且有管理才能,有较强应变能力和组织能力的教师选拔到领导岗位上来,这样不仅能最大限度地为学校贡献能量,还能满足这些教师施展才华的要求。此外,要制定规范合理的培训制度,提高教师的业务水平。要有"学校搭台,教师唱戏"的意识,因为在如今的知识经济时代,在网络资讯无限发达的今天,教师的水平和知识面正在受到前所未有的挑战。

5. 相信教师

在现代学校管理中,关心爱护教师是最起码的要求,但仅有关心爱护是远远不够的,还要对教师予以理解与信任。管理大师汤姆·彼得斯(Tom Peters)认为,"工艺技术固然是重要的,但增强信任却更为有效。怀疑和不信任会使教师产生消极的心理"。信任的方式之一是给教师授权。如果领导不信任教师,那教师就没有积极性,这会使教师表现平庸,人才大量流失,学校的人力资本遭受损失,极不利于教师的成长和学校的发展。

我们也必须看到,教师虽然没有是否采用的决定权,却具有最终是否使用的裁判权,因为只有他们才能以行动决定是否在教室里按照新课程的要求去做。在这个意义上,任何忽略教师在课程变革推广过程中作用的做法,都是无知的。除了教师之外,学校课程领导者是非常关键的角色,他们的作用在于使学校有一个更加良好的氛围来接纳和实施课程变革。但很多时候,他们和教师一样,不具备是否采用一个大型课程变革的权力。[①]

□ 拓展

请下属参与目标的制定,毋庸置疑会产生许多问题,如浪费时间、议而不决、

---

① 于泽元. 课程变革与学校课程领导[M]. 重庆:重庆大学出版社,2006.

与领导者的初衷背道而驰的意见占了上风等。但这些问题并不是这一原则本身的错误而导致的,很可能源于操作上的失当。这就要求领导者避免目标参与误区的出现,走出目标参与的误区。首先,在共同确定目标的开始,领导者要提出自己对目标的设想,为参与者指明方向,提供思路,并以此来约束下属思维的空间,防止参与者将一些无关紧要的事情也扯进来,分不清主次,或扯到另外的问题上去,导致浪费时间,偏离决策目标。其次,领导者在提出目标时,不易把目标设计得十全十美。有时即使领导者有能力把目标设计得十全十美,也应在提出目标时故意有所疏漏。因为,下属只有觉得一个十全十美的目标是在自己的批评和建议下形成的,才会对目标产生强烈的认同感。如果领导者宣布的目标已经无可挑剔,参与就变成了上传下达,那么共同参与目标的制定也就没有什么意义了。再次,在共同制定目标的过程中,因为各部门和个人都是从不同的利益角度出发而提议的,因此,争论是不可避免的。两军对垒,三足鼎立,吵得不可开交的情况会时常发生,此时,领导者应该具有统揽全局的艺术。在总结参与者意见的基础上完善目标,与各方达成一定的妥协,使目标在更为广泛的范围内得到认同。但也要看到,即使强制执行的正确目标也比自愿执行的错误目标更行之有效。因此,领导者与各方妥协的限度并不是可以无限扩展的。[①]

为使对教师的尊重和沟通持续下去,为使真心和真诚的态度延续下去,学校须进一步完善教代会制度,定期召开教代会,重大事情要由教代会研究通过,实行民主办学,形成一种尊重教师的学校管理制度,使之成为学校的管理制度文化,使学校管理不因管理者的改变而改变。

6. 学生有发言权

新课程是面向学生发展的课程,学生是学习的主人,是学习的主动参与者。因此,学生参与课程评价自然也就成为学生自己的事。学生有参与评价、承担评价责任的权利和义务,更有与所有的参与主体进行协商的权利。

有了尊重,才有师生间的平等对话、沟通与合作;有了尊重,才可能有学生主体意识和健全人格的生成;有了尊重,才能展开优质教育的画卷,培养一代代高素

---

① 刘建军,吕春艳. 如何实施目标领导法[J]. 领导科学,2001(06): 9—10.

质的创新人才。尊重学生，就是要尊重每一位学生的人格，在教育中，就是不仅要尊重优秀的学生，而且特别注意保护"差生"的自尊心，鼓励他们自信、自强，通过各种教育活动不断完善自己的人格。在学校教育中要充分地尊重人，尊重学生的合理需要，并对他们的需要做出回应。信任学生，就是要相信每一位学生都能学好，都能成才，相信每一位学生的力量和价值。

从某种意义上来说，学生是学校教育最重要的利益攸关方。学生和学校课程决策者的最大不同在于他们的思维方式。虽然同处于学校文化场景中，但是学生和课程决策者处于不同的亚文化，这决定了学生会从不同的视角来看待学校课程问题，从而发现不同的课程发展可能性，打破阻碍课程决策的文化壁垒。比如，澳大利亚的布默（Boome）等人提出"协商课程"（Negotiating the Curriculum）的概念，强调尊重学生个体以及群体的意愿，让他们与教师一起分享课程的决策权和知识的建构。不过，我们必须认识到，由于学生存在年纪轻、知识不足等问题，对课程决策的参与程度需要做出一些调整，从最初的信息提供者到课程协商者，随着年龄和学识的增长则可以把课程决策看作是学生的重要责任。

7. 授权效果

在学校课程决策过程中引入异质因素并不是一件容易的事。障碍之一是学校课程决策者能否真正放弃自我在课程决策过程中的一些权力，让其他人员参与进来分享这种权力。障碍之二是学校课程决策者如何主导课程决策的过程，让不同见解和立场的人通过慎思过程获得共识，共同促进学校课程发展。

PISA 报告指出，那些在编制学校预算和校内预算分配上给予学校自主权的国家（地区），学生成绩更好，即时考虑了其他学校和教育系统层面的因素以及人口和社会经济因素后也是如此。类似地，那些在教材和课程等方面给予学校更多自主性的教育系统，学生成绩更好，但这种效应在考虑了其他学校和教育系统层面的因素后，就不显著了。这些结果表明，在学校系统内，更多的自主权一般会有影响作用，这可能是由于教育系统赋予了学校管理者更强的独立性，使其可以对所处情境做出回应。

□ 拓展

判断项目授权工作效果如何（很差 1—2；有一些 3—4；很好 5）

1. 你的团队对预期结果有明确的理解吗?

2. 你的团队拥有完成授予任务所需的资源吗?

3. 你的注意力是放在对团队成员的预期结果上,而不是他们的工作细节吗?

4. 你有没有对项目进度进行跟踪与监测的系统?

5. 你的团队成员是否知道在什么时候和怎样让你知道他的工作情况,并在什么时候征求你的意见?

6. 你的团队成员知道怎样估计与评价工作进度吗?

7. 你的团队成员是否可以自由地与你探讨问题而不害怕受到批评?

8. 你的团队成员是否觉得他们可以不需要你的"过度管理"而自由地工作?

9. 你的团队成员是否在工作中不担心犯错误?

10. 你是否鼓励成员在你所授予他们的权力范围内做决策?

11. 如果需要,你是否能对他们进行指导?

12. 对于团队建议,你是否能给予鼓励和支持?

(四) 组建良性竞争的机制

1. 鲇鱼效应

学校领导者经常会遇到这样的问题:一个集体发展到一定的程度,就会在某个层面上达到一种平衡,集体的潜能可能只发挥了50%。这时,要求整个集体做出改变往往很难。在这种情况下,我们不妨改变一下管理策略,在集体中放入几条"鲇鱼",通过"鲇鱼"所带来的"新鲜的氧气"打破原有的平衡,推动集体在矛盾的解决中产生新的动力。这样,"缺氧"的集体就会因"获氧"而重新焕发活力。[①]

所谓"鲇鱼效应",其实就是让个别充满活力并具竞争力的个体加入到群体中,使群体内部紧张起来,惰性得以改变,进而使整个群体充满活力。营造竞争氛围,构建竞争型团队,有利于打破"一潭死水"的局面,在教师之间形成不甘平庸的态势,为学校工作注入活力。良性的竞争能有效地培养教师的团队精神,

---

① 周德生,王毅. 巧用鲇鱼效应增强集体活力[J]. 中小学管理,2008(04):34.

强化其情感交流和思想沟通的力度,从而达到相互学习、增进友谊、增强合力的效果。

要把竞争机制引入学校,首先要面对的是合格校长选聘的问题。因此,如何创造一个有利于发现人才,在校长职务的机遇面前,人人有一个平等的、公开的、透明度较大的竞争环境,激励人们乐于从事校长职务的竞争,就是一个急需解决的实际问题。①

在用人方面也一样,只有在教师队伍中找到并提升能干的人才,其他教师才会紧张,才会有压力,自然也就会拼搏进取,由此,整个团队就会生机勃勃。②

在学校管理中运用"鲶鱼效应",推行绩效管理,把广大教职员工的薪酬、晋升或淘汰与其绩效紧密结合起来,用机制创造"鲶鱼效应",让广大教职员工紧张起来,真正起到"奖龙头,斩蛇尾"的效果。

□ 实践探索

上海市松江二中调整进高三年级的教师中有两位是学校的中层干部(他们每人只担任一个班的教学任务),在教学中他们身先士卒,率先利用休息时间给学习有困难的学生进行辅导、答疑。他们的行动打破了年级组原有的平衡,给年级组平淡的教学工作带来了活力和推动力。显然,他们在客观上成了年级组中的"鲶鱼"。

2. 良性竞争

学校制度方面的导向和教师文化本身的特点,使得竞争成为教师人际关系的主流。竞争是一把双刃剑,对于学校的发展也是利弊兼具的。一方面是竞争文化中"比较"的优势。这种比较带来了学校发展的活力与动力。另一方面,在竞争性的环境里,学生致力于超过他的同学,教师追求比他的同事更好。这样做,教师和学生都把他人的成功看作自己的失败。他们感觉是在被审判、在被否定,因而隐瞒而不敢直面自己的缺点,并掩盖自己的问题。竞争的社会背景导致教师在参与新课程的过程中,在校本课程开发的过程中缺乏合作的愿望,不愿意将自己的实

---

① 张复荃. 竞争机制和校长负责制[J]. 中小学管理,1988(03):3—5.
② 李本松. 学校管理中的"鲶鱼效应"[J]. 学校管理,2009(01):25.

践经验、科研成果与他人分享,阻碍与他人的合作。这样既不利于教师自身的发展,也不利于学生的教育。当教师之间能够坦诚地交流,真诚地批评与鼓励对方时,教师就能够更加坦然地安全地面对自己的不足,并通过彼此的互助与合作寻求改进的方案。因此,我们要在教师与教师之间建立平等相待、相互尊重、相互学习、团结互助、通力合作的关系,使之成为具有相同特质的教师文化。每个教师不仅要教好自己的学科,还要主动关心和积极配合其他教师的教学,从而使各学科、各年级的教学有机融合、相互促进。

为了保持竞争中的优势,一些教师的先进经验也难以得到共享。只有竞争,没有合作与心灵间真诚对话的管理是失败的管理。例如,常被管理者视为管理法宝的"末位淘汰制",就没有充分考虑教师的心理感受、职业特点和接受力,结果只能是有始无终或怨声载道。

3. 挑战性任务

人才一般有强烈的工作热情和欲望,只要赋予其挑战性的任务和更大的责任,就能完成。在用人方面也一样,只要在教师队伍中找到并提升能干的人才,就能带动其他教师拼搏进取。"鲶鱼型"教师有更好的业绩,并表现出超越自身的工作能力;具有雄心壮志,不满现状,并能带动他人完成任务;敢于做出决定并勇于担负责任;善于解决问题,且比别人进步更快。由此,整个团队就会生机勃勃。

□ 实践探索

戏剧课程对应"人文传承",是学生发展的必备素养,对应必选课题研究。在课程设计中如何处理好课程的整体架构,挖掘课程资源,也是该课题主要解决的问题。上海市宜川中学通过实施课程开发授权,激发创生智慧。通过课程授权的方式促进了学校课程任务模块设计、课程类型统筹、课程资源的开发。不仅学校艺术教师团队参与整个课程的设计活动,其他学科的教师也共同参与,使学校整个课程的设计、实施与管理过程具有更大的空间意义。[1]

---

① 上海市教育委员会教学研究室.课程领导的上海高中行动[M].上海:上海科技教育出版社,2019.

思考题

1. 文化的内涵是什么？文化与领导力的关系是怎样的？

2. 学校课程文化的主要载体是什么？文化有负面作用吗？

3. 课程文化的现代性体现在哪些方面？

4. 你对课程授权、竞争机制有何看法？

第四章　课程设计的关键

　　现有的课程变革模式大体上可以分为两类，一类是自上而下的模式，一类是自下而上的模式。自上而下的课程变革模式主要有两个：行政模式和研发发展推广模式。自下而上就意味着课程变革要充分关注学校、教师和学生在课程变革中的作用，以他们最为关心的问题作为课程变革的起点，然后再推至整体的课程变革。

　　设计是把一种设想通过合理的规划、周密的计划、通过各种感觉形式传达出来的过程。第一步：理解用户的期望、需要、动机，并理解业务、技术和行业上的需求和限制。第二步：将这些所知道的东西转化为对产品的规划（或者产品本身），使得产品的形式、内容和行为变得有用、能用，令人向往，并且在经济和技术上可行。

　　学校的课程设计要对国家、学生和家长负责。拟满足国家的需求，就需要根据国家的教育方针，培养国家和社会所需要的人。拟满足学生与家长的需要，就需要培养学生终身发展的能力。这两者应不矛盾，但学校的状况不同，有时很难同时照顾到各方主体及其需求，为了达到平衡，学校要有侧重点，需要选择。课程是满足国家和学生需求的核心载体，既要符合国家对于课程的要求，又要考虑学校实际，追求其可操作、可落实，体现课程设计力，这是课程领导力的重要组成部分。

　　课程设计需要考虑三个关键问题：第一，要满足国家层面的期望与要求，落实党的教育方针政策；第二，要重视学生的需求，根据学校学生实际来进行设计；第三，以终为始，设计要以实施为前提条件，具可操作性。

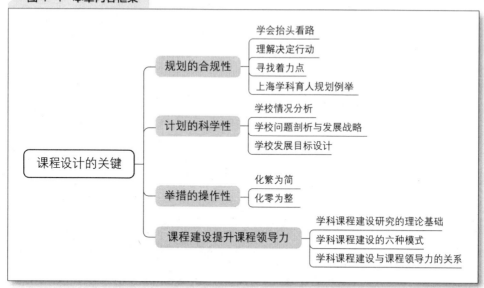

图 4-1　本章内容框架

第一节　规划的合规性

早在 2003 年,教育部发布《关于加强依法治校工作的若干意见》,推进依法治校。2018 年,在全国教育大会上,习近平总书记指出要依法治教、依法办学和依法治校。学校是教育的重要细胞,学校实现依法治校、依法治理是 2035 年我国基本实现社会主义现代化的重要部分。

近年来,随着教育法制建设的逐步完善,各地依法治校工作有了一定程度的进展,创造了一些好的经验和具有地方特色的依法治校工作思路。但是从总体上看,学校的法治观念和依法管理的意识还比较薄弱;依法治校的制度和措施还不健全;依法治校还没有完全成为学校的自觉行为。

认真贯彻党的教育方针,实行依法治教,把教育管理和办学活动纳入法治轨道,是深化教育改革,推动教育发展的重要内容,也是完成新时期教育工作历史使命的重要保障。

学校要营造依法治校的制度与文化氛围。作为校长,要将自身的管理经验、方法转化为长久制度,并制定好学校自身的规章制度,使经验转化为可以长久实施的制度文化。如何理解依法治校呢? 其一,依法治校成为学校办学、管理的基本遵循,并非简单地加强管理,而是依法从严管理。在这一过程中所依据的"法"不仅仅指国家法律法规,也包含学校自主创设的、合乎法律的规章制度,即学校的"内部规则"。校长要有责任、有信心、有能力制定好学校内部的规则,使其真正成为学校管理的可用之物。因此,在制定规则时,要保证按照法治的原则与方式,体现民主、开放、公平、公正的要求,充分调动各方积极性。其二,依法治校之"治",是治理而非管制,校长应在新时代背景下实现观念转型,要治理好一所学校,不能仅仅依靠一方力量,而要充分聚合学生、家长、社会等多方力量。其三,依法治校强调的是"校",强调在治理过程中要体现教育特点、教育规律和学校要求。学校的根本任务是立德树人,所有规则的制定,都要紧紧围绕育人这样一个根本要求,才能使规则符合法律、符合规律,遵循教育规律。

高效的合规文化的主要特征是学校对教育所适用的涉及教育领域的法律、课程方案、课程标准、政策等具有高度敏感性,它要求合规意识贯穿在学校所有员工的行为中,成为一种自觉和必然的行为准则。

一、 学会抬头看路

政策是我国法治体系中十分重要的一个组成部分,是法律的具体化,是对法律的及时补充或延伸。政策制订和执行的好坏是依法治国水平的重要体现。基础教育课程改革、义务教育均衡发展、高考改革等也都是政策性的规定。[①]

在西方发达国家,20 世纪 70 年代特别是 80 年代以来,一门综合性学科——公共政策学异常迅速地发展起来,这一学科涉及到经济、军事、体育、卫生、教育、社会福利等多门学科。严格地说,这并不是一门学科,而是几乎所有社会科学的一个发展趋势,即从重视"是什么"的理论思辨向重视"怎么做"的可应用性发展转

[①] 袁振国. 教育决策的科学化和民主化是依法治教的关键[J]. 中国教育学刊,2015(11): 1—3.

变的趋势。①

（一）课程政策特征

在全球化大背景下，我国教育政策研究需要与世界和时代的发展紧密结合。西方教育政策研究取向中的应用实践性逐渐增强，且在研究主题层面中的问题意识、理论导向和实践导向三方面给我国教育政策研究以启示与思考。专家指出，美国的科学研究之所以成功，之所以特别有效率，就是因为他们放弃了英国式的"基础研究→应用研究→技术转化"的研究路线，采取了"现实需要→理论研究→实际应用"的研究路线。

教育政策是我国政策体系的一个重要部分，是事关第一民生的教育工作改革发展的依据。依据政策是各级行政部门和各级各类学校的基本思维方式和行为习惯。政策在中国法治体系中的独特作用是显而易见的，提高教育决策科学化和民主化的水平，是促进教育健康发展的基本保证。②

教育政策具有层次性。从中央政府制定的教育政策，到一个省或市，再到一个区甚至一个学区的教育政策（学校内的行政决定不在教育政策学的研究范围之内），这些政策层次多，影响的范围、作用、性质都可能有很大差异，过程、模式、方法等都可能不同，评价的标准也可能不同。③ 如，国家层面有：教育部制定课程改革纲要、课程方案、课程标准，组织教科书编写，起草配套文件等。

教育政策往往表现为静态的文本，即政府关于教育领域政治措施的政策文本或政策文本的综合，也就是一定的政治实体——政府关于教育领域政治决策的结果，如措施、方针、法律、规定、准则、计划、方案、纲要、条例、细则等用文本的形式表达出来而形成的。④ 真正深刻而有应用价值的理论研究不仅强调概括性、抽象性，有广泛的涵盖面，而且能够很好地还原为具体实践，对学校课程实践有指导作用。

---

① 袁振国. 走向政策研究[J]. 华东师范大学学报（哲学社会科学版），1998(03)：15—16＋42.
② 袁振国. 教育决策的科学化和民主化是依法治教的关键[J]. 中国教育学刊，2015(11)：1—3.
③ 袁振国. 教育政策学：一门正在发展的教育新学科[J]. 上海高教研究，1996(01)：8—11.
④ 王宁，沈红. 认识与理解教育政策的三个哲学向度[J]. 江苏高教，2010(06)：8—10.

政策文本的形成过程体现了"自下而上"的公众诉求表达,进而发展为"自上而下"的政府意志实现,文本呈现的是"社会政治、经济、文化等在某一领域综合影响的结果,它能够敏锐地感应社会过程的变动和多样性"。这一过程是随着对教育政策的研究从机械的文本解读延伸至对政策理解、政策执行、政策传导、政策实现、政策评估、政策修订等一系列有目的的动态过程。[①]

作为行政领导,校长严格执行上级教育主管部门的课程政策精神,并依次在校级领导、中层干部、年级组长和全校教师会议上予以传达并要求遵照执行。教师也是课程开发的主体,其课程意识和课程能力直接影响学生的知识视野和学习境界。作为学校课程领导,校长和教师通过课程利益主体的权力分享,承担相应的专业职责,营建学校课程社群,共同促进以学习为中心的学习共同体的发展。[②]

在学校课程规划中,如何在国家、地方和学校本位课程之间寻求平衡点、实现从理想的课程到学生习得的课程之间的连接以及深化对课程本体意义的理解,校长的专业水准和教师的课程能力无疑是最为关键的因素。

(二) 课程政策落实取向

在课程实施领域,一个很重要的问题就是课程实施研究的取向,也就是说,研究者应该采取何种立场去理解或者判断在课程实施过程中发生的现象。只有对这一问题有了清醒的认识,在研究中才能做到有的放矢。

1. 三种课程实施取向

米勒和塞勒合著的《课程:观点和实践》一书中,他们把课程取向概括为三种课程立场:传递立场、互易立场和转化立场。传递立场强调教育的作用在于向学生传递事实、技巧和价值。互易立场认为个体是理性的、有能力的智力问题的解决者,教育是学生和课程之间的对话,学生通过这个对话过程建构知识。在转化立场看来,课程和学生不再是相互独立的,而是在全观状态下互相联系且渗透的。

---

① 刘佳.教育政策传导系统的运行分析[J].国家教育行政学院学报,2013(08):61—65.
② 钟启泉,岳刚德.学校层面的课程领导:内涵、权限、责任和困境[J].全球教育展望,2006,35(03):7—14.

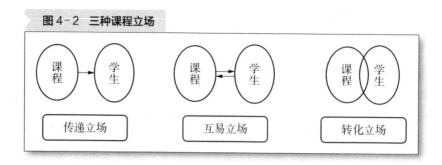

较早对课程实施取向进行研究的是富兰和庞弗雷特（M. Fullan&A. Pomfret）。他们通过对 15 项有代表性的课程实施的研究，发现了两个主要的课程实施研究取向：忠实取向（Fidelity Orientation）和相互调适取向（Mutual Adaptation Orientation）。后来，辛德等人在上述研究的基础上，通过对 9 项课程实施的研究，又归纳出第三个取向：课程缔造取向（Curriculum Enactment Orientation）。①

忠实取向假定，课程实施就是忠实地执行课程变革的过程，对于课程实施的评价就在于确定课程变革所预期的结果是否真的达到。概言之，忠实取向是把课程当做可预测的文件或者产品，课程实施只是一项技术性的工作。采用这个取向的研究者总是试图去测量课程变革在实际中的实施程度，并确定促进或阻碍课程实施达到预定目的的因素。

所谓相互调适取向就是说课程设计者和课程实施者共同对课程计划进行调适，双方都在一个动态的连续过程中对课程计划进行不断的反思和修正。这个取向起源于 20 世纪 70 年代中期，由伯曼和麦克劳弗林（Beman&McLaughlin）主持的变革动因研究。也可以说，课程实施的过程就是课程计划与班级或者学校实际情境在课程目标、课程内容、课程组织等方面不断调整，这一取向中，课程实施的实际情境变得非常重要，研究不能再忽视"人们在实际中做了什么和没有做什么"这个关键的变量。相互调适取向的研究重点在于理解课程实施过程中，课程方案和特定情境之间是如何相互适应的。它主要有两种研究的类型：一是描述性研

---

① 于泽元. 课程变革与学校课程领导［M］. 重庆：重庆大学出版社，2006.

究,就是借用一些社会学的新的研究方法论,对课程实施进行详尽的描述;二是规范性的研究,重点在于确定促进和阻碍课程实施的因素,尤其是各种组织变量,研究的目的在于提高课程计划与实施相互作用的效果。

课程缔造取向比相互调适取向更向前推进了一步。持这种取向的研究者甚至不满意"实施"这个词汇,认为它本身就暗示着一种忠实的观点,远远不能概括变革过程中的情感、态度和价值的涵义。这种取向认为,真正的课程是教师与学生联合缔造的教学经验,课程实施在本质上是在具体的教育情境中缔造新的教育经验、课程,而课程计划和教学策略只是可供这个经验缔造过程所选择的工具而已。

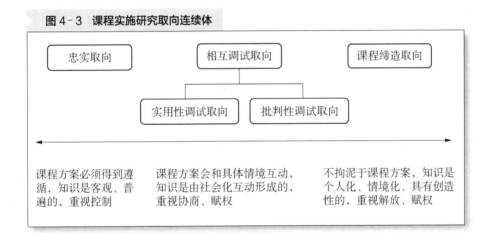

图 4 - 3　课程实施研究取向连续体

从理论上讲,上述三个取向并无优劣之分,并且在现实的研究中都得到了广泛的应用。但是从课程实施的实践角度来看,纯粹的忠实取向和课程缔造取向都会遭遇很多困境。

对于忠实取向来说,其首要困境在于课程方案真的就那么完美无瑕,无论从技术上、政治上和文化上都无懈可击吗? 其次,忠实取向在现实的课程实践中也是不可能的,因为即使课程方案再完美,也不可能顾及到所有具体的实施情境。格罗斯等人曾经利用忠实取向对一个小学的革新项目进行研究,发现该课程方案实施的质与量都非常低,教师的行为只有 16% 的时间符合革新方案的研究。

对于课程缔造取向来说,理想有余而实用不足是最大的问题。它至少存在着两大不可能性:政治的不可能性和实践的不可能性。从政治的不可能性来看,主流的社会阶层不会完全放开对社会文化和价值的控制,权力必须通过斗争和协商才能有限地得到,纯粹的课程缔造在政治上是行不通的。从实践的不可能性来看,课程发展所需要的多种技能是大多数教师并不具备的,同时,在现有条件下,教师也不一定有足够的资源展开独立的课程缔造。此外,一般来说,由专家所发展的课程方案都是经过相当长时间的研究、实践和论证而形成的,从总体上来说有一定的科学性和可行性。

2. 上海课程实施取向

学校作为将文本课程转化为现实课程的真正主体,具有课程开发和建设的独立地位。我们不应该简单地认为,学校在"三级课程管理体制"中处于绝对"服从"的位置,实际上,学校与市、区一样,在课程开发和建设方面具有相对独立的地位。

学校有权利规划学校课程,制定学校课程计划,也有权利选用适合本校的课程文本。

(1) 学校要根据上海市普通中小学课程教材改革的总体要求、本区教育行政部门的规划及本校的实际情况,规划并落实国家课程、地方课程和学校课程。在执行国家课程的同时,要结合本校的传统和优势,以及学生的兴趣和需要,积极开发学校课程,创造性地落实课程目标和要求。根据国家教育方针,按照课程方案、有关文件和工作部署,从学生、教师、学校和所在社区的实际出发,制定本校的近期、中期、长期发展规划以及学生培养目标。学校规划要特别重视学生创新精神和实践能力、良好的学习习惯和学习方法、正确的人生观、价值观和世界观的培养。

(2) 学校要把握好在课程管理中权利和义务的关系,不能以"创造性地落实课程"的名义制定不符合二期课程方案要求的课程计划。学校要依据上海二期课程方案等相关课程文件制定《学校年度课程实施方案》和《课程实施计划》,并按要求严格执行。学校要严格按照国家课程计划,开齐、开足国家课程,合理开发和选用地方和学校课程。在学校课程的管理中,不能用基础型课程挤占拓展型课程和研究型课程的课时,也不能用学校课程来代替国家课程。如用语文、数学、外语等

"主科"挤占"劳动技术"等"副科"的课时,甚至不开设与中考、高考"无关"的非考试科目。这种急功近利的现象是绝不允许的,这不符合"以学生发展为本"的二期课程理念,影响学生全面的可持续发展。学校应根据有关的课程文件,正确处理好这三类课程的关系,保证各类课程、各门学科的课时比例,充分发挥它们对学生发展的不同的功能价值。综合实践活动是国家规定的必修课程,各学校要确保综合实践活动课程的实施,不得用其他课程挤占综合实践活动课程的课时。

(3) 学校课程开发是学校课程管理的重要组成部分。根据学校自己的培养目标、学生的发展需要、学校与社区的课程资源等,开发学校课程。

二、 理解决定行动

文本分析和解读是最为惯常的政策研究的起点,政策研究者必须透过文本的静态特征去深度挖掘文本的动态内涵。与学校课程教学密切相关的政策文本至少有三类,即课程方案、课程标准、课程教学方面的各级文件。时任教育部部长助理、教材局局长郑富芝介绍,对人才培养而言,课程方案和课程标准是基本依据,考试招生是重要导向,要把课程改革和高考综合改革有机结合起来,统筹兼顾,有效联动,形成合力。

教育政策传导在注重政策文本本身的科学性、针对性、可操作性以及公共管理部门的效能和执行能力的同时,更加关注传导过程中的主体和客体之间的理解差异、行动差异和意义建构能力。

上海市课程领导力项目始终非常关注"学校课程计划的编制研究",特别强调合规性,即符合党和国家的教育政策,落实国家课程方案。同时,推进基于课程标准的教学与评价。

(一) 课程方案解读

对学校来说国家课程方案是研制学校课程计划的最上位的、有指导作用的纲领性文件。

2003 年颁布的《普通高中课程方案(实验)》,由普通高中教育的培养目标、课程结构、课程内容、课程实施与评价四个部分组成，总字数不到 4 000 字。如其前言所述，普通高中课程方案及其实施要以"三个面向"的指示和"三个代表"的重要思想为指导，坚持全面贯彻党的教育方针，认真落实《中共中央国务院关于深化教育改革全面推进素质教育的决定》和《国务院关于基础教育改革与发展的决定》，适应时代发展的需要，立足我国实际，借鉴国际课程改革的有益经验，大力推进教育创新，努力构建具有中国特色、充满活力的普通高中课程体系，为造就数以亿计的高素质劳动者、数以千万计的专门人才和一大批拔尖创新人才奠定基础。

若要高中学校落实到位《普通高中课程方案（实验）》，首先需要校长和教师真正理解普通高中课程方案中内容精髓、特色亮点、变化等。《普通高中新课程方案导读》[①]为校长和教师理解"课程方案"提供了很好的范本。该书包括三个部分和两个附录。第一部分主要阐述新一轮普通高中课程改革的背景与目标，讨论世界各国在世纪之初高中课程改革的最新进展、我国普通高中课程改革的基本经验及如何在传统中创新、普通高中课程的公众满意度状况，以及此次普通高中课程改革的核心理念与目标等问题。第二部分是《普通高中新课程方案导读》的主体，着重说明《普通高中课程方案（实验）》中的核心概念，并对在实施层面将会遇到的种种课程问题阐述了建设性、针对性的探索成果，以便起到指引的作用。第三部分针对我国普通高中课程改革的某些问题，试图从一种国际的视野，有选择地撷取域外经验，为读者进行合理化的本土建构提供一种专题性的、针对性的知识基础。附录是华东师范大学课程与教学研究所《全球教育展望》杂志社为配合普通高中课程新方案的宣传，邀请全国各师范大学课程研究中心、中央教育科学研究所、教育部课程教材研究所等单位的专家举行的一次笔会的精选。

《普通高中新课程方案导读》的价值在于，一方面为广大一线教师真正领会《普通高中课程方案（实验）》提供了很好的参考资料。另一方面，这本专著提供了课程方案解读的方法论，本着"国际视野、本土行动"的研究理念，围绕新课程方案的背景与目标、解析与建议、国际视野下的高中课程改革等课题，发表专题性的最新研究成果。

---

① 钟启泉，崔允漷，吴刚平. 普通高中新课程方案导读[M]. 上海：华东师范大学出版社，2003.

《普通高中课程方案(2017 年版)》还没有导读性专著,但其在前言中阐述了修订工作的指导思想和基本原则、修订的主要内容和变化(关于课程方案、关于学科课程标准),但这对于真正理解课程方案还远远不够。尽管期刊上有多位专家发表了相关论文,中国教育报刊登《解读普通高中课程方案和课程标准(2017 年版)》,但是总体来说,在这个问题上,大家对"是什么"比较清晰,而关于"怎么做"和"为什么"还需要进一步研究领会。

□ 实践探索

上海市大境中学在课程建设中注入组合思想方法,提升了课程规划能力。在项目研究的过程中,学校构建了语文、数学和英语的组合式课程(各 60 课时),分别在高一年级第二学期和高二年级第一学期中进行,将基础型课程中基础拓展内容作为组合课程的内容。在推进过程中,学校也提炼和形成了组合思想方法,这一思想的核心就是"课程内容专题组合、实施形式多元组班",在高考改革的背景下产生了组合思想方法,同时应用这一思想方法可以改进和完善课程设计和实施中的很多问题。[①]

（二）课程标准解读

制度的产生必然引出制度化的问题。由于学科领域不同,制度化的定义也存在着较大差异。究其本质,制度化即代表着程序化和规范化,并且通常一个制度化的体系往往包含目标体系、规则体系、保障体系和组织体系四个方面的内容。

课程培训在课程理解和实施中举足轻重,它既是课程改革必要的前期准备,也是课程实施进程中必要的专业保障。刘月霞指出,新高中课改应高度重视高中课程培训工作的系统研究和规划,明确"先培训后上岗、不培训不上岗"的基本原则,建立国家、省、地、校四级培训体系,把培训作为教师、校长继续教育的主要内容,列入"国培"计划。应组织开发准确反映修订后高中各学科课程标准改革精神、以教学实际问题为核心、以优秀教学案例为载体的培训课程,以增强培训工作的针对性和实效性。同时,应将全国各级高中教研员纳入"国培"范围进行重点培

[①] 上海市教育委员会教学研究室. 课程领导的上海高中行动[M]. 上海:上海科技教育出版社,2019.

训,并作为各地组织课程研究与培训工作的"种子选手"和"培训者",以确保各级培训的总体质量和水平。[①]

培训的目的是让教师理解新课程。理解的意思是通过各种恰当的外在表现来显示对思想、人、条件和过程的领悟。理解意味着使学习的内容有意义,能了解为什么,具有在不同条件和情境中运用这些知识的能力。理解会影响教师的应用或执行效果。

现实中,教师对课程目标把握不到位的现象屡见不鲜,即使在公开课或教学竞赛上也会发现,不少教师在教学目标的把握上存在一些问题。有的教师在一堂课中列出十几条教学目标,看起来非常全面。尽管这些目标多多少少与本节课堂教学有关系,但是有的目标实在是显得牵强;如除了知识与技能目标以外,其他目标在每堂课的教学中都大同小异。要知道,实际上所设的教学目标越多,往往说明这堂课的教学重点就越不清晰。倘若教师要在一堂课上把那些大而全、空而泛的教学目标都体现出来,那么,他们不得不有意地"调整"教学内容和教学过程,结果使教学重点难以突出;还有的教师尽管在教学目标中列出了很多点,但在实际教学中却无暇顾及所设目标,结果往往使教学目标和教学活动相脱节。

这些现象足以说明,教师在确定合适的教学目标方面,还是感到有一定的难度。教师确定合适的教学目标的过程是一个创造的过程。因为,各学科课程目标所规定的只是总目标和阶段目标,而没有定各学年目标,更没有各个模块和主题的教学目标,而且教材和教学参考书中往往也没有明确提出教学目标。

教师在确定教学目标时,可以参照课程标准的阶段目标,根据教学内容,整体规划各学年的学科教学目标。以三维目标为例,尽管阶段目标通过三维课程目标来体现,但设计学科教学目标时并不要求每节课都体现三维教学目标。教师应根据学生的情况、课程内容和课程资源等条件制定符合实际的、可达到的教学目标,比如,教师可以根据实际情况在某一节课的教学中侧重知识与技能目标,而在另一节课中侧重过程与方法的目标,或情感态度与价值观的目标。在此,需要强调

---

① 刘月霞. 如何扎实推进修订后的普通高中课程实施[J]. 人民教育,2018(05):49—53.

的是,教师通过一学期或一学年的教学,应很好地体现三维课程目标,尤其是情感态度与价值观等较难进行评价的目标。

目前对于目标话语体系的关注点,从原来的双基、三维目标转变为学科核心素养。因此,教师在课程标准的解读中,不仅要理解什么是本学科核心素养,还需要理解为什么提出学科核心素养,如何落实学科核心素养。

□ 实践探索

上海市奉贤中学教师的课程设计力表现为教师在课程和教学方面的专业发展。问卷调查的数据表明,项目实施前后,教师对课程标准的认识和解读、基于标准的单元设计和学习手册编制、基于标准的教学和评价等方面的能力得到明显发展。[①]

(三) 政策文本解读

除了上述教育部颁发的课程方案和课程标准等教育政策以外,还有很多其他部门下达的有关教育方面的文件。上海市教委曾对专题教育文件进行专门的梳理,文件多达 50 多个,含学校课程教学的方方面面,这对学校落实带来很大困难。上海市教委根据国家有关部委的文件要求,结合本市基础教育实际,针对不同学段学生身心发展的特点,梳理中小学各专题教育的内容,归纳整合为安全与防范、法律与道德、民族与文化、环境与健康、综合与实践等五大内容主题,构建小学、初中、高中相互衔接的专题教育内容体系,探索具有上海特色的中小学专题教育整合实施的长效机制。

对海量的政策文本,如何理解影响后续的行动。下面以国务院办公厅《关于新时代推进普通高中育人方式改革的指导意见》为例,简单阐述如何解读,以供借鉴。

□ 拓展

《关于新时代推进普通高中育人方式改革的指导意见》的解读

1. 关键词解读

从文件名称中抽取关键词,并进行解读:新时代(习近平新思想:一个主题,

---

① 上海市教育委员会教学研究室.课程领导的上海高中行动[M].上海:上海科技教育出版社,2019.

两个维护,四个自信,四个伟大,八个明确,十四个坚持);普通高中(承上启下);育人方式(教学方式,系统工程);改革(根本动力);指导意见(指:方向;导:目标、内容、保障、组织;意:领会、转化、行动)

2. 结构梳理

对文件内容框架作出梳理并加以图示化,以便理解文件整体框架、要素以及关联。

图 4-4 内容框架结构化、可视化

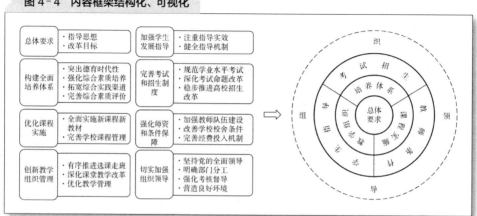

3. 重点内容解读

跟以往教育政策相比较,对文件的重点内容作出解读。

- 指导思想:坚持以习近平新时代中国特色社会主义思想为指导;培养德智体美劳全面发展的社会主义建设者和接班人。

- 改革目标:到 2022 年,实现普通高中新课程新教材全面实施;以三个"基本"为导向,推进选课走班教学、推动评价和考试招生制度改革、实现多样化有特色发展。

- 突出德育时代性:贯彻习近平新思想;坚持"四观",国家观、历史观、民族观、文化观;坚持四个自信;坚定不移听党话、跟党走。

- 强化综合素质培养:修订学生体质健康标准及评价办法;制定劳动教育指

导纲要;强调创造性劳动。

- 全面实施新课程新教材：制定普通高中新课程实施方案;组织实施示范性培训、校长教师全员培训。

- 完善学校课程管理：合理安排三年各学科课程;推动普通高中与中等职业学校课程互选、学分互认、资源互通;严格学分认定管理。

- 深化课堂教学改革：推进基于情境、问题导向的互动式、启发式、探究式、体验式等课堂教学改革;优化课题研究、项目设计、研究性学习等跨学科综合性教学;关注探究性、实践性、综合性作业;推进信息技术与教育教学深度融合;强化教学研究和指导。

- 优化教学管理：严禁超课标教学、抢赶教学进度和提前结束课程。

- 注重指导实效：处理好个人兴趣特长与国家和社会需要的关系。

- 深化考试命题改革：学业水平选择性考试与高等学校招生全国统一考试命题要以普通高中课程标准和高校人才选拔要求为依据;创新试题形式,加强情境设计,注重联系社会生活实际,增加综合性、开放性、应用性、探究性试题。

- 加强教师队伍建设：创新教师培训方式,重点提升教师新课程实施、学生发展指导和走班教学管理能力。

- 改善学校校舍条件：推进学科教室、创新实验室、社团活动室以及数字校园建设;修订普通高中学校建设标准和装备配备标准。

- 坚持党的全面领导：地方各级政府要将推进普通高中育人方式改革工作纳入重要议事日程;要加强普通高中学校党组织建设,发挥党组织把方向、管大局、保落实的领导作用。

4. 特色、亮点解读

- 这是新世纪以来国务院办公厅出台的第一个关于推进普通高中教育改革的重要纲领性文件。

- 一是党中央国务院对普通高中教育改革发展提出了新要求。

- 二是普通高中教育发展进入了新阶段。

- 三是面临多维改革同步推进的新任务。正处于普及攻坚、课程改革、高考综合改革三项重大改革同步推进的阶段。

- 坚持正确方向,贯彻党的教育方针,坚持改革创新,破解体制机制障碍,坚持统筹协调,注重各项改革衔接。
- "四个原点"的回归:时代原点、价值原点、育人原点、思维方式的原点。
- 促进高中教育进一步克服"唯分数论""唯升学论"的不良导向;从以"升学"为目标向"升学与生涯辅导相结合"的目标转变;从"分层发展"向"分层与分类相结合"的方向转变。

5. 重点归纳

代表国家意志;加强党的领导;时代呼唤;实践需要;新时代(历史方位);推进育人方式改革(根本方向);根本立场(以学生发展为中心);奋斗目标(教育强国梦)……

三、寻找着力点

教育政策执行力是加速推进教育政策内容、精神实质的实现以及教育政策目标转化的桥梁。随着公共事务日趋复杂化,教育政策执行力扮演着越来越重要的角色。教育政策执行评价是衡量教育政策科学性的重要标准,也是教育政策目标实现的重要依托。它不仅有利于完善我国教育政策,破解教育政策执行力的瓶颈,真正使教育政策执行到位;也有利于我们寻求更加有效的方式实现教育政策目标,促进教育政策执行组织功效更加充分地发挥,从而使得教育政策、教育政策目标及教育政策执行力三者之间相互作用、相互促进。

(一)纵向比较中找原因

总体来讲,对于政策变迁的解释路径可以分为宏观和微观两个视角。宏观维度往往重视国家和政策社会环境,例如,基于传统制度理论,政策是制度和体制的产物,因此政策变迁的根本原因在于国家层面制度和组织的变化,并且教育政策的变迁往往体现了国家意志。此外,教育政策环境对政策主体活动的影响和作用也常常被用来解释政策的变迁,因为经济环境、政治文化以及国际环境等因素的变化往往会影响政策的供给、输入与输出以及不确定性。微观视野关注于政策行动者的因素。依据经济学的理论,教育政策制定的本质就是对教育资源进行再分配,因此教育政策变迁的动因在于政策行动者基于自身利益的理性选择。然而,教育政策变迁的解释理论往往存在不同的局限性,宏观维度很难解释为什么在国家体制、社会发展以及政策组织稳定的情况下,教育政策会发生变化;或者很难解释教育政策环境发生变化而教育政策未必一定发生变化的情况。微观维度也不能解释与利益关系不大的教育政策变化的情况,同时一些教育政策的变迁也未必是理性选择的结果。[①]

通过纵向比较,学校可以了解什么原因促使教育政策有所变化,以便吃透政策本质,找准政策落实的着力点。因为教育政策的变化表现为政策文本的变化,而在本质上,这一变化则体现了教育价值的选择。

(二) 横向比较中拓视野

教育政策学从诞生起,就具有比较的性质。国际上关于教育政策研讨会,或关于教育政策的重要成果差不多都是比较研究的产物。这是因为不同的国家有不同的历史、不同的文化背景,由此形成了各自的决策模式。在这个问题上很难简单地说哪种模式是好的,哪种模式是不好的;也很难要求一个国家简单地模仿另一个国家的决策形式。[②]

那么,如何进行政策比较。下面图 4-5 教育政策分析框架给我们提供了有关比较维度的思路。外环描绘了观念、话语和制度三要素的互动关系,体现出了一个相互影响、逐渐深化和往复循环的过程。内环以教育政策为中心,展现出观念、话语和制度三要素对教育政策的综合性作用与机制,并

图4-5　教育政策分析框架

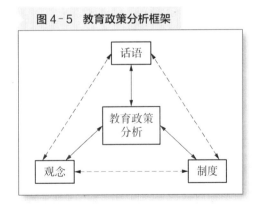

① 刘东彪,傅树京. 观念、话语、制度:一个教育政策分析的三维框架[J]. 现代教育管理,2018(02):29—33.
② 袁振国. 教育政策学:一门正在发展的教育新学科[J]. 上海高教研究,1996(01):8—11.

且明确了教育政策分析的三个方面。

第一,教育政策的观念分析。观念是政策的内生动因和起点,教育政策的缘起与制定也来自于观念性诉求。随着现代国家对于教育的重视,多元化的观念,包括教育强国、教育为经济服务、教育为政策服务、教育国际化等共同构成了教育政策观念的背景。同时,教育政策主体的主观性的观念立场与选择也促成了教育政策背景的概念化,进而决定了教育政策的问题确认与政策目标的选择。

第二,教育政策的话语分析。首先,教育政策话语影响了我们对政策的理解、思考和实践,因此对政策文本进行话语分析,研究其如何对政策对象进行陈述和界定,如何对话语主题进行聚焦,形成了哪些概念和进行了什么样的"知识生产"等问题是教育政策话语分析的主要内容。其次,"对于同一个教育问题,不同的话语策略可能导致大相径庭的教育政策"。不能将话语策略简单地理解为语言运用的方法和技巧,根据福柯的定义,话语对象、宣称模式和概念等话语的基本元素会按照它们自身的连贯性、严格的规律及稳定性形成各种主题和理论,这些主题和理论可以被称为"策略"。因此,对教育政策话语进行策略的分析是解释政策选择以及走向的关键。

第三,教育政策的制度分析。话语制度主义中的制度更多指向隐性的、内在的共同理解和思维框架。因此对教育政策的制度分析,一方面体现于政策是否建构了制度化思维,同时也体现于制度的力量在多大程度上使得个体行为规范化且具有预测性。另一方面体现于分析教育政策的制度逻辑,即分析制度产生的内生性观念因素与外生性环境因素。此外,关于制度逻辑的合理性,制度化建设所存在的问题,以及现有制度对未来政策发展会产生什么样的影响等问题也是教育政策制度分析的重要内容。总之,对特定领域内教育政策制度的分析可以揭示政策所构建的制度,预测和把握政策行动者的微观行为,从而使得教育政策分析建立在实证基础上,具有更大的现实意义。

(三) 内向视角中寻落点

上海市教育委员会教学研究室从 2010 年起花了 3 年时间开展学科育人价值研究,涉及 21 门学科课程和拓展型课程、研究型课程,并于 2013 年出版了《学科育人价值研究文丛》。学科育人价值研究是基于素质教育现状、针对研究盲区、呼应课改需要开展的研究。该研究指出：学科育人价值受到国家意志、学科属性、时代特点、文化价值观和教育主体等方方面面的影响,通过课程方案、课程标准、教材等文本和相关教育工作者的教育活动得以传递。教师和课堂教学是实现学科育人价值的关键。学科育人价值研究不能局限在本学科范围,需从课程设置、学科间的关联、价值体系的形成、价值的传递和落实的可能性等多维度进行系统研究。

四、 上海学科育人规划例举①

（一） 研究学科育人价值的背景、价值和意义

于 1985 年召开的全国教育工作会议上提出的素质教育对我国教育工作具有里程碑的意义。素质教育更加强调依据人的发展和社会发展的实际需要,以全面提高全体学生的基本素质为根本目的,以尊重学生个性,注重开发人的身心潜能,注重形成人的健全个性为根本特征。通俗地讲,素质教育是育人为本的教育,关注学生全面发展的教育,把人的发展放在社会发展前面的教育。

1. 研究背景：素质教育理念与现实间的落差

30 年来,我国中小学始终推进素质教育,在这一点上也取得了一定的成效："以学生发展为本"的理念逐步得到了广大教师的认同;学生的学业成绩显著提高;在课程教学的瓶颈问题的突破上做出了有益的探索。

然而,中小学育人现状也并不尽如人意,主要存在以下几方面问题：在"育人"和"育分"孰重孰轻的问题上,口头上关注"育人"而实际上关注"育分"的情况较为普遍;在德育、智育、体育、美育等诸育的地位上,过分关注智育;在知识与技能、过程与方法、情感态度价值观的三维目标问题上,过分关注学生知识的掌握,忽视能力和情感态度价值观的培养;在学习过程与学习结果方面,过分关注学习结果,忽视学生学习经历的重要性。上海市中小学生学业质量监测反映出,上海中小学生存在学习动机缺乏、学习自信心低、课业负担重等问题。

---

① 金京泽.简论学科育人价值研究[J].上海课程教学研究,2015(4)：75—80.

素质教育异化有很多原因,除了社会分配不均等外界因素之外,招生考试制度也是重要的原因之一。从教育内部来看,课程建设、课程实施、课程评价等环节中还没有足够重视育人这一问题。具体表现为:相当一部分学校对教育目的及目标的理解和把握存在偏差,对学校在课程实施中的育人要素和机制缺乏深入理解,对育人的责任缺乏应有认识;重视升学考试学科,轻视学生在各个学科学习过程中的全面发展;重视课堂教学和书本学习,轻视学生在社会中的实践体验;关注学科知识的传授,但对学科知识与育人价值的内在关系缺乏研究。

总之,素质教育理念和现实之间有落差,育什么样的人,如何育人的问题,还没有得到充分解决。

2. 研究价值:育人共识与学科育人价值研究盲区

《国家中长期教育改革和发展规划纲要(2010—2020年)》中多处出现育人,如坚持育人为本,把育人为本作为教育工作的根本要求,扩大普通高中育人方式,增强广大教师教书育人的责任感和使命感等,从中可以看出政策层面已经对"教书就要育人"这一点达成共识。著名的教育家于漪也再三强调,"学科教学须坚持育人为本"。

那么,育人的内涵和外延到底是什么? 在《教育规划纲要辅导读本》中提出,育人为本就要坚持德育为先,把立德树人作为教育的根本任务;育人为本要面向全体学生,促进学生全面发展,着力提高学生服务国家、服务人民的社会责任感、勇于探索的创新精神和善于解决问题的实践能力。基于以上文献,可把育人概括为:德育为先、能力为重、全面发展。德育为先要求把社会主义核心价值体系融入国民教育全过程。能力为重的关注点在于着力提高学生的学习能力、实践能力、创新能力和就业创业能力;教育学生学会知识技能,学会动手动脑,学会生存生活,学会做人做事。全面发展对全面加强和改进德育、智育、体育、美育和劳动教育,全面提高学生的综合素质作出了期待。

有关育人工作,学校是通过一门门课程、一节节课、一个个活动等来落实的。中小学生在学校生活中,经历最多的是学科学习,约占课程学习时间的80％。因此,学科教学中落实好育人工作是学校教育中落实好育人工作的关键所在。但是,我们教育工作者中有多少人能很清晰、准确地表述出每天教的这些学科课程的育人价值呢？学科育人价值这一问题，不像我们想象中那么简单，也不要奢望每个人心目中的学科育人价值是一样的。因为价值是揭示外部客观世界对于满足人的需要的意义关系的范畴，是指具有特定属性的客体对于主体需要的意义。价值的特点和属性为：价值具有社会性或者主体性；价值是绝对性与相对性的统一；价值是客观性与主观性的统一。任何一种事物的价值，从广义上说应包含着两个互相联系的方面：一是事物的存在对人的作用或意义；二是人对事物有用性的评价。

也许是因为学科育人价值具有很多不确定性，我们对学科育人价值的认识和研究，还是比较少且肤浅的。从这个意义上来说，开展学科育人价值的研究是非常有价值的，而且是迫切需要解决的。

3. 意义：课程改革与学科育人价值研究

教育改革的关键是课程改革，课程改革的关键是课堂教学改革，课堂教学改革的关键是教师。我国正在如火如荼地开展课程改革，其核心在于培养什么样的人，怎样培养人的问题。某种程度上来说，我们必然面临着课程设置与课时安排等问题。开设什么样的课程，为什么开这些课程，这些问题看起来简单，但想得到让人满意的回答并不简单，比如学科育人价值的问题，尤其是新增学科课程。

一门独立学科的形成需要如下几个要素作为支撑：一是研究的对象或研究的领域，即这门学科具有独特的、不可替代的研究对象，具有特殊的规律；二是理论体系，即形成特有的概念、原理、命题、规律，构成严密的逻辑系统；三是研究方法。然而，将一门学科作为独立的学科课程纳入中小学课程体系时，必须考虑这门学科课程的独特育人价值，也就是说，要考虑"这门学科为什么在学校教""受过这门学科教育的人会具备何种素质""某学科教育对人的发展起到什么作用"。比如，以信息科技学科为例，其前身为计算机学科，20世纪90年代初期开始，计算机教学从"课外"走向"课内"，认为计算机课程能使学生了解计算机知识、掌握计算机操作技能，这就是当时专家认为的计算机学科所蕴含的育人价值。

叶澜教授指出：教育活动不可能回避价值问题。从历史来看，每当社会发生重大转型时，人们对教育的批判，往往是从价值批判开始的，即以重新认识教育的价值和目的为起点,并且以此为依据和出发点,再对现实的教育活动做出更具体的评析,提出新的原则、方案乃至方式方法。

上海市教委教研室主任徐淀芳呼吁:要关注学科育人价值,回顾教书育人本原。课程改革不仅需要对新增课程的育人价值进行研究,还要对已有学科的育人价值进行再认识。

(二)学科育人价值研究的"发现"

学科育人价值是教育主体对某门学科课程的作用作出的认识与判断,即该门学科在教育教学活动中能够发挥、应该发挥、希望发挥的,可以发展学生德、智、体、美等方面素质的作用。

在这里,我们主要采用了文献研究法、比较研究法、调查研究法、案例法和归纳法,通过对国(境)外课程标准等文献的横向比较,以及教育部课程标准和上海二期课程标准,上海二期课程标准和一期课程标准的比较,发现学科育人价值的共同点和不同点,从学理上对其进行探究,得出了以下结论:学科育人价值具有学科本质属性、国际性、地域性、时代性、学段性、主体性等特点。

1. 学科育人价值的属性特征

(1)不同国家(地区)学科育人价值有共性、也有个性

随着教育全球化的进程,很多学科的育人价值呈现出共同的价值取向,受制于各学科本质属性,且表现出其学科育人的客观性。同时,不同国家(地区)各学科育人价值也存在不少差异性,因受到不同文化背景、价值观的影响,表现出主体对学科育人的选择性。

(2)学科育人价值,随着时代的变化发生变化

一个学科的育人价值不是永恒不变的,而是会随着时代的发展而发生变化。随着国家和社会的发展,国家对人的素养的要求以及社会所需要的人的素质会发生变化,人本身发展的诉求也会发生变化,这些会自然而然地使得学科育人价值发生变化。学科育人价值是教育主体对学科育人功能的择取。因此一门学科的育人价值是随着教育主体的变化而发生变化的,是动态的、变化的、可选择的,同一国家在不同历史时期所确定的同一学科的育人价值也未必相同。

（3）学科育人价值可以由核心（独特）价值和普适价值组成

学科课程作为学校课程的重要组成部分，理应承担育人的责任。在谈课程与育人的关系之前，从课程层次来看，课程包括学科课程、学习领域课程、学校整体课程等，而从育人价值结构来看，价值有核心（独特）价值与普适价值之分。从育人价值的视角出发，结合学科、学习领域以及学校整体课程这一层次划分来看的话，学科育人价值大体上由以下三个部分组成：第一是本学科育人的核心（独特）价值，第二是同一学习领域层面应具有的相对独特的育人价值（如自然科学学习领域的科学素养），第三是学校整体课程共同承担育人的普适价值等。以学科为出发点对学科育人价值进行图示的话，可以画个三个同心圆，第一层（核心部分）是学科核心（独特）价值，第二层是学习领域的独特育人价值，第三层（最外层）是普适价值。至于学校育人的目标，有些是靠所有学科、有些是靠部分学科、有些是靠某特定学科来实现的。在这里，从整体育人的视角画出三个同心圆，核心的部分为所有学科（学校整体学科）共同完成的核心价值（或通用能力），第二层为同一学习领域的各学科共同完成的价值，最外层为各学科独特的核心价值。

各学科独特的育人价值往往集中在知识与技能层面；学习领域的育人价值体现在过程与方法层面；各学科共同完成的育人价值体现在意识形态、观念、公民素养、情感态度等方面。因此，需要我们辩证地思考学科独特的育人价值与普适价值。

2. 学科育人价值的确定及其传递路径

（1）学科育人价值的确定是复杂的系统工程

在信息化、国际化的大背景下，我们所生活的社会发生了激烈的变化，能适应未来社会的人的素养也跟着发生了变化，比如信息素养成为未来公民必备的素养。这种变化带来教育目的以及育人目标的变化。一方面，我们增设或调整课程来适应变化，比如，信息科技学科、社会学科就是在二期课程改革中增设的课程，生命科学学科、品德与社会学科等的育人价值也在二期课程改革背景下发生了一些变化。学科育人价值的确定是非常复杂的系统工程。

（2）学科育人价值研究需要考虑传递路径

学科育人价值的传递和实现要经由层级非常多的、复杂的系统，这一过程中，教育政策、课程文本、课程教学、教育工作者是最直接的传递途径。以学科育人价值传递为主线，梳理大致逻辑关系如图 4-6。

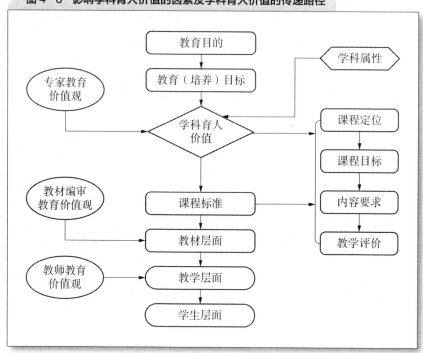

图4-6 影响学科育人价值的因素及学科育人价值的传递路径

学科育人价值的确定受到教育目的、教育目标、学科属性以及专家教育价值观等影响。学科育人价值又影响课程标准、课程定位。课程标准中育人价值按照课程定位、课程目标、内容要求、教学评价顺序依次传递。通过教材，最终传递到教学、学生层面。在学科育人价值的传递过程中，变数最小的是学科属性，其次是文本，变数最大的是人的因素。

3. 学科育人价值的落实需要提高教师育人意识和能力

影响学科育人价值的落实主体有很多，包括教育专家、课程标准的编制人员、教材的编审人员、校长和教师等。不过，学科育人价值的最终落实者为教师，教师的育人意识和能力，是决定学科育人价值落实程度的关键。

在提高教师的育人意识和能力方面，形成如下共识是非常重要的：①学科教学与育人是不可分割的统一体；②课堂教学是育人的主阵地，备课、作业等环节中要始终考虑育人；③教学内容中的学科知识应该成为学生精神和德性发展升华的智力基础；教学要处理好知识与技能、过程与方法、情感态度与价值观三者之间的关系等；④教师要领悟和挖掘教材中的育人素材，善于捕捉到学习生活中的其他育人素材；⑤各学科应根据育人目标提出比较有效的教学方式方法，如，小组学习、实验教学、合作探究等；教学过程中要营造自由、民主、平等的氛围；⑥说教不如身教，关注行为示范，关注细节，以教学中严谨的治学态度和敬业精神，以及学校和社会生活中体现的人生准则和处事规范来影响学生、感染学生。

（三）学科育人价值研究的启示及今后课题

有关学科育人价值研究目前处于起步阶段，其研究难点在于：用何种维度、何种方法来判断各学科择取的育人价值的合理性，如何把握各学科育人现状，如何在复杂的育人系统中分析判断影响育人的因素。

1. 学科育人价值研究启示

在这一点上，要辩证地看待学科育人价值的学科属性与价值属性。

（1）学科育人价值的确定可以借鉴国外成果，但不宜照搬照抄

培养什么样的人，向来是事关一个国家、一个民族能否生存、能否持续发展、能否富强的全局性和战略性的大事。在教育全球化的背景下，确定学科育人价值时可以借鉴国外研究成果与学科课程定位。学科育人价值的国际比较研究，有利于我们对学科课程作出更加广泛、深刻的认识，以推动我们进一步把握国际趋势，为学科育人价值的确定指明大方向。当然，国外的经验不宜照搬照抄到我们的课程中，我们应该根据我国公民培育和人才培养目标开展本土化行动。

（2）学科课程定位需要与时俱进

学科课程定位受学科育人价值的影响。学科育人价值体现了学科育人的方向。从教育的长河来看，学科育人属性有其稳定性，需要继承优秀文化传统，但不能固步自封。社会发展对人的发展提出新的要求，学科课程定位要与时俱进。如同上海市教委教研室於以传所言：基于时代发展和课程改革大背景的中学历史学

科育人价值及其实践,有必要从"立足基础定位看育人价值""立足时代发展看育人内容""立足人格养成看育人境界"三方面再作反思。

(3) 学科育人价值研究不能局限在本学科

学科育人价值研究需在学校课程体系中进行研究,否则可能只见树木不见森林。之所以在学校教育中教一门学科,是因为这门学科具有独特的、相对客观的育人价值。这个无可非议。但是,过分强调学科的独特育人价值时,可能会忽略学科的普适性价值。某学科育人价值需要根据整体育人目标和其他学科育人价值的关系进行统筹思考,并作出适当调整。而且要在学校教育的系统中思考,才能更加精准。

2. 进一步研究的课题

(1) 课程设置与学科育人价值的关系

课程改革的价值取向最终是通过课程设置来达到的。从各个国家开设的课程门类、课时数和选择性等方面来看,除了学科育人价值以外,真实的课程设置还会考虑到社会、经济、政治等因素。实际情况中,我们的课程设置与育人价值之间未必呈正相关,比如,艺术课程的课时数与育人价值之间似乎不匹配。如何处理好课程设置与学科育人价值的关系,这是值得研究的课题。

(2) 育人价值体系的形成

有关育人价值体系,立足于上海学校的课程实际,可以将课程价值划分为学科育人价值、学习领域育人价值、拓展型课程以及研究型课程育人价值。对育人价值体系的构建则可以进一步深化研究,比如,在同一学习领域与各学科课程的育人价值中,如何提炼出共性的学习领域育人价值和个性的各学科独特育人价值的问题;各学科育人价值与学生培养目标呼应的问题;同一学科在不同学段共性的育人价值与个性的各学段育人价值的问题。

(3) 学科育人价值的传递路径

学科育人价值的传递是通过多种载体逐级传递的,比如,课程标准、教材、教学活动。实现学科育人价值的渠道是教育实践活动,包括课堂教学和课外实践,也包括教学、作业、考试等一系列教育活动。学科育人价值的确定,必须考虑其是否可落地、可操作,否则再好的东西也只能是空中楼阁,没有实际意义。

　　学科育人价值研究,是探索的过程、研究的过程、行动的过程,需要长期不懈的努力。目前,学科育人价值研究工作才刚刚起步。学科育人价值研究工作的愿景是:促使广大教师深刻认识学科育人的机理,认清所承担的教书育人的具体任务,唤起每位教师自觉育人的责任心,形成学校育人的良好氛围。市区教研员要及时把研究成果转化为实践行为,在日常的课堂教学评价中关注课堂教学是否充分体现育人价值,引导广大教师教书育人。

思考题

　　1. 为什么说课程领导必须关注国家教育政策的改革?

　　2. 政策解读的难度在哪里? 用何种方法深入理解课程政策?

　　3. 对课程忠实取向、课程相互调试取向和课程缔造取向,应该予以何种理解和行动?

第二节　计划的科学性

　　科学性是判断事物是否符合客观事实的标准。学校有很多计划,包括学校课程计划、教学计划、教研组计划、备课组计划、德育计划等。这些计划是否科学的最直接的标准在于是否符合客观事实,符合学校实际,适合的才是最好的。为此学校需要对自己进行全方位的分析评价,确定自己的站位。

　　学校课程计划的科学性,至少要考虑几个问题:(1)我在哪里? (2)我应该朝着哪里去? (3)我要到哪里去? (4)我应该如何到那里去?

一、学校情况分析

　　挑选运动鞋的原则是,首先要了解自己的脚,其次要了解自己现阶段的能力,然后要了解你要从事的运动的特征,最后要了解鞋子,只有这样,才能争取让脚、能力、鞋子相匹配。

（一）校情分析的意义

学校是一个非常复杂的系统,想要真正了解学校课程、教学等,就需要对其进行细致的分析。所谓分析,就是把对象的整体分解为几个部分加以考察的方法。客观事物整体与部分的关系是分析方法的客观基础。事物整体是由它的各个组成部分构成的,客观事物在一定条件下可以分解为它的各个组成部分,事物的各种属性、方面或关系则从不同方面展现了事物的整体性。

恩格斯指出:"一个果核的剖开已是分析的开端。"人们在劳动中对客观对象的分析,以携带信息的形象反映到思维中,导致了思维对形象的分析。在想象中,把一个事物的整体分为若干部分、把一个过程分为若干阶段、把一个系统分成若干个子系统或要素等都属于分析。

如要进行一项复杂的工程建设,则需要事先分析它的各个组成部分,还要分析各个部分相互联系、相互作用的特点,各个部分的功能特点,以及各个部分在各种外界条件作用下所表现出来的特点等,如此才能为工程设计提供各方面的依据。

（二）校情分析方法

1. 层次分析法

如果说分解和综合是大脑分析解决问题的一种基本思考过程,那么层次分析方法就是为这种思考过程提供了一种数字表达及数学处理方法。因此有人将这种方法称为一种思维的工具。这种方法具有高度的逻辑性、系统性、灵活性、简洁性等特点,十分便于应用。许多社会的、经济的、科学的,甚至是数学的问题都可纳入这种分析过程。研究者对这种方法已经进行了大量的应用研究,得出了如下结论:①优先排序;②方案生成;③选择最优政策;④决定需求;⑤分配资源;⑥结果预测;⑦偏好度量;⑧系统设计;⑨规划制定;⑩冲突解决;⑪最优化等。①

---

① 刘豹,许树柏,赵焕臣,和金生. 层次分析法—规划决策的工具[J]. 系统工程,1984(02): 23—30.

2. 静态分析和动态分析

将一个处于相对静止状态中的对象整体分解为部分,称为静态分析,也称横向分析。例如,把完整的动物机体分解为它的器官、组织、细胞等便是静态分析。在第一节中的国务院办公厅《关于新时代推进普通高中育人方式改革的指导意见》解读就属于静态分析。

事物都是运动变化的。一个事物运动变化的过程也可以看作一个整体。将一个事物运动变化的过程分为时间上的各个阶段,称为动态分析,也称纵向分析。列宁说过:"如果不把不间断的东西割断,不使活生生的东西简单化、粗糙化,不加以割碎,不使之僵化,那么我们就不能想象、表达、测量、描述运动。"第一节中的"学科育人价值研究"就属于动态分析。

3. 定性分析与定量分析

定性分析是对事物的质的分析,确定事物具有或不具有某种属性,指明事物是什么或不是什么。例如,苹果的形状是圆的,颜色是红的,味道是甜的,便属于这种类型。这种对于事物属性的分析与抽象存在密切的关系。事物的某一属性一旦被分离出来,抽象就开始了。定量分析是对事物的量的分析,包括对事物组成成分的数量、事物发展的数量分析。例如,通过对水的定量分析,可以得知水是由两个氢原子与一个氧原子构成,在 0 摄氏度到 100 摄氏度之间保持液体状态。无论是静态分析、动态分析,还是定性分析、定量分析,都能作深层次的分析。将事物构成的复杂系统分解为各个因素、方面、属性或子系统,因而可以统称为系统分析。

4. SWOT 分析法

SWOT 四个英文字母分别代表:优势(Strength)、劣势(Weakness)、机会(Opportunity)、威胁(Threat),它是由旧金山大学的管理学教授韦里克于 20 世纪 80 年代初提出来的,具体来说就是将与研究对象密切相关的各种主要内部优势、劣势和外部的机会和威胁等,通过调查列举出来,并依照矩阵形式排列,然后用系统分析的思想,把各种因素相互匹配起来加以分析,从中得出一系列相应的结论,而结论通常带有一定的决策性。

SWOT 分析法的核心思想是全面把握单位内部优劣势与外部环境的机会和

威胁,发挥内部优势,克服能力不足,紧抓外部机遇,化解环境威胁,并在此基础上制定符合单位未来发展蓝图的战略规划。由于这一方法清晰、简明、具体,可以避免时间和精力的浪费,因此其成为了竞争与规划决策中常用的工具。

SWOT 分析法的优点为:①分析直观、使用简单。即使没有精确的数据支持和更专业化的分析工具,仅仅依靠 SWOT 分析法也可以得出一些有说服力的结论。②分析方法受限制少,为管理员提供了一个相对自由的思考空间。在新项目的选择或者重新审视和反思某项业务时使用这一方法更有灵活性。③这一分析方法抓住了战略分析的实质内容,匹配矩阵可以为战略选择提供极为丰富的发展思路。

SWOT 分析法的局限性为:①SWOT 分析的直观和简单,使得它不可避免地带有精度不够的缺陷。例如采用 SWOT 分析法这一定性方法分析学校情况,通过罗列 S、W、O、T 的各种表现,形成的是一种模糊的学校竞争地位描述。②比较适合用于单项业务或项目的分析,如果是在多业务的情况下,由于各业务面临的机会和挑战不一样,同时学校内部在各业务上的实力也有相当差异,在用分析多业务时必然导致各种因素之间产生混乱。③SWOT 分析还存在方向单一的缺陷。反映外部机会与威胁的多个关键指标在优劣的方向上可能并不一致。因此,从分析得出的学校战略能力定位的结果中,不能判断学校外部环境的机会(或风险)以及学校的优势(或劣势)主要是由哪些因素决定的。[①]

(三) SWOT 校情分析

上海市教委教研室于 2007 年启动了学校课程计划编制研究。在高中学校课程计划中均使用了 SWOT 分析法。这一方法本身是很好的,但是在如何运用这一方法,使其对学校课程计划的编制起到奠基作用,如何利用 SWOT 分析法促进教师的专业发展,如何利用 SWOT 分析法提升学校课程领导力方面,我们还需深入研究。

1. SWOT 分析步骤

引导教师运用 SWOT 分析法分析学校,制定学校发展规划。运用 SWOT 分

---

① 张永杰,柴博. 对企业几种战略分析工具应用的比较研究[J]. 新疆职业大学学报,2005(04): 25—28.

析法,可以清楚地确定学校的资源优势和缺陷,了解学校所面临的机会和挑战,对于制定学校未来的发展规划,建立学校共同愿景有着至关重要的意义。

第一步,条件因素分析。从整体上看,SWOT 可以分为两部分:第一部分为 SW(优势与劣势),即分析内部条件;第二部分为 OT(机会与威胁),即分析外部条件。就学校课程计划而言,内部条件因素有硬件设备、教师资源、行政人员、学生状况等,外部条件因素有地理环境、家长配合、社区参与、地方资源等。

第二步,构造 SWOT 矩阵。完成条件因素分析之后,将调查得出的各种因素根据轻重缓急或影响程度等排序,构造 SWOT 矩阵,填写学校 SWOT 分析表。详见表 4-1。

表4-1　大同中学课程计划中背景（SWOT）分析表

因素	S(优势)	W(劣势)	O(机会)	T(威胁)
地理环境	1. 市中心城区 2. 交通便利 3. 现代商业中心区,老城厢,经济繁荣,人文浓郁 4. 周边初级中学多	1. 人口导出,生源减少 2. 生源质量受到影响	1. 教育的国际化视野 2. 面向全市招生 3. 教育协作链建设	优质生源的流失
硬件设备	1. 设施设备条件好 2. 教育信息化水平高	教师的教育信息技术意识与能力的再提高	推进校园数字化学习环境的空间大	网络资源的开发
教师资源	1. 师资队伍结构比较合理 2. 教师敬业精神强,课改理念新,适应性强 3. 涌现一批区级骨干教师及学科带头人	1. 市级名特级教师缺乏 2. 部分学科缺乏有影响力的领军教师	1. 中青年教师的发展潜力大 2. 后备力量强	人事制度改革影响师资的调整
行政人员	1. 工作年龄长 2. 经验丰富	1. 按常规办事,缺乏创新精神 2. 团结协作意识不强 3. 缺乏主动精神	启用新人	缺乏后备专业人才

因素	S(优势)	W(劣势)	O(机会)	T(威胁)
学生状况	1. 视野开阔,思维活跃 2. 学习基础较好 3. 兴趣广泛,活动能力强	1. 学习动机、习惯不佳,自主学习管理能力弱 2. 学习基础、学习能力差异较大 3. 学习方式较为传统 4. 创新能力不足	差异性带来的选择性、个性化成长	1. 多元价值观的冲击 2. 应试教育压力的加大
家长配合	1. 家长关注度高 2. 对学校工作支持配合	学习成绩期望值高,关注分数	1. 家校沟通教育机会提高 2. 参与学校管理,增加观念沟通	对素质教育的举措不理解
社区参与	半淞园社区与学校关系密切,参与学校活动,有利学校的发展	需进一步加强社区教育资源与实践基地的建设社区如何参与学校发展	提供学生社会实践基地	社区的社会教育责任
地方资源	1. 学校建设八大素质教育基地 2. 学校科普教育基地与爱国主义教育基地	基地课程内容建设不足	为学校课程建设开发资源	课程资源利用的机制和制度配套建设滞后

第三步,制定行动计划。在完成因素分析和SWOT矩阵的构造后,运用系统分析的综合分析方法,将排列与考虑的各种环境因素相互匹配,发挥优势因素,克服弱势因素,利用机会因素,化解威胁因素,制定出一系列学校未来发展的行动计划。①

通过上面的全面系统分析,找出外部环境中的威胁与机会、内部环境中的优势与劣势,将这四类战略因素进行匹配,就可以产生一系列的可能性战略,使学校能发挥优势因素,克服弱点因素,利用机会因素,化解威胁因素。

2. SWOT分析活动

在召开SWOT分析会之前,要做好相关的筹备工作。比如对全校教职工进

---

① 吕占相.SWOT分析法在学校战略管理中的应用[J].继续教育,2010,24(02):22—24.

行动员,制作并分发会议手册,对全校教职工进行分组,明确小组成员的分工及对主持人、中心发言人开展培训,讨论地点的安排,确立讨论原则,邀请专家参与和点评,营造环境氛围等。

学校确立"自由畅谈、追求数量、不重复意见、不说空话虚话、禁止评判、提炼方法"的讨论原则[①],每位教职工从地理环境、学校规模、硬件设施、行政班子、教师队伍、学校管理、学生状况、家庭教育、社区参与、地方资源、学校文化、学校特色、教育政策等环境因素出发,畅所欲言。

各组教职工在组长的带领下,遵循讨论原则积极发言,以思维导图的形式呈现讨论结果。各组完成一项环境因素分析后,由中心发言人根据本组讨论情况,结合思维导图在全校教职工面前展示。各组汇报完毕后由专家进行点评,对分析中存在的问题及时调整,再开展下一项环境因素的分析。

3. SWOT 分析法建议

(1) 要营造 SWOT 分析会民主和谐的氛围。SWOT 分析会是广纳民智、共谋发展的集体研讨活动,学校要鼓励教职工对学校课程领导力建设中的各种环境因素进行充分分析,以主人翁的态度对学校现状进行剖析。通过头脑风暴的形式尽可能多地追求发言数量,实现参与的广泛性,这样才会形成一个对学校的"正确"诊断。

(2) 由于学校内外环境是不断变化的,在一段时间后要进行再评估。运用SWOT 分析法要有历史的眼光,要敏锐地感受到学校环境的变化,所以没有永远不变的战略规划,只有不断适应变化的形势,学校发展策略才会具有针对性。正源于此,学校需要基于 SWOT 分析法的运用,对学校的状况进行持续性的评估。比如,近年来上海开展高校考试招生制度改革、高中生学生综合素质评价、课程方案修订等大的政策变化,这对学校课程计划的编制产生了较大影响。

(3) 由于对环境因素分析后得到的数据较大,在梳理中要明确重点解决的问题。在环境因素分析中我们尽量追求数量,是为了对学校现状有一个全面、科学

---

① 陈代伟,阚新建. SWOT 分析法在学校课程领导力建设中的应用——重庆市南岸区教师进修学院附属小学的实施案例[J]. 基础教育课程,2014(09):63—65.

的了解。在分析这些数据时,我们要明确问题的轻重缓急,弄清楚哪些重要、哪些急迫,进而有计划、有步骤地重点解决这些问题,提出针对性策略。

(4)在学校课程计划的编制过程中采用了开端和末端双评价的方法。SWOT分析是开端的评价,评价指向于学校课程的精准定位,分析因素是与学校课程教学密切相关的因素。从这一逻辑来看,学校末端评价中不仅要对课程计划的实施及其效果进行评价,还需对课程计划本身进行评价,另外,对于SWOT分析的精准性以及其中变化的分析与考虑,也是下一年度课程计划编制修订的基础条件,这同时意味着为学校课程计划的持续完善提供了可能。

(5)在课程决策的准备阶段,还需对教育内部,特别是学生自身发展的需求进行深入的调查研究,从而为课程决策提供全面、客观的研究资料;在课程实施过程中,常要通过典型调查、个案分析、访谈研究、蹲点调查、抽样调查等方法对课程方案实施、新编教材试用等情况进行全面了解、综合分析、深入研究,从而对课程实施的结果进行客观评价。

(6)学校开展SWOT分析时,还需增加一个视角,就是学校课程领导力视角。

二、 学校问题剖析与发展战略

工作中,学校领导和教师应能体会到问题处处能遇到、时时需解决,许多工作的实质就是解决一个或多个问题。要认识到,尽管成功的方式千千万万,失败的原因也是多种多样,然而,能否有效地解决问题却是决定成败的关键因素。

(一) 现象与问题

发现问题以后,一个很重要的任务就是分析问题,因为很多时候,问题所表现出来的只是一些表象,而问题的实质往往隐藏在这些表象的背后。只有找到了问题的实质,我们才能够找到课程发展的方向,也才能够树立正确的课程变革目标。比如一个学校发现学生学习成绩最近有不少的滑坡,经过分析学校的现实状况,发现问题并不是最初想象的因为学生学习不努力,也不是教师偷懒,而是学生没有掌握新课程所要求的学习方法。于是学校就把让学生学会一定的学习策略作为重要的课程目标。

解决恢复原状型问题时,最重要的课题是分析原因,因为唯有确定不良状态的原因,才能替问题量身定做解决方案,拟定根本解决和防止复发策略。举例来说,某个人经常为头痛所困扰。以紧急处理来说,应该立刻服用药物以解决疼痛。然而,之后最好还是要去做些相关检查,分析头痛的原因。如此一来,才能对症下药。假如头痛的原因是眼镜的度数不合,可以去配一副新眼镜。假如原因是脑肿瘤,或许需要接受手术。而根据分析出的原因进行根本解决之后,就要考虑防止复发策略,例如改善生活习惯等。

图 4-7 问题解决能力框架

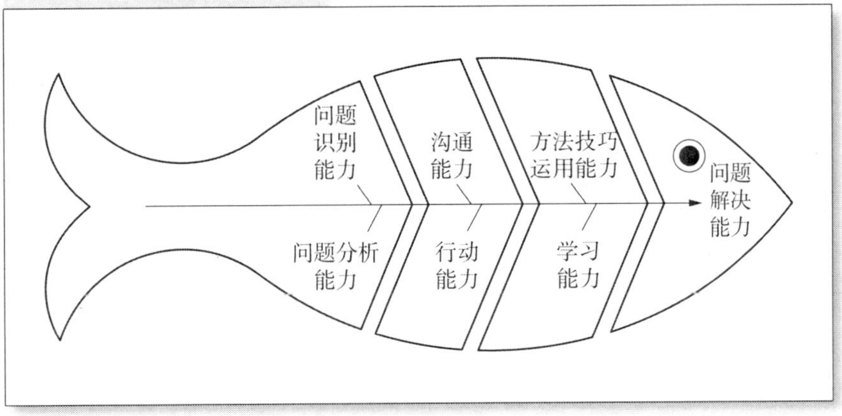

问题解决能力的前提是具有问题识别能力和分析能力:(1)问题识别能力。这就需要学校教师具有敏锐的洞察力,能意识到"差异"的存在,弄清楚"问题到底是什么",并在心里形成关于这一问题的概况。(2)问题分析能力。管理者识别出问题后,就需要直接或对照以往经验,对问题进行分析,从而对问题的属性、规模、现状及所需时间和资源作出全面了解,对问题的价值和意义进行评估;然后决定是回避这个问题还是要解决它,并设定要达成的目标。比如,当甄别出真正的问题后,就需要对问题作出清晰的界定。有些问题一开始表现得不明显,但是随着时间的变化会滋生蔓延,形成难以收拾的局面;有些问题却会随着时间的推移而消失得无影无踪。界定问题需要准确地判断问题的性质、程度和影响,决定是现在解决还是等待以后解决，或是对它置之不理。

鱼骨图是对问题原因进行分析、归纳的常用工具。使用鱼骨图工具有助于将问题分析的思路条理化，具体如图4-8。

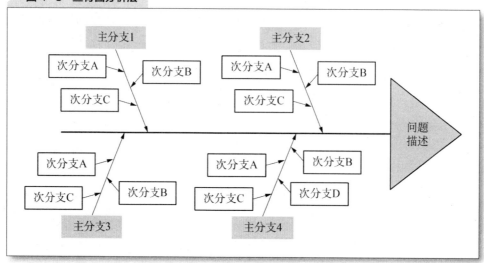

图4-8　鱼骨图分析法

管理者在运用鱼骨图分析问题时，应当重点检查三大要点：①逻辑。从描述问题的鱼头到主分支再到次分支，从次分支到主分支再到描述问题的鱼头，依次进行检查，并回答当前的问题描述"是否符合客观情况和逻辑"。②内容。检查主分支和次分支是否包含了全部的内容，是否还有其他潜在的原因没有列出；检查关于分支的挖掘是否足够详细；检查各类分支的层次是否统一。③形式。检查各分支的表述是否局限于"例子"和"症状"，而没有深入到原因的描述。

（二）学校风险偏好类型

学校虽然为非营利组织，不以营利为目的，但同样也需要制定战略。因为学校同样被要求充分、有效地利用资源并进行良好的管理，它们的领导者同样也会设置目标衡量自己的绩效。而且不同的学校之间也要为"争夺"有限的资源而相互竞争，特别在中国公共服务不均等的现实环境下，学校的生存竞争日趋激烈。

国家在宏观上的必要调控并不能保证每一所学校的生存发展,命运掌握在学校自己手中。为了争夺生源,吸引优秀师资,引起社会关注,在有限的资源中争得更多的份额,学校同样也需要通过制定和实施强有力的战略而形成自己的独特竞争力,这种竞争力应该以质为中心,以量为基础,达到质与量的有机统一,以获得持久的竞争优势。

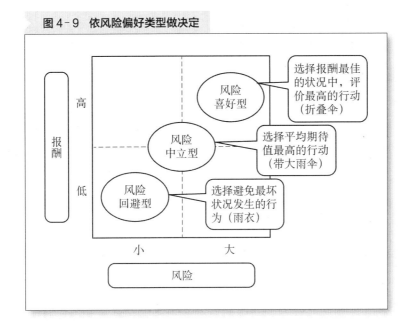

图4-9　依风险偏好类型做决定

学校所采取的战略与学校的风险偏好类型有一定的关系。有的学校敢于大胆改革,属于风险喜好型,有的学校偏保守,属于风险回避型。

（三）用 SWOT 方法确定发展战略

学校从历史中走来,并将在未来的道路上继续走下去。学校负载着历史的沉淀,更承载着未来发展的理想。因此,学校既是立足于过往历史的学校,更是期待着未来有所发展的学校;审视学校的历史,必须着眼于学校的未来发展。[1]

① 周彬.学校办学的 SWOT 分析与战略设计[J].河北教育(综合版),2006(03)：18—19.

战略是指在竞争或对抗的情形下,个人或组织为了自身的生存和发展而做出的重大的带有全局性或决定全局的谋划。科学的学校发展规划必须体现战略性:①着眼全局规划。战略必须着眼于整个学校的长远发展与卓越目标,而不是为了满足与学校整体需求无关的、内部一些部门自身的愿望。②发展规划必须考虑竞争因素。③突出特色。任何学校都无法做到样样领先,这就需要学校根据自身的办学条件以及社会的需要,扬长避短,选择好发展的重点。①

各种各样的战略分析工具对战略分析和战略选择具有相当大的价值,但在应用时问题不少,一是由于工具本身的缺陷和局限性,二是由于使用者主观认识模糊或判断失误。为此,我们在战略分析工具的应用中必须要根据分析目的和内容,正确地理解、选择和使用这些工具。

对于校长和学校管理团队来说,仅仅依靠自己的经验与估计,是难以寻找到准确的定位与长远的发展战略的。因此,当校长和学校管理团队为学校估计出一个"最近发展区"后,就需要通过科学的"SWOT 分析",去客观地回顾办学历史,评估学校办学现状,为学校的未来发展寻求一个科学的发展战略。

1. SWOT 内涵理解

学校中的优势是指那些保障学校竞争力,并促使学校获得战略性领先,保证学校实现学校发展目标的较好的内部因素或特征。劣势是指那些可能给学校带来不利影响,并可能导致学校无法实现其既定目标的消极因素和内部特征。如缺乏明确的学校发展计划,教学设备陈旧落后,优秀的师资力量流失等。学校判定自己的优势和弱势,需要在和同类学校中较优秀的学校进行对比的过程中得出。机遇是那些有可能帮助学校实现其超过自身既定发展目标的外部因素,或某种可能促使学校发展出现良好转机,甚至可能促使学校获得跨越式发展的因素的出现。如出现了新的生源群体,政府政策性好消息的发布,办学条件有机会得到大大改善,学生的升学、就业渠道出现了可能性拓展机遇,以及竞争对手可能出现的决策失误等。挑战是对学校发展带来不利影响,并可能导致学校无法实现既定目标,甚至可能导致学校发展计划无法实施的外部不利因素。它有可能影响学校当

---

① 王连森,周金鸿. 论大学发展规划的科学性特征[J]. 宁波大学学报(教育科学版),2007(05):75—78.

前发展,甚至可能影响学校既定发展目标的实现。

2. 要素排序

将学校内部、外部环境分析得出的各种因素,根据轻重缓急或影响程度进行排序,构造 SWOT 发展战略类型图。在此过程中将那些对学校发展有直接的、重要的、庞大的、迫切的、久远的影响因素优先排列出来,而将那些间接的、次要的、少许的、不急的、短暂的影响因素排列在后面。

通过内外环境分析,求得学校外部所面临的机遇和挑战,内部所具有的优劣势,将这四类战略因素进行匹配,就可以产生一系列的可能性战略,使学校能发挥优势因素,克服弱点因素,利用机会因素,化解威胁因素。

SWOT 分析与学校战略规划。学校战略规划的过程,同样也包括战略制定和战略实施两方面。整个战略规划过程,如图 4-10 所示。

图 4-10　学校战略规划过程

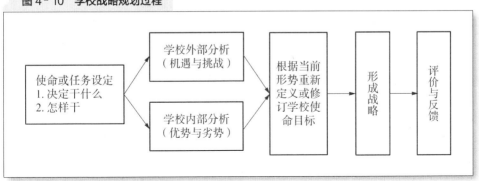

3. 确定战略

学校基于 SWOT 分析,根据学校风险偏好,确定相应的战略。其类型有四种:①增长型战略(SO 战略),这是发挥学校内部优势而利用学校外部环境机会的战略,即利用自己的优势去抓住和利用外部环境所提供的机会。②扭转型战略(WO 战略),即通过利用外部环境机会来扭转、克服学校内部弱点的战略。③多种经营战略(ST 战略),即利用本校的优势,同时通过回避或减弱外部环境威胁不利因素的战略。④防御型战略(WT 战略),这是通过各种手段去克服学校内部的弱点,同时又要认清外部环境的威胁,并采取各种规避手段的防御性战略。

4. 注意点

学校运用 SWOT 分析进行战略规划时,要注意以下几点:①进行战略规划的根本目的在于营造学校所特有的核心竞争力,形成竞争优势、特色和亮点。这种竞争力不仅仅体现在量的差异上,而且体现在质的差别上,比如课程的多样性与选择性。②不存在完美无缺的战略规划。变化是永恒的,不变永远是相对且暂时的。学校所面临的内外环境是不断发生变化的,学校的战略规划需要在一定时间段内进行必要的审视和再评估。③对于外部环境的分析,不是所谓的地理环境、社会资源、家庭情况等因素的罗列,要明确分析核心和基点,从而由核心到外围对外部环境展开分析。④优势和劣势,机遇和挑战不是"一、二、三""四、五、六"的关系,优势从另外的角度来看可能会变成劣势,而所谓的挑战中也可能蕴含着机遇。战略制定者要通过系统的分析,辩证的思考进行通盘考虑。

三、 学校发展目标设计

德鲁克提出了"目标管理"系统的理论体系,并于 1954 年在《管理实践》一书中明确"目标管理"的概念。德鲁克则认为,管理的真正含义就在于"设定目标","目标"是管理的核心。战略规划的目标与举措一定要具有前瞻性,要有坚定不移的发展理念,要有跨越式发展的思路和举措。

对学校而言,课程计划、教学计划、教研组计划、年级组计划、单元教学设计、每节课的教学设计、个人发展规划等,都需要进行设计,尤其是目标设计。第一节中已经阐述了规划的合规性,这是个大前提。学校在课程计划编制、学校教学计划研制、学科教学设计时,根据课程方案、课程标准等政策文本,结合学校实际确定目标。

以下内容的侧重点是基于校情分析与学校发展战略的目标设计。

（一）目标的价值

美国马里兰大学的早期研究发现，明确的目标要比只要求人们尽力去做带来更高的业绩，而且高水平的业绩是和高质的目标相联系的。美国马里兰大学管理学兼心理学教授洛克和休斯在研究中发现，目标能引导活动指向与目标有关的行为，使人们根据难度的大小来调整努力的程度，并影响行为的持久性。认为目标本身就具有激励作用，目标能把人的需要转变为动机，使人们的行为朝着一定的方向努力，并将自己的行为结果与既定的目标相对照，及时作出调整和修正，从而能实现目标。

1953 年，哈佛大学做了一项关于目标对人生结果影响的调查。针对很多智力、学历、环境都差不多的学生，在他们走出校门之前，哈佛大学对他们做了一次关于人生目标的调查，其中：27％的人没有目标；60％的人目标模糊；10％的人有清晰但比较短期的目标；3％的人有清晰且长期的目标。25 年后，哈佛大学再次对这群学生进行了跟踪调查，结果是这样的：3％有清晰且长远目标的人，一直坚守同一方向努力，成为了社会精英，在社会各项发展上成为领军人物。10％有清晰但比较短期的目标的人，他们成为了社会上层，在短期目标不断达成的情况下，大多成为了行业专家，比如医生、律师等。60％目标模糊的人，他们生活在社会中下层，生活安稳但平庸。27％没有目标的人，他们生活在社会底层，生活的各种不如意与他们如影随形。这告诉我们，凡事预则立，不预则废，目标对人的成功很重要。

据有关调查显示，在没有干好工作的员工中有 40％是因为"不能干"，而 60％是因为"不明白干什么"。无目标或目标不清晰的员工在工作时节奏缓慢、表现较差、缺乏兴趣，完成的任务也没有那些具有清晰而富有挑战性目标的员工多。另外，有明确目标的员工显得既能干又有活力。他们能按时完成任务，然后转向别的事情（和目标）。

动机的认知理论十分强调目标在行为动机中的作用，认为目标是赋予个人动力并使个人能够克服各种暂时影响的被个人所盼望的未来事件。

研究认为，目标具有导向、激活、维持和唤醒的功能。第一，目标具有导向功能。目标引导个体的注意力和意志力指向与目标有关的活动，远离与目标无关的活动。第二,目标具有激活能量的功能。第三,目标具有维持功能。在难度更高的目标条件下,被试付出意志努力的时间将更长。与任务期限较宽松的情境相比,任务期限较紧张的情况下,人们的工作节奏更快。第四,目标具有唤醒功能。目标使与任务有关的知识及策略被唤醒、发现或使用,从而间接地影响个体的行动。

影响目标发挥其功能的因素包括目标承诺、目标的重要性、自我效能感、反馈和任务的复杂性。该理论指出了激励研究的一个新方向,操作性较强,对人力资源管理有重要的指导意义。[①]

如泰勒所指出的,教育目标也是一种目标,对材料选择、内容规划、教学程序开发、测试以及考试准备等方面起到导向功能。

(二)任务管理到目标管理

科学管理理论的创始人泰勒认为,管理者首先要做的是分析工作任务,着重解决三个问题:一是要做什么;二是怎样去做;三是何时以及用多长时间去做。泰勒通过这种"任务管理"模式来规范并检验工作者的工作表现。泰勒对目标管理的另一个重要贡献就是提出了把计划职能与执行职能分开的思想。此外,泰勒提出的劳资双方密切合作的观点就是"个人目标与组织目标相结合"的雏形。虽然这种观念在泰勒所处的时代和社会很难实现,但他却揭示了目标管理中的一个基本道理:个人目标与组织目标相结合,能够给各方带来更大的利益。[②]

德鲁克认为,"所谓目标管理,就是管理目标,也是依据目标进行的管理"。因此,目标管理是以目标为基础或以目标为指导的一种管理体系。德鲁克从三个方面阐述了目标管理模式的结构。(1)全单位、全过程、多层次的目标管理体系。目标管理吸收了全体人员参与目标管理实施的全过程。(2)德鲁克分析了制定目标时需要坚持的主要原则:一是制定目标要具体化;二是制定目标要具有超前性;三

---

① 李艾丽莎,张庆林.目标设定理论与人力资源管理[J].重庆大学学报(社会科学版),2006(04):64—70.
② 吴波.目标管理在绩效管理中的运用[J].合作经济与科技,2009(10):18—20.

是制定目标要具有平衡性；四是制定目标要注意目标之间的逻辑顺序。（3）目标管理注重整体绩效和自我控制。

目标管理的具体实施分三个阶段：第一阶段为目标的设置；第二阶段为实现目标过程的管理；第三阶段为测定与评价所取得的成果。[①]

德鲁克认为，并不是有了工作才有目标，而是相反，有了目标才能确定每个人的工作。所以"使命和任务，必须转化为目标"，如果一个领域没有目标，这个领域的工作必然被忽视。

目标管理的特点如下：

（1）参与管理。目标管理提倡民主、平等和参与的管理思想，不提倡管理者闭门造车而独断专行。目标的实现者同时也是目标的制定者，主张由上下级在一起共同商讨确定目标。因此，组织应该具备民主、平等和参与的宽松的组织氛围与文化。

（2）自我控制。目标管理的主旨在于，用"自我控制的管理"代替"压制性的管理"，它使管理人员能够控制他们自己的成绩。这种自我控制可以成为更强烈的动力，推动他们以自己最大的力量把工作做好，而不仅仅是"过得去"就行了。

（3）下放权力。推行目标管理有助于促使权力下放，有助于在保持有效控制的前提下，调动员工的想象力和创造力，发挥其主观能动性，使局面变得更有生气和更有效率一些。

（4）注重成果。目标管理注重成果第一，看重实际贡献。组织实行目标管理，由于有了一套完善的目标考核体系，从而能够按员工的实际贡献大小如实地评价一个人。

（三）目标设计原则

目标设定理论将目标定义为在一段特定时间内的对象或行为目标，例如达到某一熟练程度。该理论系统地分析了目标的功能及目标设定影响工作绩效的机

[①] 王佳. 目标管理法及其应用[J]. 企业改革与管理，2004(10)：54—55.

制,探讨了影响目标发挥其作用的各种因素,提出个人设定的目标是外部刺激影响个体工作绩效的中介变量。

心理学特别重视目标难度与工作绩效之间的关系。如果目标的难度处于中等水平,个体的努力程度达到最高水平;相反,如果目标的难度处于极高或极低水平,个体的努力程度将处于较低水平。但是,运用元分析(Meta-analysis)得到的结果表明,目标难度与工作绩效存在着正的线性相关,目标难度效应值(Effect Size)的变化范围从 0.52 到 0.82。当达到个人能力极限时或当个人不再做出努力去争取实现某个高难度目标时,工作绩效就会下降。

最常用的制定目标的原则为 SMART 原则,即:

(1)目标必须是具体的(Specific),要切中特定的工作指标,不能笼统,要清楚地说明目标达成的行为标准;

(2)目标必须是可以衡量的(Measurable),是数量化或者行为化的,验证这些绩效指标的数据或者信息是可以获得的,如,在这个课程结束后,学员的评分在 85 分以上;

(3)目标必须是可以达到的(Attainable),即在付出努力的情况下可以实现的,避免设立过高或过低的目标;

(4)目标必须和其他目标具有相关性(Relevant),这是指实现此目标与其他目标的关联情况;

(5)目标必须具有明确的截止期限(Time-based),特定期限。制定的每一个目标都有明确的时间期限要求,如一个季度、一年、五年,或在已知环境下的任何适当期限。

基于这一认识,论证决策要考虑四方面的要求:一是科学性与民主性相统一,即目标既要实事求是、高低适度、准确可行,又要充分让教职员工参加目标的制定,集思广益。二是全面性与重点性相统一,即目标制定既要有全局观念、整体观念,考虑到国家、社会以及学校发展的需要,又要明确工作的重心,抓住主要矛盾,选取关键目标,集中全力攻关。三是挑战性与可行性相统一,即目标制定既要与时俱进,能激发人们的拼搏精神,增强人们的竞争意识,又要切实可行,在现有人力、财力、技术、设备、人员素质和管理水平等条件的基础上,使目标责任者感到通过努力可以"跳一跳，够得着"。四是稳定性与灵活性相统一，即目标制定要具有一定的可调节性，对于实施过程中可能发生的环境、条件变化，以及来自其他方面的随机性干扰，目标本身要具有一定的适应能力。[①]

项目目标系统具有如下特征：①多元性。项目不论其规模大小、无论何种类型，其目标往往不是单一的，它至少是由项目的投资(成本)、工期(进度)、质量(技术性能)3 个最主要的基本目标构成的一个目标系统。②相关性。项目的各个基本目标之间并非彼此独立，而是相互联系、相互制约、既对立又统一的一个有机整体。③均衡性。项目的目标系统应是一个稳定的、均衡的目标体系。④层次性。项目的目标系统至少需要从 3 个以上的层次进行描述。位于最高层次的是项目的总目标；下面依次是项目的策略性目标和可执行目标等。随着项目目标系统自上而下的不断分解、细化、层层深入、层层落实、逐渐形成一个完整的、明确的、具体的、可实施控制的目标体系。⑤优先性。在项目目标系统中，位于不同层次的目标其重要性程度必不相同。对于各个子目标的重要程度，可赋予不同的权重，确定其优先级。⑥动态性。项目的目标是一个完整的目标体系，但其并非是一成不变的，应随着项目的不断实施进行相应的调整、优化、完善。[②]

（四）目标确定流程

目标管理中的目标不是像传统的目标设定那样，单向由上级给下级规定目标，然后分解成子目标落实到组织的各个层次上，而是用参与的方式决定目标，上级与下级共同参与选择设定各对应层次的目标，即通过上下协商，逐级制定出整体组织目标、经营单位目标、部门目标直至个人目标。因此，目标管理的目标转化过程既是"自上而下"的，又是"自下而上"的。

设定目标时，最重要的并非"如何"实现这个目标，而是"为何"要设定这些目标，"为何"比"如何"更重要。关于这一点，可以参考图 4 - 11 的步骤：

---

① 董泽芳，张继平. 高校目标管理的主要特征及实施策略[J]. 高等教育研究，2008(11)：38—44.
② 曹小琳，韩冰. 工程项目管理目标系统的建立与控制[J]. 重庆大学学报(自然科学版)，2002(07)：107—110＋114.

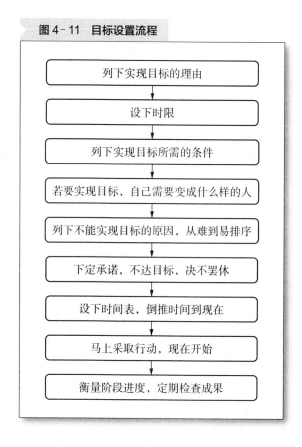

图 4-11　目标设置流程

- 列下实现目标的理由
- 设下时限
- 列下实现目标所需的条件
- 若要实现目标，自己需要变成什么样的人
- 列下不能实现目标的原因，从难到易排序
- 下定承诺，不达目标，决不罢休
- 设下时间表，倒推时间到现在
- 马上采取行动，现在开始
- 衡量阶段进度，定期检查成果

（五）组织目标与个人目标

首先要使下属在重要任务的目标上与上司的认识一致；然后，为了实现这些目标，个体必须确定短期绩效目标和行动方案，从而可以自我衡量绩效。

目标承诺(Goal Commitment)。当人们全身心地投入某个目标时，目标与绩效之间的关系达到最高值。有助于形成目标承诺的两个重要条件是：①目标(包括个体所期望的作为工作的结果)的实现对个体而言是很重要，即目标的重要性；②人们相信自己能够达到目标，即自我效能感(Self Efficacy)。高自我效能感更容易产生目标承诺，因此提高下属的自我效能感是领导者的重要责任，可采用的方式有：确保提供足够的训练来提高员工的能力；设计或寻找下属能认同的角色或模式；与员工谈话，表明自己相信下属能够达到目标，或向下属提供关于如何达到目标的策略信息。

目标的设置可以分为四个步骤：一是高层管理预定目标。二是重新审议组织结构和职责分工。三是确立下级的目标。四是上级和下级就实现各项目标所需的条件以及实现目标后的奖惩事宜达成协议。

科学地将目标进行层层分解。要使目标管理具有可操作性，需要在这种管理过程中一级接一级地将目标分解到组织的各个单位。组织的整体目标被转换为每一级组织的具体目标，即从整体组织目标到经营单位目标，再到部门目标，最后到个人目标。因为较低层单位的管理者参与设定它们自己的目标，因此，目标转化过程既是"自上而下"的，又是"自下而上"的。最终结果是一个目标的层级结构，在此结构中，某一层的目标与下一级目标连接在一起，而且对每一位雇员，目标都提供了具体的个人绩效目标。

在目标设置过程中应注意的问题：第一，目标设置必须符合激励对象的需要。第二，注意目标设置的具体性。第三，注意目标的阶段性。第四，目标在难度拟定上要适当，过高了力所不及，过低了不需努力就能轻易得到，都不能收到良好的激励效果。第五，合理运用反馈机制。第六，鼓励员工参与个人目标和学校目标的设置。第七，目标设置应注重对员工努力程度的反应，进行个性化的工作衡量。

□ 实践探索

宜川中学"普通高中戏剧课程建设的实践研究"为教师课程领导力的提升提供了现实的物质载体，通过参与这一项目研究，教师们对于新课程理念的认识水平有了提升，对于校本课程设计、开发和实施的策略、路径有了更高层次的掌握，对于教学改革、评价改革等有了个性化的思考，这些因素，都形成了教师课程领导力提升的源源不断的营养元素，教师课程领导力的提升不再是空中楼阁，而是有了现实的支撑，基于实践、在实践中、指向于实践的教师课程领导力提升思路成为学校课程与教学改革的新常态。[①]

---

① 上海市教育委员会教学研究室.课程领导的上海高中行动[M].上海：上海科技教育出版社,2019.

思考题

1. 学校在确定规划或计划时,要对校情进行哪些方面的分析? 用什么工具进行分析? 这种分析工具对事、对人的发展起到什么作用? 在这一过程中尤其要关注哪些方面?

2. 学校课程编制的 SWOT 分析中为什么分析那些要素? 如何分析? 如何应用? 哪些人参与? 哪些人参与哪些分析? 如何强调实证意识? 如何提高系统思维的意识?

3. 请设定个最想要达成的目标,并列出五项实现目标的理由? 请写下若实现目标有哪些好处以及不实现目标哪些坏处? 你现在愿意做哪些事情,使你可以得到所期望的结果?

第三节　举措的操作性

计划是为实现某个目标而对任务进行系统的安排,而这些任务可以看做一个个项目。质量计划在项目执行过程中十分重要,它能够使工作按照规格和标准来完成,并且满足交付物的验收标准。质量计划要包括或者参考一些规格参数、行业或者政府标准(包括设计、测试、安全、建造等),以及在项目执行过程中涉及的法规。为了保证质量,项目质量计划应包括使用各种质量工具和技术的规程。

为了提高计划的操作性,计划需要明确阐述并决定需要做什么(范围、可交付物),如何做(活动、环节),谁去做(资源、责任感),做多久(持续性、进度计划),预期花费是多少(预算)及它的风险有多大(风险预估)。计划工作的结果是得到一份基准计划,这份计划就是在项目章程或者合约的内在需求和限制中来完成项目的路线图。花时间制定一份深思熟虑的计划是成功完成所有项目的关键。

"5W+1H"是提高操作性的必然条件:针对选定的项目、工序或操作,要从原因(何因 Why)、对象(何事 What)、地点(何地 Where)、时间(何时 When)、人员

(何人 Who)、方法(何法 How)这六个方面提出问题进行思考。

一、 化繁为简

"奥卡姆剃刀"三法所倡导的"简化"法则是"无情地剔除所有累赘"：①精兵简政，不断简化组织结构；②关注组织的核心价值，始终将组织资源集中于自己的专长；③简化流程，避免不必要的文书作业。

事实上，由于个体受自身思维方式的限制，简单的信息远比复杂的信息更有利于人们的思考与决策。因此一个优秀组织的主要特征，就是他们知道如何保持事情的简单化，不管多复杂的事情都能将其变得简单易行。

（一） 时机法则

掌握时机与善用策略同样重要。优秀的领导者都清楚，掌握领导的时机与掌握领导的方法、方向同样重要。每次课程改革对学校来说都是改革的最佳时机，对教师来说不同的发展时期意味着专业成长中不同阶段的特殊任务。

时机通常决定成功与否。领导者采取行动的结果不外乎以下四种：①在错误的时机采取错误的行动，结果是酿成灾难；②在错误的时机采取正确的行动，结果是遭到抵制；③在正确的时机采取错误的行动，结果还是犯错：④在正确的时机采取正确的行动，结果就是成功。比如，学校在课改面前，何时采取何种行动，都是需要思考的。

人人都知道，时机是机不可失、失不再来的。如果领导者经常看不到眼前的好时机，反复错失良机，那么哪怕他犯的只是些小错误，人们还是会质疑他的领导力。

"时机"这一词具有双重内涵，其中一个意义与时间概念大体相同。在这个意义上的"时机"，有好与不好之别，即有利没利、重要不重要、适当不适当、成熟不成熟。另一意义是指特好的时机，或有利的时机、或重要的时机、或成熟的时机，如"寻机""相机""样机"等。这一意义上的"时机"，与机遇意义相近。①

---

① 罗道全.浅谈毛泽东的时机和机遇思想[J].继续教育研究，2000(02)：100—104.

"战略时机"是毛泽东首先提出的概念,是相对战术时机而言的。毛泽东在研究军事和指挥战争时,最关切的是战略问题,所以在时机问题上也把战略时机放在最重要的位置上。同样,学校的发展也需要找准战略时间窗口。

(二) 时间管理

据 2007 年有关方面统计,目前科研人员工作时间总量不少,但工作时间分配存在明显的不合理现象。主要问题有:一是直接科研时间所占比例不高;二是间接科研时间所占比例偏大;三是非科研时间所占比例过高。课程设计中很多方面都涉及到时间管理,学校课程计划中的课程设置就是对学生课程时间结构的设计,包括教学中复习、新授、巩固,作业的量等。在课程领导力项目中,任何一个与课程教学相关的内容都需要考虑时间管理的问题。

在我们的日常工作、学习、生活中,你是怎么安排自己的时间的呢? 实际上,合理安排时间就等于节约我们宝贵的时间从而做更多有意义的事情,我们每一个人所拥有的时间是一样的,但是你可能会发现,每个人在同等的时间内取得的业绩和所表现的效果都是不一样的,这是因为每一个人对于时间的安排和利用都有所不同,所以说,如果你想要取得好的成就,合理掌握时间是很重要的。

曾经有一个管理大师是这样说的,时间是这个世界上最宝贵的资源,也是最短缺的资源,如果你不好好的管理你的时间,你将什么也做不成。很多人会说,时间是不够用的,这该怎么办,其实并不是这样的。认为时间不够用,是因为你不知道自己将时间用在什么方面了,并且不善于安排自己的时间,其实你只要稍稍地放松一下自己,就会发现时间在不知不觉间消失了,本来可以在一个小时内做完的事情,可能几个小时过去了,也并未完成。

要让教师少走弯路,尽快完成优先考虑的事,学校领导要成为他们的典范。如果领导能在纷至沓来的事务压力下,保持沉着、冷静,把精力集中在具有战略意义的重要事情上,教师也就会不自觉地效仿这种方式。

领导者应该专注于领导者该做的事儿,而不是运作的事儿。实质上,作为一个称职的领导者,必须认识到他的工作有两部分:领导和运作。作为领导者、决策人员,没有必要事必躬亲,应该适当地下放权力,给自己腾出更多的时间,考虑一些事关全局的重大问题。这样，一方面可给自己留出更多的思考时间，另一方面，也有利于发挥员工的创造能力。

　　决定什么是最重要的，会使你的工作更有条理，你可以列个清单，然后决定哪些是最重要的。制定一份简单的清单，每天早上看一下，有目的、有重点地做事，你的工作就会变得有条不紊，而不是混乱、无序。做完了这些应优先做的工作后，你就可以选择一些有关的其他事来做。这样，你就会成为自己的主人。繁忙的决策者必须依主次顺序排列自己的时间表，学会给自己留置时间和空间，进行战略性、有指导意义的思考。

　　□ 拓展

　　项目生命周期

　　通常，项目的生命周期有 4 个阶段：启动项目、计划项目、执行项目和结束项目。图 4 - 12 显示了这 4 个阶段，以及每个阶段投入的力量和时间耗用情况。在项目生命周期的各个阶段，相关联的投入力量水平将会依据具体的项目而变化。项目生命周期在长度上可能以几周至几年来变化，这是由项目的内容、复杂度和大小而决定的。

　　项目管理是计划、组织、协作、领导和控制资源来完成项目目标。项目管理进

图 4 - 12　项目生命周期

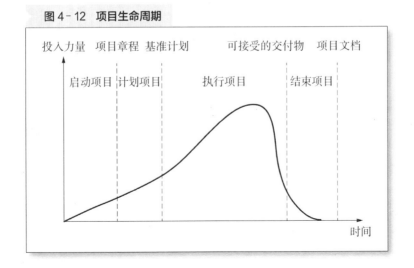

程包括两个主要功能：首先是建立计划，然后是执行计划以完成项目目标。计划进程包括以下步骤：建立项目目标、定义工作范围、创建工作分解结构、分配责任、定义特定的活动、将活动排序、估计活动资源、估计活动工期、开发项目进度计划、估计成本、决定预算。执行进程包括三个要素：实施工作、监测和控制进程，以及控制变更。

为解决这个问题，你可以计算出一个项目进度，为每项活动提供一个时间表，明确以下内容：

（1）在项目预计开始的时间（或日期）的基础上，每项活动能够开始和完成的最早时间（或日期）。

（2）为了在要求完工的时间（或日期）内完成项目，每项活动必须开始和完成的最迟时间（或日期）。

同时，可以凭经验设计乐观时间、最可能时间和悲观时间。常用的图有甘特图。

（三）任务分解

1. 为什么使用工作分解结构

工作分解结构（Work Breakdown Structure，WBS）是以项目的可交付结果为导向而对项目任务进行的分组，它把项目整体任务分解成较小的、易于管理和控制的若干子任务或工作单元，并由此组织和定义了整个项目的工作范围：未列入工作分解结构的工作将被排除在项目范围之外，不属于项目团队的工作。工作分解结构中的每一个细分层次表示对项目可交付结果更细致的定义和描述。WBS是众多项目管理工具中最有价值的工具之一，它给予人们解决复杂问题的思考方法，即解剖麻雀、化繁为简，然后各个击破。通过工作分解结构，项目团队得到完成项目的工作清单，从而为日后制定项目计划时的工期估计、成本预算、人员分工、风险分析、采购需求等工作奠定了基础。

2. 工作分解结构有哪些作用

- 把复杂的事情简单化，使项目的任务执行起来更加容易。
- 通过 WBS 得到完成项目的任务清单，从而界定出项目的工作范围。

- 把项目要做的所有工作都清楚地展示出来,不至于漏掉任何重要的事情以及需要项目组完成的任务。

- 容易对每项分解出的活动估计所需时间、所需成本,便于制定完善的进度、成本预算等项目计划。

- 通过工作分解,可以确定完成项目所需要的技术、所需要的人力及其他资源。

- 便于将任务落实到责任部门或个人,有利于界定职责和权限,也便于各方面就项目的工作进行沟通。

- 使项目团队成员更清楚地理解任务的性质及其努力的方向。

- 能够对项目进行有效的跟踪、控制和反馈。

3. 如何开展工作分解结构

(1)召集核心的项目小组成员,这些人必须具备有关项目工作的直接知识或经验。

(2)确定完成项目生命期各个阶段主要工作的具体任务,或者实现产品各结构、实现项目交付结果的主要工作的具体任务,由此形成工作分解结构的第二个层次。

(3)确定完成每项具体任务的子任务,形成工作分解结构的第三个层次。

(4)确定完成每项子任务需要进行的具体活动,活动应当用动词来描述,每项活动完成后应当可以输出可验证的结果,以便进行绩效测量。由此形成工作分解结构的第四个层次。

(5)核实分解是否彻底、完整和正确。有没有遗漏的活动?每项活动的定义是否清晰、完整?下层的活动对分解项的完成来说是否必要和充分?每项任务是否可以很容易地分配责任和角色并落实到相应的部门、项目团队或个人?每项活动需要的资源是否很容易确定?每项任务的工期或成本是否很容易估计?每项任务完成的衡量标准是否十分清楚?如果答案是否定的,就需要进一步地修改、添加、删除或重新定义,直到可以对以上的问题作出确定的回答。[①]

---

① 周小桥. 项目管理工具系列谈之七——工作分解结构(WBS):定义项目的工作范围[J]. 项目管理技术,2006(01):65—66.

　　有效的任务分解策略和"任务粒度"设计是协作设计任务规划的前提,协作任务的分解粒度对项目的管理影响比较大。如果"任务粒度"太大,则分解的子任务数目少,项目容易管理,但可能降低项目任务间的协作作用;如果"任务粒度"太小,则分解的子任务数目多,管理繁琐,还可能影响协作的效率。因此,合适粒度的任务分解对于网络化协作任务的组织和管理有重要作用。

（四） 责任分配

　　责任分配矩阵(RAM)决定了谁将会对工作负责。它可用于在工作分解结构中指派某个人负责完成某个工作细目,同时也显示了与每个人有关的工作细目。

　　锁定责任,才能锁定结果。责任分配矩阵(RAM)决定了谁将要对工作负责。它可以用于在工作分解结构中指派个人完成工作细目时的责任。责任分配矩阵(RAM)使用 P 表示某项特定工作细目的主要责任人,用 S 表示该项工作细目的次要责任人。责任分配矩阵显示了在工作分解结构中与个人有关的每个工作细目,以及与所有工作细目有关的每一个人。每项工作细目仅有一个人作为领导、主角或负责人是个好的想法。如果指派两个人联合主管,会因为每个人都以为对方会做某项工作而增大该项工作失败的风险。

图 4-13　调研项目网络图

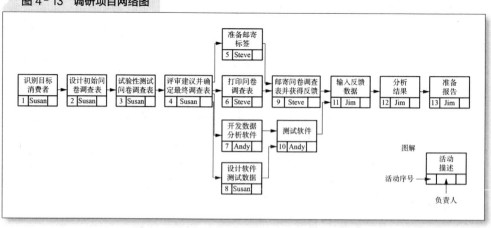

图 4-13 是一个市场调研项目网络图,明确了活动序号和负责人。这个网络图,若对时间因素也加以考虑那就更好了。

图 4-14　项目网络图

领导工作就是通过别人来完成工作,项目经理就是通过项目团队来取得工作成果。项目领导工作包括激励项目成员齐心协力地工作,以成功地完成计划,实现项目目标。项目经理要为团队形象地描绘出项目的愿景和预期收益。例如,某个项目的目标是对学校课程群进行重新设计,那么,项目经理就应将这一目标生动地描绘出来,把这一项目的益处向成员解释明白,表达清楚,如这将有利于梳理学校课程、呼应学生培育目标、在课程之间建立关联、符合课程逻辑等。这样,当项目成员设想出项目的美好结果时,就会更加热情地投入工作,这有利于推进项目任务的圆满完成。

责任分配的过程中,不仅要考虑任务完成的问题,还需要考虑任务完成对人的发展的作用。

□ 拓展

有效的项目管理需要采取参与和顾问式的领导方式。项目经理应该通过这种方式为项目团队提供导向和教练作用。这种方法较之等级制的、独断的、指挥性的管理方式更为有效。领导作用要求项目经理提供指导而不是指挥工作。项目经理需要做的工作是制定准则和纲要,接下来是由项目成员自己决定怎样完成任务。领导有方的项目经理从不教人们怎样做工作。

二、化零为整

把一个项目分解成若干小项目是为了更好地落实,具有操作性。为了加强各项中子项目之间的关联,还需要有统整的考虑。

徐淀芳在《学科单元教学设计指南丛书》[①]的序言中指出,要强化规格,提高操

[①] 上海市教育委员会教学研究室. 化学学科单元教学设计指南[M]. 北京:人民教育出版社,2018.

作性。这里所谓的规格,是指进行单元教学设计的前提和标准,主要有流程、属性、问题导向等。流程指完成单元教学设计任务的关键步骤,以及各步骤之间的内在联系。属性指单元教学设计各项任务的基本特性,以此反映各环节达成的内涵和品质要求。问题导向指完成任务必须思考的问题,包括提示单元教学设计关键环节的关注点、思考角度、思考方法等。

(一)问题链

在本章第二节中已经阐述过现象与问题的关系,也提到了鱼骨图分析法。在分析问题时,还要注意以下几点:①方向性:分析问题要朝着正确的方向拓展,方向不对,努力白费。调查原因时要重点分析可控的原因,避免将分析带入无止尽的死胡同。从组织内部找原因,分析的焦点应该在事件本身上,而不应该将分析集中在个人行为上或对人心理层面的原因进行追溯,如果牵涉到个人的心理层面,往往到最后难以找到解决问题的方案。同时,尊重既成的事实,秉持客观的态度,把为什么的矛头,指向设备层面、管理的制度层面等。在进行推论的时候要理性、客观,要避免借口类的答案。②分析问题要符合 MECE 法则。在分析问题的时候,要考虑周全,不能单维度思考问题,因为我们每个人都是在"盲人摸象"。同时要使用鱼骨图、六项思考帽、黄金思维圈、金字塔原理、思维导图等各种思维工具去引导思考和整理想法。

若把问题分为三个环节,找准问题、分析问题、解决问题,问题链相当于前两

图 4-15　问题解决步骤

个步骤。问题链是由多个问题组成的,类似于问题群,这些问题之间并不一定都是并列关系,有时是递进关系,有时是串联关系或交叉关系。

找对问题,需要识别问题、阐明问题、分解问题,形成问题树。这里的问题,也许是真问题,也许是假问题。

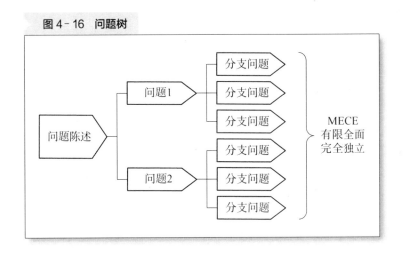

图 4-16　问题树

《化学单元教学设计指南》①指出,问题导向指向在单元教学设计过程中的各个阶段必须思考的关键性问题。例如,单元结构是否兼顾课程标准和教材? 单元教学主题是否符合确定的单元规划类型? 单元教学主题是否有助于课程标准的落实? 单元名称之间的逻辑关系是否清晰? 问题导向是落实单元教学的关键。图 4-17 是化学学科单元规划的问题链例子。

采取措施、解决问题之前,需要用持续追问的方式来鉴别出现象、问题、直接原因、中间原因、根本原因。比如,教育质量监测中得出吃早餐和学业成绩正相关,那么让不吃早餐的学生吃早餐就可以解决学业成绩的问题吗? 未必如此。如下图 4-18 所示,学校应根据不同的问题采取不同的措施。

大家都知道,课堂教学中师生互动非常重要,然而有些师生互动质量不高,这背后的原因是问题与问题链的设计。"问题链"有没有在学习的过程中发生作用,

---

① 上海市教育委员会教学研究室.化学学科单元教学设计指南[M].北京:人民教育出版社,2018.

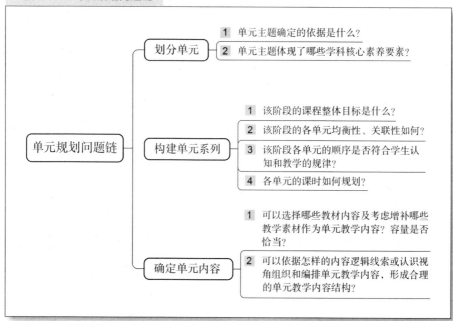

图 4-17 单元规划问题链

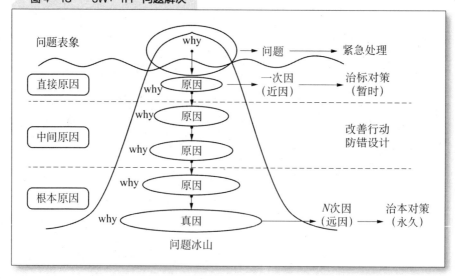

图 4-18 "5W+ 1H" 问题解决

就看它能否帮助学习者在知识之间建立起正确的联系,或者说,能否用这种正确的联系去形成一定的思维轨迹、思维路线图,从而帮助学习者建构对一门课程的正确理解。①

以下是设计"问题链"的"问题链":①"问题链"是否有利于教学目标的整体实现,具有整合性?②"问题链"是否为思维发展搭建了支架,具有层次性?③"问题链"是否能够保持一种动态平衡,具有开放性?④"问题链"是否关注了认知的科学发展,具有程序性?……

阎俊将课堂教学中常用的"问题链"分为三类,即递进型问题链、探究型问题链、诊断型问题链。一节课中可以使用一种,也可以使用多种问题链,这需要根据教学内容和学情来决定。如果"问题链"中的问题设计得太细太具体,则会导致教学内容被分解得支离破碎,这既不利于培养学生思维的深刻性和独立性,也不利于学生形成相对完整的思维过程和掌握知识的整体结构。因此,从"问题"到"问题链",教师更需要关注的是问题之间的逻辑联系,设计出合适的"问题链",促进学生思维品质的提升。

第一类:递进型问题链

递进型"问题链",是"问题链"的基本形式,在其他类型的"问题链"中也可以看到它的存在。

递进型"问题链"根据事物之间存在的客观联系(主要是因果联系),创设情景,提出由浅入深、由易到难、由低至高的问题。在这种形式中,前一个问题的解决是后一个问题提出的前提或基础,教师可以一环扣一环、一层进一层地提出问题,引导着学生思维向着纵深发展。

第二类:探究型问题链

"问题链"所创造出来的课堂学习过程是一个连续的、系统的过程,是要求学生在解决问题的基础上持续发现问题所在,对现象进行更深层次思考的过程。它培养的是一种学习方法,也是一种富有个性的建构能力、创新能力。这一点尤其

---

① 阎俊. 从"问题"到"问题链"——关注"学生思维品质提升"的思想政治课教学追求[J]. 素质教育大参考,2014(9A):29—34.

图 4-19   "问题链"设计步骤

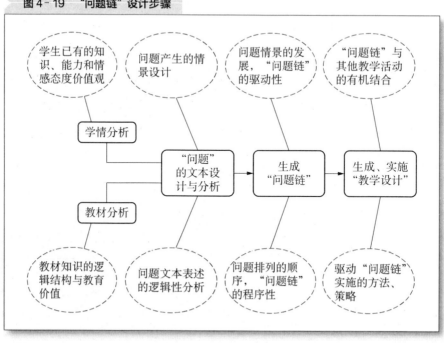

图 4-20   探究型"问题链"的思维环节

在探究型"问题链"对学生创造性思维的培养上表现得更为突出。

第三类：诊断型问题链

从一般意义上说,教学的课堂也应该是问题、错误呈现的课堂,课堂的功能之一就是对学习中所反映出来的思维上的问题或错误进行诊断和矫正。甚至,如果我们在教学中只向学生介绍成功的方法和途径,还会破坏学生的好奇心和求知欲。通过诊断型"问题链"的设计,引导学生暴露思维中的错误环节或问题,并对错误的思维过程进行探讨和反思,可以提高学生对思维的自我监控与自我矫正的能力。

□ 实践探索

宜川中学在"飞行创想"课程中开展以项目行动为方式的综合实践活动①。学校基于对如何进行问题生成、问题统整、问题筛选等的思考,整合基础学科,形成课程,建设匹配的创新实验平台,开发创新实验项目,最后将其转化为课程的课时计划。课题组通过研讨,形成课程架构的基本流程。

图4-21 宜川中学课程架构的基本流程

那么,问题从哪里来? 问题生成有哪些维度呢? 学校通过探索,认为可以从多个角度引导学生产生问题。

图4-22 问题生成维度示例图

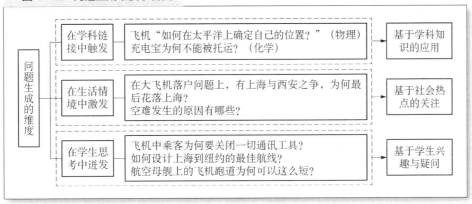

（二）技术路线图

尽管技术路线图已经广泛应用到很多国家地区和公司,但技术路线图没有一

---

① 上海市教育委员会教学研究室. 课程领导的上海高中行动[M]. 上海：上海科技教育出版社,2019.

个标准的定义。主要原因是技术路线图是实践的工具,使用者的层面和经验各不相同,路线图的表现形式及使用的技巧也不一样。路线图给旅行者提供了制订旅行计划中所必要的信息,前进方向及某种程度的确定性。目的是给技术人员以及其他关系人指明技术航线,注重技术路线图的构建过程。[①]

技术路线图能推动合作,加强知识共享和减少技术投资风险。实践证明,技术路线图的应用带来了巨大好处。戴维·普罗伯特(David Probert)总结了 8 种格式的技术路线图:①多层式,②栏目式,③表格式,④图示,⑤图画,⑥流线图,⑦单层,⑧文字。图 4 - 23 是育才中学个性化学程的课程设计路线图。

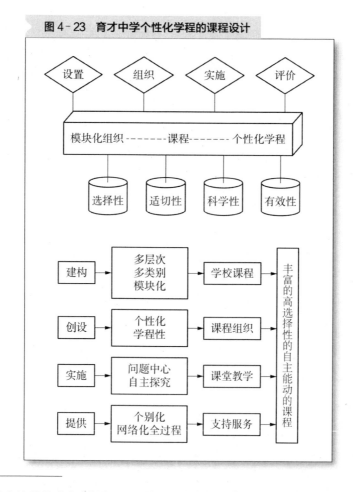

图 4 - 23 育才中学个性化学程的课程设计

---

① 李雪凤,仝允桓,谈毅. 技术路线图——一种新型技术管理工具[J]. 科学学研究,2004(S1):89—94.

典型的技术路线图根据产品需求识别关键系统要求、过程执行目标以及满足这些目标的技术。从效果来看,技术路线图为满足特定执行目标提供所需技术的路径。技术路线图能够准确地确定目标并把资源集中到满足这些目标所需的关键技术上。技术路线图是一种结构化的规划方法,纵向上,它有力地将目标、资源及市场有机结合起来,并明确彼此之间的关系和属性;横向上,它可以将过去、现在和未来统一起来,既描述现状,又预测未来。[①]

在技术路线图的启动阶段,关键点是先确定参与者和领导,明确提出需求并定义技术路线图的边界。这些都是制定技术路线图的前提。

综合不同国家和地区对技术路线图的描述,可以从下面三个角度来理解技术路线图:①技术路线图是未来发展的意愿图,展现了知识、理想、学校、资源、相关投资及实施流程的结合;②技术路线图是技术方案,为技术需求提供了确认、评估及选择策略的完整方案;③技术路线图是过程管理工具,帮助识别国家/行业/部门/学校/项目未来成功发展所需的关键技术,以及执行和发展这些技术所需的项目或步骤。[②]

至于技术路线图的绘制流程,可以以美国爱达荷国家工程实验室(Idaho National Engineering Laboratory, INEEL)的技术路线图绘制流程为例,其流程包括四个阶段,即技术路线图的启动、技术需求评价、制定技术路线图对策和技术路线图的完成。在技术路线图的启动阶段,需要确定参与者和领导、确认路线图的需求、定义路线图的范围和边界、设计路线图项目和产品及明确技术路线图参与者;在技术需求评价阶段,需要设计系统流程和功能、作出基准分析、预测技术风险和机会、最终根据这些结果设计路线图项目、明确能力和差距以及细化路线图的目标;在制定技术路线图对策阶段,需要确定技术方案、制定技术对策、将需求和对策优先排序、制定整体的时间计划和撰写技术路线图报告;在技术路线图完成阶段,需要评价路线图报告、开发实施过程和评价各个阶段。

---

① 李栎,张志强. 技术路线图在学科战略情报研究中应用的思考[J]. 情报科学,2008(11):1667—1671 + 1702.

② 刘传林,陈坤,张瑛. 技术路线图制定流程及其柔性机制研究[J]. 科学学与科学技术管理,2010,31(04):50—55.

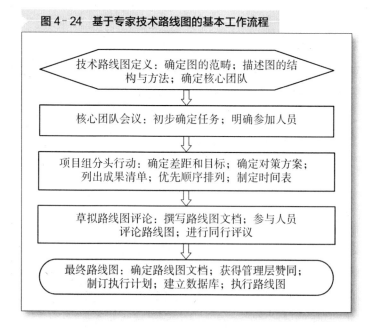

图 4-24 基于专家技术路线图的基本工作流程

据一项对相关人员的调查结果表明,路线图方法的关键挑战有:路线图过程的灵活性(意见占比 50%),路线图的启动过程(占比 30%),路线图的完善性(占比 20%)。

为构建技术路线图制定流程的柔性机制,我们在技术路线图的准备阶段设计完备机制,用于保证路线图准备的充分性和完备性;在技术路线图的分析阶段设计融合机制,用于融合其他与技术路线图相关的分析、预测、规划等方法;在技术路线图的绘制阶段设计规范机制,用于对路线图的知识、主体、流程等进行规范;在技术路线图的更新阶段设计评价机制,用于对路线图的环境和执行效果进行评价。同时,技术路线图又是一个动态管理、滚动实施的过程,因此构建的技术路线图还要能绘制出流程的柔性机制。

上海市中小学课程领导力项目在项目学校开题报告的撰写过程中强化技术路线图,以提高项目规划的科学性、操作性。图 4-25 是松江二中的项目技术路线图之一。

图4-25 松江二中课程领导力项目技术路径

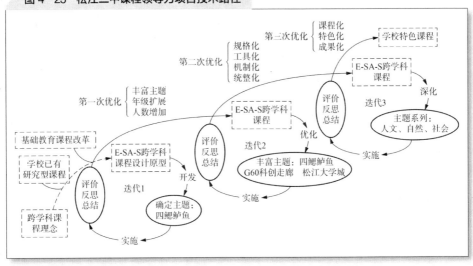

（三）流程图

流程改善和流程思考起源于质量运动，其先驱是 20 世纪 40 年代贝尔实验室的质量专家，他们提出了"质量控制"的概念。日本的质量专家认为只要把流程管理好了，输出的产品和服务质量自然是好的。全面质量管理追求流程连续的渐进的改善，工作重点放在流程的某一职能范围内，采取对现有流程进行最小变动的方式来谋取连续的改善，所以采用的方法主要是流程图、流程统计测量等。[①]

领导力研究指出，流程再造是领导力的重要组成部分。流程是为满足顾客的需求和实现组织自身目标，在组织的逻辑思维模式（组织与环境以及组织内部等逻辑关系）指导和现有的资源能力的基础上提供产品或服务等一系列活动和过程。由此可见，组织运行于流程之中，组织所有的经营管理及业务活动都通过各种流程表现出来，这些流程最终输出的是学校交付给社会的产品或服务。因此，业务流程成为几乎所有的绩效提升项目关注的焦点。一个好的组织流程，至少应该让以下六个要素协调流动：工作任务的流动、责任的流动、目标和绩效指标的流动、时间的流动、相关资源的流动、信息的流动等。

流程管理的基本目标可以用一句话来概括：管理稳定、规范运作、控制风险、增值服务和支持业务目标的实现。

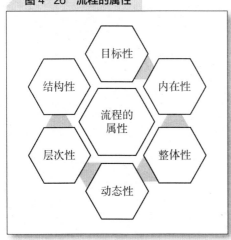

图 4-26　流程的属性

流程的六大属性[①]：虽然具体到不同的流程具有各自的特殊性，但一般来说流程具有六大属性。

（1）目标性。流程的目标性是指它具备清晰而明确的输出目标或任务。

（2）内在性。流程的内在性体现在流程可以出现在任何事务或者行为中。输入了什么资源？中间经历了怎样的一系列活动？为谁输出了何种结果及价值？

（3）整体性。它由两项及两项以上的活动组成，需要在不同活动之间进行运转才能实现。

（4）动态性。它强调流程并非是一个静止的概念。社会环境及学校发展阶段不同的话，流程也会有所不同。

（5）层次性。一套完善的学校流程包含众多的子流程，而且子流程也可以被进一步细分，最终分解成为多种不同的活动。

（6）结构性。流程存在着以串联、并联及反馈为代表的丰富多元的表现形式，而且由于表现形式的差异，往往会造成其输出结果有很大的不同。

流程不仅仅是一张图，也是学校塑造文化的重要抓手。流程管理可能有很多种，图 4-27 是一种常用的 10 步骤流程管理体系。

---

① 成伟. 向流程要利润[M]. 人民邮电出版社，2017.

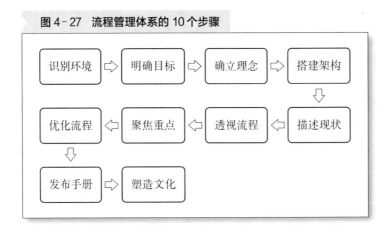

图 4-27 流程管理体系的 10 个步骤

□ 实践探索

图 4-28 是上海市卢湾高级中学的项目推进流程图。

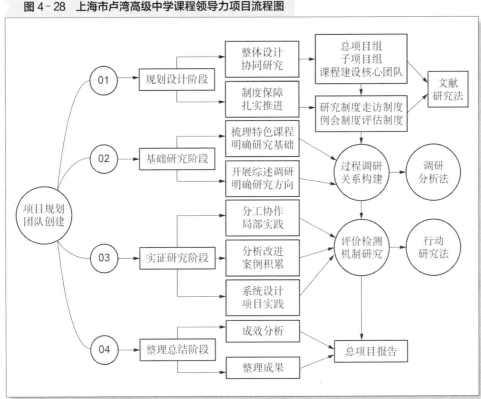

图 4-28 上海市卢湾高级中学课程领导力项目流程图

上海市宜川中学以问题为导向的课程实施流程如图 4-29。

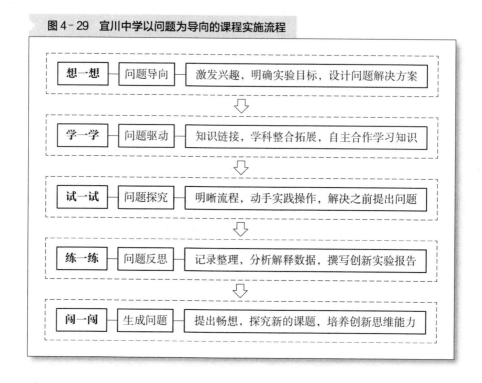

图 4-29　宜川中学以问题为导向的课程实施流程

想一想	问题导向	激发兴趣，明确实验目标，设计问题解决方案
学一学	问题驱动	知识链接，学科整合拓展，自主合作学习知识
试一试	问题探究	明晰流程，动手实践操作，解决之前提出问题
练一练	问题反思	记录整理，分析解释数据，撰写创新实验报告
闯一闯	生成问题	提出畅想，探究新的课题，培养创新思维能力

第四节　课程建设提升课程领导力

以下内容曾发表于教育部课程教材发展中心主办的期刊《基础教育课程》上，由中国人民大学复印报刊资料教育类系列刊《中小学学校管理》全文转载，其标题是"基于学科课程建设，提升学校课程领导力的行动研究"①。

---

① 金京泽.基于学科课程建设提升学校课程领导力的行动研究[J].基础教育课程,2013(12)：22—27.

一、 学科课程建设研究的理论基础

2010 年,上海市教委启动了"上海市提升中小学(幼儿园)课程领导力行动研究项目"(以下也简称"课程领导力项目")。上海市教委教研室主任徐淀芳在《基于问题解决——上海市提升课程领导力行动研究项目实施回顾》①一文中详细阐述了项目的背景、顶层设计、实践探索、特色和成效等。学科课程建设是课程领导力行动研究项目的九个子项目之一。本文重点阐述学科课程建设与学校课程领导力提升之间的关系。

(一) 学科课程建设的内涵

学科课程与学科、课程有着密切的联系。一般认为,一门独立学科的形成需要如下几个要素:一是研究的对象或研究的领域,即这门学科具有独特的、不可替代的研究对象,具有特殊的规律;二是理论体系,即形成特有的概念、原理、命题、规律,构成严密的逻辑系统;三是研究方法。学科成为学科课程进入到中小学教育,还需满足课程要素,即育人。学科课程需要回答,学科课程的育人价值是什么? 课程的目标、内容、组织形式和课程评价是什么样的? 学科课程与学校课程既有联系又有区别。中小学生在校学习生活中约 70%—80% 的时间都是在学科学习中度过的,学科课程是学校课程的重要组成部分,是学校课程的重要支撑和落脚点。学校课程统领学科课程,比学科课程具有更加宽广的范围、更加多元的、丰富的功能。

"建设"一词的意思有创立新事业、增加新设施、充实新精神等内涵。因此,学科课程建设不是照搬照抄或简单执行,而是创新的过程。有学者指出,学科课程建设是一个系统工程,它应该包括学科课程设计、课程评价和课程管理三大子项目;②学科课程建设是课程主体依据一定的价值标准,对学科知识、教学活动、教学

---

① 徐淀芳. 基于问题解决——上海市提升课程领导力向东研究项目实施回顾[J]. 基础教育课程,2013(7—8): 55—60.
② 钟启泉. 现代课程论[M]. 上海: 上海教育出版社,1989.

情景及其进程和校园教育情境进行规划设计、组织实施,并予以监控协调的过程。[1]

(二) 选择学科课程建设作为子项目的理由

课程领导力项目组在"项目指南"的研制过程中,对于采用"学科课程建设""学校课程建设"还是"学科建设"作为子项目的问题上,曾经议论过、争论过、犹豫过。项目组在征求多方意见的基础上,最后将子项目确定为"学科课程建设"。其主要原因有以下几方面:第一,相对于学校课程建设,学科课程建设是个下位概念,研究内容相对聚焦;第二,学科课程建设是在一定的政策文本指导下进行的,比如,课程方案、课程标准;第三,学校教师对学科课程比较熟悉,有研究和实践基础;第四,学科课程建设中还存在急需解决的问题有:学校现有学科课程结构松散、凌乱;学科课程建设过程无序且随意;学科课程建设缺乏系统的规划,难以持续发展。

如何从无序、盲目的建设到有序、有效的建设,以更好地为学校整体育人服务,为教师专业发展服务,这些是学科课程建设中亟待解决的问题。学科课程建设与课程领导力的提升是相辅相成的,学科课程建设可以提升学校课程领导力,学校课程领导力的提升,也可以有效推进学科课程建设,改变千校一面的局面。

(三) 学科课程建设研究视角

1. 学科课程建设结构视角

学科课程建设大致可以分为宏观层面、中观层面、微观层面。

(1) 宏观层面的学科课程建设关注学科课程建设的顶层设计。学校要建设或架构与学校课程计划相匹配的学科课程框架。各个学科基于本校学生培养目标思考本学科应承担哪些方面的育人要求。各个学科教育目标的构建需要思考以下几方面的内容:学校的课程哲学或办学思想是什么?学校的培养目标是什么?学科育人核心价值是什么?学科应承担哪些育人目标等。

---

① 李硕豪,杨国学. 论课程建设[J]. 教书育人,2002(18): 21—23.

（2）中观层面的学科课程建设关注学科课程的衔接和联系，如从学科本身出发进行基础型、拓展型、研究型课程的统筹设计，学科课程的跨学段衔接，学段的跨学科课程整合，学科课程群的建设等。中观层面的学科课程建设中，融会贯通本学科段课程标准是基础，了解相关学科段的课程是有效补充。

（3）微观层面的学科课程建设关注某一学科课程建设的局部内容或环节，比如围绕某一学科课程群中某一模块或主题的课程建设等。

2. 问题解决的视角

上海二期课改采用了基础型课程、拓展型课程、研究型（探究型）课程三类课程结构，开展市、区、学校三级课程管理，为学校提供了较大的课程自主权。课程权力的下放，必然会带来学校之间的差异性，也会使得各学校在学科课程建设方面面临个性化的问题。比如：学科课程建设如何为学生培养目标服务？学科课程建设中如何创造性地落实课程标准？学科课程建设中如何有效借鉴国际课程等现代因素？学科课程建设中如何处理好课程之间的联系？学科课程建设中如何反映学生的需求？等等。

（四）研究方法

本研究主要采用了分析归纳法，以课程领导力项目研究指南为出发点和落脚点，以项目学校研究背景、内容、过程和成效等为载体，探讨学科课程建设与课程领导力的关系。首先，基于项目学校的研究归纳出学科课程建设的模式。其次，基于学校课程领导力指标，探讨学科课程建设与学校课程领导力提升之间的关系。

二、 学科课程建设的六种模式

为了便于大家理解，围绕学科课程建设的基本原则和有效建设策略，下面把学科课程建设归纳为几种模式，从理论架构、现实问题、实践探索等三个方面阐述。学校在学科课程建设实际中不一定采用单一模式，可能采用多种模式，这些模式可能对具有相应条件的学校有借鉴意义。

（一）目标导向模式：以学生发展为本

理论架构： 学生培养目标是学科课程建设的出发点和落脚点，对课程建设起导向作用。

现实问题： 学科课程建设与学校培养目标之间匹配性、呼应性不够强。

实践探索： 同济二附中通过"地球学"的生态课程建设，试图拓宽学生的眼界和知识面，丰富学生的学习经历，探索培养学生实践能力和科学精神的有效途径。学校创生出"Origin（开放、建构、激励、生长、创新、滋养）"的生态课程理念，各学科教研组在基础型课程中，积极探索"地球学"与基础型课程中的各学科相互关联的领域，梳理出对接"地球学"的学科内容集；根据基础型课程中有关"地球学"的内容集，结合学生学情，形成地质考察、地球测绘等维度的专题类课程、课题；结合创新实验室、社会实践活动等，将专题类课程、课题扩展到真实的情景中，让学生在实践中运用与检验这些课程知识，从而最终反哺基础型课程。

（二）课程标准校本化模式：基于标准，以校为本

理论架构： 学科课程标准是学科课程建设的基础性依据。

现实问题： 在学科课程建设中，学校往往忽视学科课程标准的作用，对其解读不够精准，校本化路线不清晰。

实践探索： 育才中学以"学程、模块、走班"为特征，秉承育才中学的"三自"传统，对学科课程标准校本化实施进行了有效探索和实践。学校一方面根据学生培养目标构建学校的课程体系，通过创建模块化的"学程"以适应学生的全面发展和个性发展；另一方面通过学程模块的构建与重组，推动各学科对课程标准进行校本化的研读，以便更好地把握课程标准的本质核心，实现课程标准的校本化实施：学校重组教学内容，优化知识结构，补充教学建议，建立个性化教学评价，增加配套练习和推荐读物，编制了《育才中学学科模块教学指导手册》和《一月一课一册》。该手册由若干模块组成，每一模块类似《课程纲要》。

松江二中紧紧围绕"是什么""建设什么""怎么建设""谁来建设"等学科课程建设的基本问题组织研究。学校以编制《学科课程实施纲要》和《课堂教学改革》为主要任务内容，加强与《学校课程计划编制》《基于学习目标的课堂诊断机制》等

项目之间的联系,以"四个三"(即三维目标有机融合、三类课程有机整合、三个年级有序衔接、三个层次学生共同提高)为要求进行建设。

（三）课程统整模式： 结构化

理论架构：统整或整合是处理好三类课程、三个学段、三(多)门学科、三维目标等关系的有效策略。

现实问题：随着学科课程的丰富多样,也出现了多种实际问题,如课程繁杂、割裂,课程建设无序等。

实践探索：大同中学针对有限的学习时空和丰富的课程之间的矛盾,共同基础与学生个性发展诉求之间的矛盾等瓶颈问题开展了研究。学校结合高中生创新素养培育项目,形成了"基于CIE(创造、创新、创业)的课程统整与实施"思路。学校以统整为理念、策略,进行了三个层面的统整,即学科内统整、跨学科(领域)统整、超学科统整。学校通过探索,对学校既有课程体系进行了再梳理、再评估和再完善,依据大同的学生培养目标和课程建设目标,对课程结构、课程内容、课程形态、课程实施方式、课程管理与评价开展纵向贯通、横向联系及水平衔接,形成目标整合、结构完整、组成多元、选择多样、管理有序、评价完善的大同课程系统。

（四）借鉴重构模式： 他山之石，可以攻玉

理论架构：国际课程与上海二期课程之间有共性也有异性。国际课程可以为学科课程建设提供有价值的东西。

现实问题：如何从国际课程的实施中找到有价值的、先进的课程改革元素,将它们迁移、改造、运用到适合于我国学科课程建设中,为我国高中生的可持续成长创设更为良好的、先进的课程,成为现阶段我国高中需要思考解决的问题。

实践探索：上海中学基于多年国际课程的实践探索,进一步提升了对英、美等国高中课程和IB、AP课程的整体把握能力,发现国际课程表现出的几个显著特点,即选择性、现代性、探究性和数字化等,提炼出有利于推进我国高中现代化课程建设的有效经验。在把握国际课程先进元素的基础上,上海中学的课程建设经历了反思、实践、再反思、再实践四个阶段,也基于此编制了学校课程图谱。学校

在学科课程建设中借鉴了国际课程因素,如,以学生可以理解的方式,适度介绍现代科技发展与学科发展前沿知识;注重以学科的现代理解来加强学科的逻辑体系与现代内涵;将数字技术与学科内容充分整合,等等。

(五)课程群建设模式: 有机联系

理论架构:课程群是将相互联系或具有相似性的几门课程根据需要重新整合而形成一个具有相对独立性和完整性的课程。

现实问题:根据社会发展、时代特性、学校实际,构建符合学科课程定位的课程群,是学校亟待解决的问题。

实践探索:育秀实验学校根据课程目的和学校特点,结合国际学生学习评价项目(PISA)中的阅读能力评估,对于"阅读指导课程建设的实践研究"采取了行动研究。学校围绕"加强阅读指导,提高学生综合阅读能力"对各要素(课程目标、课程内容、实施策略和课程评价)进行系统配置和组合,形成了自上而下的三个系

图4-30　阅读指导课程系统

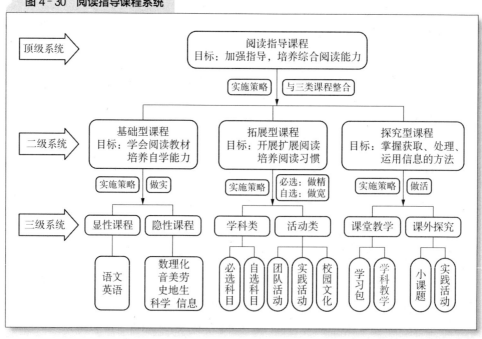

统(如图 4 - 30),即顶级(目标)系统、二级(三类课程)系统、三级(学科课程)系统,构建了显性课程与隐性课程、学科类课程与活动类课程、课堂教学与课外探究相结合的课程群,从而提升了阅读指导课程的品质。

（六）评价改进模式：学生参与

理论架构:课程评价是课程建设不可或缺的环节,尤其是学生的课程评价对课程完善起到重要作用。

现实问题:对课程评价缺乏研究,课程的真正主体——学生几乎没有参与到课程建设。

实践探索:卢湾二中心小学先确立了发展性的课程评价理念,自主开发出 L-ADDER 课程评估工具。L-ADDER 课程评估工具是一种以学生学习为中心的课程评估架构,包含六个评估维度:学生学习(Learning)、课程管理与领导(Administration)、课程设计与开发(Design)、课程实施与发展(Development)、课程情感与认知(Emotion)、课程反思与调整(Reflection)等。L-ADDER 课程评估工具充分发挥了评价的反馈、激励、促进功能,通过评价促进课程的发展和学生的发展。学校为每一个学生打造记录其小学阶段学习过程和成长经历的《二中心学生智慧成长的足迹》,从“点”“状”“面”形成纵横严谨的方阵,以评价促进学生的综合发展。教师和学生都有了新的课程身份:教师不仅是课程执行者,也是领导者;学生不仅是评价对象,同时也是评价主体。

三、学科课程建设与课程领导力的关系

（一）学科课程建设的价值

学科课程建设是个复杂的系统工程,有序、有效建设学科课程,首先要了解学科课程建设框架,如图 4 - 31 所示。

学科课程建设是学校形成共同愿景的过程。学科课程建设是学校贯彻落实以学生发展为本的办学思想和办学理念的过程。学科课程建设计划和学科课程纲要的研制,是一个综合性比较强的工作,需要学校领导、中层干部和教研组长、

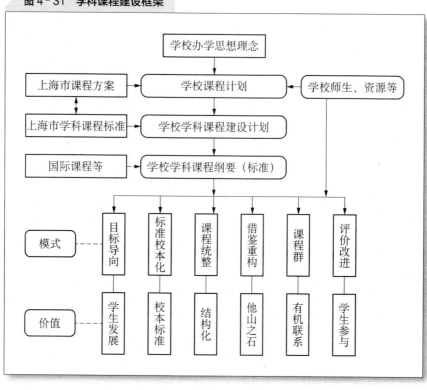

图4-31 学科课程建设框架

备课组长、教师等共同来完成,通过学习、交流、研究等途径,统一思想,形成共识。学校是否给学生提供丰富的、有特色的、可选择的课程,是否给学生提供丰富的学习经历,是衡量一所学校办学质量的重要标志。

学科课程建设是设计的过程。学科课程建设要依据学科课程标准,基于学科课程现状、师生和资源等,形成学科课程建设计划和纲要。首先,学校要对学科课程标准进行正确的解读;其次,学校要对目前的学科课程进行梳理、评价,发现优势与劣势;再次,一定要把握好本校学科课程建设所处的位置;第四,要采取合适的方式实现学科课程建设的最优化。课程标准的校本化、国际课程的借鉴等都需要进行课程的重新设计,不能无选择、无条件地照抄照搬。

学科课程建设是课程实践的过程。学科课程建设不能仅停留在计划、纲要层面,而是要在课程建设的过程中考虑课程实施,在课程实施过程中完成课程建设。

目标导向模式、标准校本化模式、课程统整模式、借鉴重构模式、课程群模式,为学科课程的建设提供了有效的方法和策略。教师可以在学科课程建设过程中,丰富学科课程,掌握学科课程建设的有效路径和方法,促进自身专业发展。

学科课程建设是不断完善的过程。学科课程建设是不断学习、研究、设计、实践、评价、完善的过程。学科课程建设中以点带面、任务分解、循序渐进、师生评价,都是促进学科课程建设可持续发展的有效措施。学生参与学科课程评价,对学科课程的完善起到至关重要的作用。

(二)学校课程领导力的表征

学校课程领导力是学校可持续发展的源动力,由思想力、设计力、执行力、评价力组成,其中思想力是保证学校向正确方向发展的能力,设计力是保证学校有效发展的能力,执行力是保证学校真实发展的能力,评价力是保证学校持续发展的能力。以下对学校课程领导力的具体表征作出梳理。

课程思想力:学校有正确的办学思想、理念、哲学,始终以学生发展为本,校长、教师、学生统一思想,形成共同的愿景,言论自由、民主决策,这些都是学校课程思想力的重要体现。

学校课程的设计力:①规范办学能力,体现在善于把握党的教育方针,落实党的教育方针;②校本化设计能力,体现在根据学校实际创造性地设计和落实,因校制宜;③课程逻辑性,体现在课程的理念、目标、设置、实施、评价等方面的一致性。

学校课程执行力:①组织实施能力,比如制度管理、落实主体明确、团队建设等;②协调能力,比如机制保障,人际关系协调、工作协调;③专业指导能力,比如专业指导、引导、领导,提供专业(资源)支持,标准要求的把握和落实;④课程资源供给力,比如开发利用学校、社区、社会资源,共建共享资源,资源合理调配。

学校课程评价力:①开展发展性评价,即围绕课程目标,参与主体多元,采用的方式多样;②具有测量分析能力,即开展评价指标、途径、工具开发,获取信息真实,分析有逻辑,结论客观;③监控能力,即建立学校课程的预警系统,开展过程性监控与反馈;④完善促进能力,即以评价结果为依据进行改进。

（三）学科课程建设与课程领导力的关系

学科课程建设是提升学校课程领导力的重要抓手,是衡量学校课程领导力的重要指标之一,但不是提升学校课程领导力的唯一手段,也不是衡量学校课程领导力的唯一指标。学科课程建设对学校课程思想力、设计力、执行力、评价力的提升都有帮助,尤其是对学校课程设计力和执行力的提升有帮助。

从项目学校的实践探索中可知:学科课程建设项目是凝聚力工程,以校长为核心的团队凝聚在一起开展实践探索,在项目的推进过程中逐步实现了课程思想力的提升。在学科课程建设项目的申报、开题、中期评估、结题评估以及展示活动的过程中提升了学校的课程设计力;在如何确定学科课程建设项目目标和内容,如何择取有效的技术路径,如何完善项目推进策略方面,都体现出课程设计力的提升。从项目推进过程、项目研究成果、项目研究成效中可以看出,学校项目推进力,即学校课程执行力得到了提升。这种执行力,不仅在项目推进过程中呈现,更多的时候也会被迁移到日常的工作中。

我们可以从学科课程建设项目中感悟到,以项目提升学校课程领导力是有条件的。学校是否有能力进行学科课程建设是条件之一,但不是最重要的条件。重要的是学校是否对学科课程建设有正确的认识,对项目研究有强烈的兴趣、积极性和责任感,以校长为核心的团队是否投入精力,脚踏实地开展研究。

为了进一步做好"以学科课程建设提升学校课程领导力",在此提出审视学校学科课程建设的步骤或视角:

（1）开展 SWOT 分析:学校首先要对目前本校的学科课程进行梳理、评价,发现优势与劣势、挑战与机遇,包括学校办学思想与办学理念、课程方案和课程标准文本解读、学科课程建设现状、师生、资源等。在分析中把握好本校学科课程建设所处的位置。

（2）精心设计学科课程:学科课程建设是课程标准校本化的过程。学校要在国家课程方案的总体框架下,面对学校实际和学生实际去设计、创造。学科课程建设过程中需要处理好以下几种关系,即各个学科课程与学校课程计划的匹配程度;本学科内容与其他学科内容的重复关系;各个学段、各个年级之间的延续性等。学校要突出研究的重点、难点、突破点,设计好学科课程建设规划或计划,确定好学科课程建设方法策略。

（3）课程建设以学生发展为本：学科课程建设本身不是最终的目的或目标，给学生提供丰富的、有特色的、个性化的课程才是最终目标。因此，在学科课程的建设过程中要始终以学生发展为本，考虑如何实施课程的问题，包括如何提供课程资源等方面的保障，如何通过评价来不断完善课程的问题等。

（4）学科课程建设促进教师专业发展：学科课程建设必须调动所有教师的积极性、能动性、创造性。校长要赋予教师在课程方面的自主权，并赢得教师的积极回应，这也是当前校长面临的最大挑战。校长要懂得如何通过团队力量，增加教师的归属感和责任感，促进团队发展。学校在学科课程建设的过程中，要以学科课程理论为指导，基于实践，构建满足学生实际和需求的，符合学校特色的课程。

思考题

1. 在项目的策划过程中，如何做好任务、时机、时间、责任人的安排？
2. 如何统整使用问题链、技术路线图和流程图？

第五章 课程执行的力点

课程执行力是学校持续发展的保证。没有学校校长、教职工的能力提升和意识与理念的转变,课程执行力的提升只能是表面的、短暂的。学校课程执行力提升是一个动态发展的过程,有始无终,每个阶段都有其特点和要求。在这种情况下,只有建立深入骨髓的执行力文化,才能使学校执行力的提升更具有生命力,而这一切都依靠人来能动地完成。从这个意义上讲,任何以执行力提升为目标的项目都将以人的转变为最高诉求。作为持续变革的原动力,建立学校的执行力文化才是终极目标,而文化的形成是一个持续、漫长的过程,意志力无疑是决定最终成败的关键因素。

学校是课程改革的主阵地,倘若没有学校积极参与课程改革,就不可能有个性化的课程改革,也不可能有效落实课程方案,更不可能实现课程改革的预期目标。学校加强课程领导和管理,是有效落实三级课程管理,提高教学质量,实施素质教育的重要保障。

据"领导力对学习所产生影响"的元分析结果表明,领导力维度对学习产生的效应从高到低如下:"推进并参与教师的学习"的效应值为 0.84,"教学和课程的规划、协作、评估"的效应值为 0.42,"构建目标和期望值"的效应值为 0.42,"资源配置策略"的效应值为 0.31,"营造一个井然有序、有助于学习的环境"的效应值为0.27。

提升学校课程执行力,可以从以下三方面着力:把学校制度、课程计划、教学设计等文本转化为行为;促进教师的专业发展;合理配置和开发利用课程资源来保障组织目标的落实。

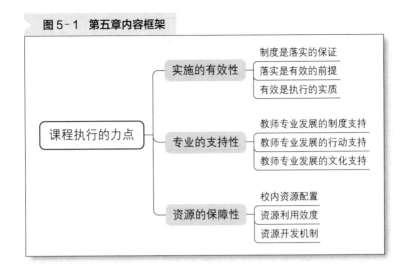

图5-1　第五章内容框架

第一节　实施的有效性

学校课程领导要始终坚持"以学生发展为本"的核心理念。很多学校都非常认同"以学生发展为本"的课程理念,但是一旦遇到学校发展和学生发展不相协调、教师和学生利益相冲突的情况时,还是存在犹豫、摇摆不定的现象。比如,有的学校在追求升学率和素质教育的两难问题上其立场不是很坚定,结果前半阶段实施素质教育,而后半阶段却扎扎实实地搞应试教育。学校课程领导应坚定不移地把学生的发展放在首位,让每一位学生的潜能都能获得最大限度的、和谐的发展。学校课程领导以促进学生发展为核心指标。

一、　制度是落实的保证

制度是权力的体现,学校的课程管理制度是国家教育权力的分配与再分配,它外在表现为个人主体在教育体制内社会地位与角色的等级分化,内在却体现出权力。课程管理制度作为权力的一种外在表征,通过对个人行为的定义与控制,使其服从于特有的目的指向。[①]

诺思(North)在1971年出版的《制度变革与经济增长》中强调,一种能够提供个人刺激的有效的制度是使经济增长的决定因素。这就是说,制度是十分重要的,然而需要研究:什么样的制度才是有效的制度,怎样才能设计出这种有效的制度?

(一)无"法"可依,则管理无效

1. 制度就是学校的"法"

这里的"法",从大的方面讲就是一所学校必须遵循的国家的法律、法令、法规等文件。依法治校就是按照这些规定去行事、实施教育,完成教育教学任务,实现教育教学目标,体现"合规"性。这里的"法",从小的方面讲就是一所学校依据本校实际等,为了教职员工规范自身建设、加强工作管理、维护工作秩序、提高工作效率,经过一定的程序严格制定的制度,它是学校高效管理的依据和准则。也就是说,我们要依靠合理的制度和运营机制来规范教职员工的行为,并明确岗位管理条例,让大家知道要做什么、怎么去做、怎么能做好、哪些事能做、哪些事不能做。[②]

学校管理制度以明确的要求和严格的约束条件,规范着学校的工作和全体成员的行为。它是维护学校正常的教育教学秩序和其他各项工作顺利开展的基本保证。学校管理制度的供给和安排,是改变学校管理无序状态、提高管理效率的重要途径。它有利于促进学校管理的规范化、制度化和科学化。[③]

2. 制度设计原则

研究表明,在现代学校,设计有效的制度与完善的机制要遵循以下原则[④]:

(1)教师优先的原则

教师优先的原则强调,在学校制度与机制的设计过程中,要把教师这一因素

① 李姗姗. 从"成事"到"成人":学校管理制度的价值转向[J]. 当代教育科学,2011(04):11—13.
② 刘金玉. 学校高效管理六讲[M]. 上海:华东师范大学出版社,2012:117.
③ 王家军. 对学校管理"唯制度主义"症候的辨析及反思[J]. 中小学管理,2009(08):43—45.
④ 陈玉琨. 发展性教育质量保障的理论与操作[M]. 北京:商务印书馆,2006.

放在第一位。这不仅是因为,教师是学校教育教学工作的实际承担者,是学校人群中最主要的组成部分,更重要的是因为,教师是学校"最难获得或最难替代的要素",作为专业人员,教师的不可替代性决定了学校教育质量主要取决于他们的努力程度。

美国新制度经济学的代表人物加尔布雷斯(Galbraith)有一个著名的"权力分配论",他认为,在任何社会中,权力总是与"最难获得或最难替代的要素"联系在一起。事实上,教师在课堂上掌握着教育教学的主导权,甚至是决定权。发展学校就要发展教师,提升学校就要提升教师,保障教育质量,学校就要关注教师。在制度与机制的设计中,学校要把教师的问题放在优先考虑的位置上。

(2) 价值引领的原则

价值引领的原则强调,在制度"限制"与"激励"两种功能的选择中,要以激励为主,在物质激励与精神激励两者中,要以精神激励为主。不少学校在制度建设的过程中,总是把考勤与考核制度放在第一位,认为,这是建立规范的第一步,是学校建立"规矩"的基础。

价值引领的原则是人本原则在学校管理的具体化。它以人的需要为基础,把关注的重点放在人的发展上。作为知识分子,教师有着自己独特的追求。在基本的"生存"与"安全"的需要满足后,他们追求的是"交往""尊重"与"自我实现"的需要。

(3) 持续发展的原则

学校制度与机制的建设要从当时当地的实际需要出发,因时因地而异,但更要从学校长远发展的需要考虑,注重学校发展的可持续性。只从一时一事的需要出发会造成朝令夕改的潜在危险,这会使人们感到无所适从,但是,只是守住陈规陋习,不懂得与时俱进,这种制度与机制也只会束缚人们的手脚。

把当前的需要与长远发展的需要结合起来,既注重当前的需要,更注重学校未来发展的需要,就需要学校在制度与机制设计时既能透彻地了解学校的现状,又能具有相当的前瞻性,充分考虑到学校未来发展与变化的趋势。

学校作为一种以"成人"为最核心、最直接目的的组织形态,除了在管理制度的设计与实施方面要秉持一般性制度的原则外,在制度建设方面也应当适度吸收并合理地发挥引领、激励和培育价值,要围绕激发和调动人生命内在的主动性、积极性和创造性的展开,应该为学校中每个主体提供自由发展的可能与空间。学校制度中的人在年龄、性别、文化程度、态度、习惯、信仰、需要、观念等方面存在着诸多差异性,学校管理制度在警示性规范原则下应对其保持一视同仁,但当尝试制订出一些激励性、引领性和发展性的制度时,要考虑到人的多样性与差异性的存在。

3. 制度体系设计探索

如何建设制度、如何落实制度是学校普遍面临的问题。七宝中学在长期的实践中,致力以下现代学校制度建设的工作目标:①建设实验团队,立足学校实际确立实验项目;制订实验规章,规范实验操作,在项目化开展实验的过程中完善学校内部管理机制,锻炼一支队伍,进一步凸现"全面发展、人文见长"的办学特色,努力推进学校进入可持续发展的快车道。②立足"全面发展、人文见长"的学校传统,从全面提升学校竞争能力入手,创新学校管理,探索与社会主义市场经济体制相适应的现代学校制度,使学校教育既能满足区域经济社会发展的需求,又能尽快融入世界学校教育变革的潮流,使学校驶入可持续发展的快车道。①

(1)"人文见长"的学校制度文化建设

构建体现"全面发展、人文见长"办学理念的现代学校制度,推进学校内部管理的民主化、科学化和法制化,在教师发展、课程建设、学生评价、课堂教学改进等方面全面凸现"人文见长"的办学特色。

激励教师专业发展的制度文化。深化"全面发展、人文见长"的观念,改革教师评价,鼓励冒尖,反对平庸,创设满足教师专业发展的时间和空间,促进教师自主发展,在实践中促使教师发展成长。加强教师团队建设,要求团队成员有共同目标,形成一种特殊的团队共同信守的文化。完善聘任机制,建立校内人力资源市场,即建立岗位、教职工之间双向选择、柔性流动的关系,逐步推行严进宽出的用人机制,理顺学校与社会接轨的用人通道。

(2)促进课堂教学创新的动力机制创建

建立"学科教学研究所",逐步完善"学科教学研究所"、年级组、教研组、教导

---

① 仇忠海. 上海市七宝中学学校核心制度建设[M]. 上海:上海社会科学院出版社,2008.

处共同协作的课堂质量全面、全程监控机制,对教研组、年级组、教师的日常教育教学行为进行评估。

(3) 健康向上的学校组织文化建设

进一步完善校长负责制,推进学校管理民主化、法制化、科学化。

① 建设扁平化的管理网络:下移管理重心,建立校长室与年级组的直接领导关系,缩短领导与师生的距离,拓宽沟通的渠道,提高管理的及时性、针对性、有效性。探索中层管理机构的综合服务机构,重在做好计划与总结、调研、参谋、保障、考核,提高管理效能。

② 建立现代学校民主制度,保障教师参议学校校务的权利和义务。

(二) 轻松高效的管理, 就是用制度管理

1. 人治走向法治

学校每天发生很多事情,面临很多问题或困惑,若每件事情都需要学校领导临时决策处理,其效率很低,而且每次处理事情的标准也未必一致,久而久之就会产生不良影响。通常,我们的领导者期望学校的一切都秩序井然、有条不紊,于是,制度便成了秩序统一、内在和谐的重要法宝。

制度化管理是学校管理由人治走向法治的保障与表现,是学校实现持续发展的基础。制度化管理能够确保学校组织内包括管理行为在内的所有行为都置于规章制度之下,学校所有管理行为都来源于制度的规定,管理权威集中于制度而不是控制在校长等领导的手中。实行制度化管理,排除了领导者的个人偏好,凭经验行事的影响,使得一切活动都在理性和合理化的原则下进行。

2. 制定制度程序的规范性

学校管理制度面向全体教职员工,应该代表广大教职员工的集体意志。在制定制度的过程中,学校领导应呼吁并保证教职员工积极参与,以确保制度制定程序的规范性。具体表现在,学校重大制度制定之前,学校领导要征求教师员工的意见、听取其建议;根据他们合理化的建议,考虑各方面的因素,照顾大多数教职员工的利益,拟定制度草案;在教职工(或代表)大会上进行充分讨论,根据讨论结果对制度草案进行修改、调整;最后提交教职工(或代表)大会审议通过。这是发

挥教师主人翁精神、保障教师正当权利的基本表现。经过规范程序制定的规章制度，容易得到教职员工的理解、认可与支持。

3. 制度一定要做到责任明确

只有明确了责任，执行的效果才能有保障。很多人在工作过程中都会遇到推诿扯皮的事，造成这些问题的原因就是责任不清，无法确定具体问题所在，执行无法"落地"。执行不到位，不仅会浪费物质资源，更会浪费执行人的心力，这种浪费是巨大的，甚至是不可弥补的。这就需要我们在制定制度的过程中，一定要做到责任明确，也就是说，该做哪些工作，做成了如何处理，做不成又如何处理，做得一般如何处理，做得很好又如何处理，责任双方各有什么权利与义务，各有什么奖励与处罚，等等，都必须明确清楚，一是一，二是二。只有这样，双方才能都心安理得、各得其所，才能真正避免不必要的纠纷的出现，才能不致使事情恶化。明确责任，是一个单位最基本的要求，也是一个人成长最基本的操守。①

4. 制度具有可操作性

制度是用来执行的，被领导者要执行，领导者也要执行。这就要求制度不能总是"原则""思想""说教"，而应该有具体操作的方法、程序途径，即必须有可操作性。对于被领导者来说，某种工作必须做到哪几点、从哪几个方面做、做的程序是什么、做到什么程度，都必须清晰，一目了然；对于领导者来说，如果不能这么做，做了之后出现问题该如何处置，都必须讲清楚。

二、 落实是有效的前提

很多人都有这样的体会，将一些自己喜爱的图书置于书柜中。然而，这些书并不一定每本都阅览，可能只是需要的时候才查阅。大部分书基本上都被长时间搁置在书柜中，没有发挥应有的价值。对学校而言，也存在这样的情形，那就是将规章制度束之高阁。

---

① 刘金玉.学校高效管理六讲[M].上海：华东师范大学出版社,2012：120.

（一）执行不力，再好的制度也没用

学校里有很多制度，都是经过多方努力反复思考制定出来的，都是用来规范学校教职员行为、规范课程教学的。但在实际工作中，在有些学校这些制度大部分只是"摆设"，比如，学校课程规划、教研备课制度。然而，制度不是用来挂在墙上的，不是用来看的，也不是用来做档案的，而是用来执行的。如果领导没有用制度指导与规范教职员工的行为，教职员工也没有按制度办事，那么，这些制度就没有用，就没有可执行性，就没有存在的必要了。所以，学校制定的制度要具有可执行性，要传达给每一个教职员工让其全面理解，要能逐项逐条认真落实、反复落实、不折不扣地落实。

1. 确保制度执行的坚决性与公平性

科学合理的管理制度，如果不能坚决贯彻执行，就失去了存在的价值。在当前我国的学校管理实践中普遍存在着制度执行力缺乏的现象，表现为有令不行。只有确保学校合理制度的贯彻执行，才能充分发挥其人性化管理功能。贯彻执行制度，学校领导要以身作则，带头遵守学校的各项规章制度，"其身正，不令则行，其身不正，虽令不从"；要注意加强监督，监督是制度执行力的灵魂，没有监督就没有制度执行力。在执行、落实制度的过程中，在同一种制度下，对不同对象执行制度不一会引起教职员工的不满，因此，一定要做到一视同仁，力求公平、公正，让学校规章制度切实走向人性化、科学化、合理化。

2. 增强行动力

有这样一段话：没有命令，积极主动工作的是中坚分子。接到命令，立即执行的是忠诚分子。执行命令，不负责任的是无用分子。不但不执行命令，还嘲笑执行命令的是是非分子。

没有命令积极主动工作的人，往往是根据制度来约束自己，依制度行事的人。不可能所有的事情，领导者都一一下达命令。学校更多的工作，是在学校制度、机制的带领下运作起来的，自觉的行动。

行动一般表现在处理问题的过程中。许多问题得不到解决，就是因为人们总是在问题的门口徘徊，却从未行动，这样做的后果就是问题依然是问题。因此，增强教师的行动力是非常必要的。

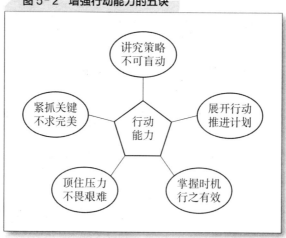

图5-2　增强行动能力的五诀

顶住压力，不畏艰难。在制度落实时，可能会遇到各种各样的困难。领导者要坚定自己的方向，顶住外来的压力，不要被眼前的困难吓倒。同时，领导者还要注意在困难面前保持镇定，采取有效的措施来解决问题。

紧抓关键，不求完美。工作中首先要做重要而紧急的事情，最后做既不重要也不紧急的事情，问题解决也是如此。领导者在解决问题时要注意抓住问题的关键所在，不可本末倒置，也不要过于奢望面面俱到、苛求完美，以免为不必要的细枝末节所羁绊。

立即行动，拒绝拖延。美国哈佛大学人才学家哈里克的调查显示，世界上有93％的人都因为拖延、不能下定决心而错过了大好的机会，从而与成功擦肩而过。拖延会消磨人的意志，伤害人的积极性，纵容惰性，甚至会使人的性格变得犹豫不决。

方法得当，关注细节。在行动的过程中，控制是必不可少的环节。方法和细节管理是执行控制的重要手段，方法决定行动的成败，细节决定执行的质量。没有正确的方法，对细节也不屑一顾，就不可能实现真正的目标。

3. 永远把重要事情摆在首位

在行动能力秘诀中提到"紧抓关键，不求完美"的重要性。现代人生活节奏极快，往往需要同时处理几件事情，所以我们需要学会多任务处理。当然，另一方

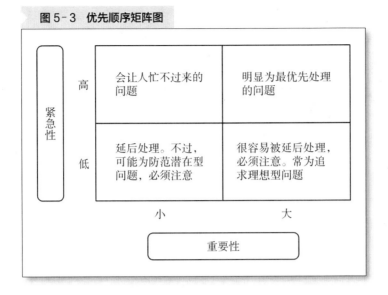

图 5-3 优先顺序矩阵图

面，我们也要提醒自己，一次处理太多事情容易让我们失去焦点，甚至会降低工作效率。

不紧急但重要性高的问题，最容易忽略。如果遇到上述的紧急状况，只要不是陷入恐慌，大概没有人会弄错问题的优先级。另外，这时候，我们可以直觉地判断，眼前最优先处理的课题并非分析原因，而是紧急处理。

这就是高重要性、低紧急性问题的最大特征：存在着一拖再拖的危险。由于这种问题不需要立刻做决定或是采取行动，因此你虽然一直将它放在心上，但总是被一些低重要性且高紧急性的问题缠身，结果就忽略了处理高重要性且低紧急性的问题。从学校发展层面来说，这种问题包括了前面提到的生涯指导、教师发展规划，或是学校发展规划、项目研究等。

□ 拓展

美国中小学校长们每天花费大量的时间在一些琐碎的、没有联系性的事情上，耗费了他们大量的体力和情感。布里克曼和罗利每天要花不少时间来做些辅助的管理工作，而这些其实是可以让学生或志愿者来完成的。类似的事情让校长们感到头痛，因为还有许多更重要的事情需要他们去做，他们需要与教师讨论教育理念、课程、教学和学习。然而，令校长们感到沮丧的是，对于学校里的其他人来说,那些日常琐碎的、辅助性事务管理的讨论却是可以接受的,甚至是必不可少的。尽管大多数的学校教职工也想支持校长们的课程领导革新,但他们似乎并不知道该如何放弃他们的被管理需要。

4. 摆脱事物困境

区分重要的事和紧急的事,尽量从紧急的事情中摆脱出来,把主要精力放在思考和处理重要的事情上,这是管理好一个学校的关键。[①]

首先,战线太长,涉足的领域过宽是个主要原因。它分散了学校领导和教师的时间和精力。其次,过于重视短期的效益和机会,在战略领域决心不大、投入不足也是一个重要原因。再有,就是急于求成。

要想实现长远目标,我们必须学会有效聚焦自己的脑力和体力。要专注于核心事务,避免干扰,最好的办法就是给手头的事情设定一个优先次序。在开始任何活动之前,都要提醒自己:你生命中的优先次序是什么? 什么是最重要的,什么是次重要的? 一旦脱离了自己的价值观,你做什么事情都是没意义的。

(1) 永远把真正重要的事放在首位

在写下每一项任务时,问问自己:"完成这项任务对我的人生到底有多大帮助?"把你的任务矩阵放在手边,随身携带,每完成一件任务就打个钩。当然,我们每个人都需要做一些"紧迫但并不重要"的事情,甚至是"既不紧迫又不重要"的事情。描述问题时,应注意三个关键的点:确定问题的影响范围和程度;确定问题发生的频次和概率;确定问题的主体,即是人、机器还是材料。

(2) 消除非关键问题

"80/20 法则"认为,事物的 80％往往被 20％的因素所控制。领导者需要在理论和数据之间来回验证,对问题进行反复推敲和论证,然后将工作重心放在最主要的问题上,抓住关键的少数,做到有所为有所不为。尤其在进行一项高难度项目时,消除非关键问题是掌握合理的工作方式的关键,能够给团队提供更多的休息时间。

□ 拓展

华为技术有限公司总裁任正非有一篇在 IT 界广为流传的文章,题目是《华为

---

① 黄卫伟. 从关注紧急的事到关注重要的事[J]. 企业管理,2003(12): 80—81.

的冬天》,发表于 2001 年初。当时 IT 的冬天还未成为事实。任总在文章中提出华为要准备过冬的棉袄,许多人不解其意,以为不过是多留点现金,其实华为是要在引进 IT 支撑的世界级先进管理体系和拓展海外市场上加大投入。今天来看,这两项战略投入成为华为借助冬天从容改变竞争格局的利器。

(二) 辩证理解"对事不对人"

1982 年,第五届全国人大第五次会议通过了 1982 年宪法。重新确认了"法律面前人人平等"这一社会主义法制的基本原则,要求任何人都不得超越宪法和法律的特权,一切违反宪法和法律的行为都必须予以追究。在法律面前人人平等,这已被越来越多的人所认识。然而在规章制度面前,是不是也应该人人平等,看来还有不同的认识,值得研究。

对"学校里的事情都是人做的,事情出了问题,其实就是人的问题。因此我们就是对人不对事,对事不对人是中国人虚伪的托词"这一言论,你怎么看?

1. 要关注事情,而不是关注谁做的:成事

重要的是,事情的问题出在哪里? 造成了什么损失? 是流程不对,还是执行不足? 找到问题和解决方案,再和人谈,这样是对事的做法。

领导者尽可能地创造一个"对事不对人"的环境,让事情和人情分开:人是人,事是事。在这样的环境下,上司不因为人情而回避任何重要和难以处理的事情。但同时,他要让下属知道,他所做的一切,都是在检讨事,而不是在抱怨人。如果领导者能形成这样的对事不对人的环境,下属就有更大的勇气承担大家对事情的讨论。因为他知道,大家的讨论都是为了更好地做事,而不是为了难为自己。如果我们能够创造这样的氛围,管理就会变得简单了:我们讨论事情的时候不必过分顾忌感情这个无法把握的东西,不必在意谁说过什么话,不必在意谁对谁错,不必在意面子。而是把注意力仅仅放在解决问题上,一个问题的解决就可以期待了。在做事的过程中,解决问题的过程中,要对事不对人。那么,已经发生了问题,如何处理? 这也分几种情况。

□ 拓展

在一次课堂情况巡查中,发现一个班级里的学生们在读书,而一位年轻教师 B

在教室后面打手机,教室里明显贴着有关教师行为"十不准",这还了得。但理智让我悄悄记下情况回到自己的办公室,思考着怎样处理这一意外情况。一周过去了,开会我也没有提到这事,B倒是先找到我说明情况:当天是自己孩子的生日,家里来了很多的客人,他本来打算请半天假,可是本班已经有一位教师请了假,不好调课,他也只好照常上课了;家里人一再发信息催促,为了让家人理解情况,只好打电话向家人解释一下,谁知让校长逮个正着,一直背负着思想包袱,还等着会上挨批呢。我说:"我很感动,非常感谢你能为学校着想,以工作为重,其实教师也应该会享受生活,这是一种基本权利,调节好工作与生活的关系,也是一种艺术。你解决问题的办法很多,包括请假,但是上课打手机确实是一种严重违纪行为,在学生中会造成恶劣的影响,请引以为戒。谁都有失误的时候,不要把这件事放在心上。"这件事就这样过去了。

"对事不对人"这句话还是立足于领导者本位的一种主观理想化的思想,学校的管理对象是人,处理任何事情都会对人造成不同程度的影响。如果领导者眼中只有那些"冰冷"的规章制度,不考虑它对人的本性的压制甚至歪曲,进行一种"非人"的教育管理,难免走向另一个极端。

"对事不对人",既指出了问题,又顾及了当事人的面子,是一种抱着团结的愿望、与人为善的内部批评方式。它的条件是被批评者也抱有同样的愿望,即使不指名也能自行认识、纠正自己的错误。但是,这不是唯一的方式。

把对当事人的负面影响降低到最低程度,达到管理的最大效益,才算是向"对事不对人"这种理想化管理的一种迈近。①

2. 要关注事情,还要关注谁做的:成人

有人认为,这种"对事不对人"是对犯错误者护短的辩词。本来,出了问题,不但要"究事",也应该"究人",该负责任的要负责任,该处分的要处分,该公开批评的要公开批评。"对事不对人"有时也是扯皮的产物。出了问题,你推我,我推他,有责任的各方都往别人身上推。有些领导为了平息矛盾,也就来一个"对事不对人"。"对事不对人"也存在于这种情形:一些单位分工不明、职责不清,煮的是一

---

① 曹后生.人文与制度的博弈:对事不对人[J].教书育人,2007(11):42.

锅"烂糊面",一旦出了问题,没处打屁股,自然只能以"对事不对人",不了了之。[①]

很多领导者在上面发生问题选择了做"老好人",就是不管事情,不批评下属,以免下属误解和生气。

□ 拓展

在一个学校的高层会议上,一位领导者说,领导者交给一位骨干教师一件很重要的事情,他没有按时完成。但领导者知道他很辛苦,在做这件事的同时还要做很多其他事情,而且别人配合得也不好,这事不能全怪他。但领导者不说他自己心里也难受,毕竟交给他的事情没有做好。领导者应该如何办? 是批评他还是不批评他?

领导者做了"老好人"之后,事情通常会有以下的发展:出错的下属不知道自己错在何处,或者对错误不以为然,以后依然我行我素。其他员工看在眼里,记在心里:只要我对学校有过功,就可以重复地有过。而领导者则因为事情没有得到应有的处理而耿耿于怀,内心对这个人的抱怨会越来越大。终于有一天会将自己的怨气发泄到这个人或一些不相干的人和事上,反而对学校的管理造成更大更坏的影响。这时"老好人"就走向了他自己都不愿意看到的另一个极端:那就是让员工觉得自己好像很无情,同时很无理。

事者,人所为也。究事而不究人,就事论事,怎么能把事情说得清楚? "对事"之目的,是为了教育人。"对事"而"不对人",教育人的目的怎能达到? 何况一个人做了错事,本应承担责任,而仅仅追究一下"事",不去追究"人",如此一而再、再而三,错误怎能纠正? 由此可见,"对事不对人",既是对"人"的一种不负责,也是对"事"的不负责。[②]

对那些知法犯法、知纪违纪、手握公仆之权而又大行利己之事者,对内部批评无效者必须公开曝光,"不指名批评"更不是合适的方式。因为"事"是"人"干的,以"时事不时人"为这种"不指名"找借口,不去批评人,对事的批评也就无从谈起,从而也就取消了批评本身。

---

① 白木. 不该"对事不对人"[J]. 学习与研究,1987(02):54.
② 陈晓东. 切莫滥用"对事不对人"[J]. 新闻三昧,2004(04):26.

一个方面,领导者要不停地告诉大家,我们所做的一切检讨都不是为了让某一个人难堪,而是为了解决问题。另一个方面,领导者要有自我批评的勇气和意识。如何让别人相信你能把人和事分开?首先应从自己做起:自我批评不是对自己的否定,而是因做错事而自我反省。最后,领导者要有开始改正的勇气,因为习惯了做老好人,习惯了只表扬不批评,习惯了遇到事情躲着走,会很恐惧这样做的后果。①

三、 有效是执行的实质

制度管理一直是学校管理中最为重要、最为常用的方式,它起到了很多作用,但是,制度确实也有不少解决不了的问题,也会引起成员之间、群体与部门之间的冲突,有时学校的一切都显得貌似神合而实则冲突内潜,而有时又显得锋芒毕露、针锋相对、冲突叠现。这些冲突有时有利于学校的发展,而有时候又阻碍学校的发展,关键在于我们如何来对待、化解和利用这些冲突。②

(一) 协调力: 领导力的推与拉

1. 制度滞后与冲突

好的制度可以最大限度地减少管理中的冲突,并需要领导者坚持秉公办事,一视同仁,不能偏袒任何一方。但是,这样不足以杜绝冲突,因为世界上不可能有无懈可击的制度,也不可能存在一种适用于任何情况的制度。

制度是一种静态的物的框架,在这个框架内的行动才被认为是正确的,它显然具有滞后性。学校里的一切几乎每时每刻都经受着变化,时代的观念也在不断地更新,人们的意识形态也已经突破这一静止的、陈旧的,甚至是顽固不化的制度框架,比如有些学校教研制度 10 多年都没有变化。倘若此时此刻,依然以这样一成不变的条文去衡量、褒贬与批评被领导者的所作所为,那么,就会形成管理的冲

---

① 谢纪平.营造"对事不对人"的管理氛围[N].中国商报,2011 - 07 - 26(B07).
② 张志峰.学校制度管理冲突及其处理[J].江苏教育研究,2010(25):21—25.

突,就会抹杀教师的创造性与积极性。因此,制度必须与时俱进,必须与人的发展俱进,以促进人性的发展。

制度引起的管理冲突既可以发生在制定制度的时候,也可以发生在用制度管理的过程之中,还可以发生在制度管理的过程之后。因此,正确地面对学校管理中的冲突,合理地化解其冲突,并促进制度的改进与完善,就十分重要。

制度化管理的不足在于其有时会产生管理滞后现象——当制度滞后于学校面对的变化时,可能会导致制度不再适用,这种情况出现后,学校应尽快废除不适用的制度,制定新的制度,或对制度不适用的部分进行修正,推动制度创新。[①]

2. 不同类型的冲突

多伊奇(Deutsch)将冲突分为两种不同性质的冲突,即竞争性冲突和合作性冲突。在学校的制度管理中,也确实存在着这两种冲突。对两种冲突,需要采取相应的有效措施。

竞争性冲突是一种“你输我赢”或“你赢我输”的“零和”状态,冲突双方的目标负相关,即认为一方目标的实现会阻碍对方有效地接近目标。冲突双方都非常在意胜负输赢,彼此是敌对的关系,不存在相互的信任。因此,这是一种为达到自己的目标而损害另一方利益的冲突,它对学校具有破坏性,会导致学校状况每况愈下,会导致成员的挫折感不断累积,学校氛围日趋恶化,破坏性行为日益增多。因此,在学校制度管理中,应加以重视,并力求寻找协商、讨论、谈判与合作的方法,以减缓、化解这种冲突。

合作性冲突正是一种“双赢”状态,冲突双方的目标正相关,即认为一方目标的实现有助于对方实现目标,彼此的目标是一致的,因而相互信任,相互依赖,同舟共济,荣辱与共。应该说,在学校的制度管理中发生的冲突大都属于这样的冲突。领导者与被领导者的总的目标是一致的,都是为了学校的发展,这一点是不容置疑的;只是在相关的具体目标中会因分歧而产生冲突。譬如,双方在资源的分配上、教学的自主权上都会有冲突,但是,双方并无敌意,都有加强交流与合作的意愿,因此,都会产生共同的心理认同。通过合作的方式,既满足对方的利益,

---

① 孙士芹,英配昌.论学校制度的人性化管理功能[J].基础教育,2009,6(04):17—20.

也满足自己的利益,综合双方所长,最终达成双赢的解决方法。

□ 拓展

制度制定有时难以做到十分完善与完备,很难满足每个教师的发展。这种不满足主要表现在资源的分配方面,学校有限的资源不可能均衡地同时分配给每一个教师,必然有的教师先分配,而有的教师后分配,甚至有的教师分配不到;有的教师先发展,而有的教师后发展,甚至有的教师得不到发展。譬如,年终评选优秀教师,同样出色的教师很多,而名额只有几个;又如,很多教师都希望出国深造,而出国的名额只有几个,等等,这些事例实在太多了。这时,就会出现资源分配不公、发展不平衡而引起的冲突。如果处理不当,就会阻碍教师个人的发展,也会阻碍学校的发展。

3. 制度规范和人文关怀

我们在肯定制度约束能够改变学校管理的无序状态和提高管理效率的同时,还应当考虑引入强调感情和自律、运用情感的手段约束人的动机、使人自觉遵守制度的人文关怀。

人文关怀是指通过教师自身的合理理解,使学校的管理制度内化为指导自身行为的内隐观念和理想的"催化剂",它能使领导者与被领导者之间心理相容,人际和谐。约束行为与约束动机、他律与自律、强制与情感是制度约束与人文关怀的显著区别。制度约束是"刚性管理",人文关怀是"柔性管理"。从表面上看它们似乎是对立的,但本质上却又是统一的,二者互相补充,不可分割。它们都是为了实现学校管理的有序、高效与和谐。理想的学校管理既要加强制度制约,又要实施人文关怀,把二者有机统一起来。

事实上,纯制度强化式的管理或纯人性感化式的管理都是不存在的,总是两者兼而有之。如果只有制度强化,而没有人文关怀,则可能忽视人的主观能动性,导致学校管理失去活力,致使规章制度成为束缚教师和学生手脚的绳索,进而压抑他们的积极性和创造性。反之,如果只有人文关怀,而没有制度强化,则可能导致学校管理工作的软弱和无效,赏罚不明、是非不清,进而造成学校管理工作的混乱无序。这就要求学校领导者在依靠制度管理时要具有人文精神,重视人文关怀,在校内营造相互尊重的文化环境。

学校管理不应是领导者向教师"灌输"一整套多么高明的规章制度和法则,以求指导他们照章实施,而应是让其理解这些规章制度和法则的内涵与意义,在个体的认知结构中给以合理的解读,内化为指导个体行为的内隐观念和理论。由此看来,制度管理和人文关怀,在学校管理中是同时存在、相辅相成、缺一不可的。制度管理并不排斥人文价值的追求,而人文管理也并不排斥制度的制约功能。科学的制度管理必然能够生成浓郁的人文气息,有效的人文管理也必然需要佐以无懈可击的制度。学校领导者既要善于利用一定的规章制度实施管理,提高依法治校的自觉性,以建立正常的管理秩序,又要善于通过人文关怀,增强以情感人的力量,让学校管理永远闪耀人性的光辉。[①]

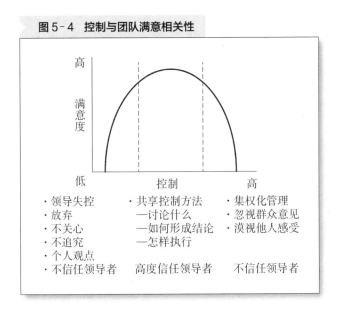

图5-4 控制与团队满意相关性

有项研究表明,领导者对团队的控制程度与团队成员之间的满意度有着一定的相关性,控制过强或过弱都会导致工作满意度的降低。权力给予并非意味着对成员放任自流、不管不问,而是领导者和成员要一起讨论、形成方案共享。

---

① 王家军. 对学校管理"唯制度主义"症候的辨析及反思[J]. 中小学管理,2009(08): 43—45.

（二）镜像法则：示范引领

有效领导的前提可以总结为"示范引领"。谚语称行动比言语更响亮，那些最受人尊重的军事领导者就是和士兵一起共担危险与艰难，带领着部队冲锋陷阵的领导者。要求追随者为了学校愿景做出个人牺牲的领导者应该以身作则、树立榜样。

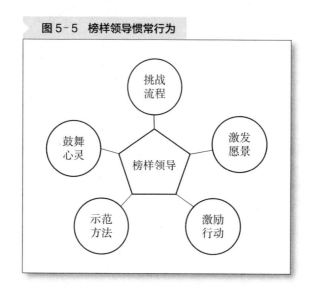

图5-5　榜样领导惯常行为

库泽斯（Kouzes）和波斯纳（Posner）在《领导挑战》（*The Leadership Challenge*）一书中归纳出"榜样领导"的5种惯常行为：第一是"挑战流程"，指寻找机会，敢于冒风险，尝试用更好的方式来完成工作；第二是通过发掘未来的目标和号召他人参与来"激发共同愿景"；第三是"使他人能够行动"，通过培养参与、合作精神和增强追随者有效参与的能力来实现；第四是"示范达成愿景的方法"，实现方式包括：明确自己的价值观念，把行为与共同价值联系起来以树立榜样，安排一些小的成功来让人们明白愿景是如何得以实现的；第五是"鼓舞心灵"，意在借助情感力量激发追随者的动机。

不同的领导者、不同的追随者和不同的情景中，榜样领导的效能是不一样的。

1. 行为示范效能

"领导行为过程"其实是加里·尤克尔（Gary Yukl）框架中"领导者行为↔影

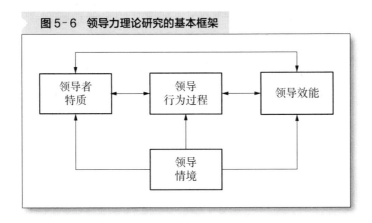

图5-6　领导力理论研究的基本框架

响过程↔追随者态度和行为"的简化。

　　将情境的影响箭头也指向了"领导者特质"和"领导效能"主要基于：不仅"领导行为过程"要关注情境因素，而且"领导效能"的评价也应考虑到具体的情境因素，并且，根据一定的情境因素适当考虑一下当一名优秀领导者应具备的素质条件也是有必要的。

　　"领导效能"作为领导过程的结果，其实也是领导作用的实现状况，包括相对客观的维度（组织目标的达成度）和相对主观的维度（团队维持和成员满意度）。考虑到"领导效能"尽管是领导过程的结果，但它同时可能会对领导者特质（品质和技能）、领导行为过程产生反馈甚至是强化作用，因此，在"领导效能"与"领导者特质""领导行为过程"之间设置的是双箭头。加里·尤克尔就曾指出"当领导行为受到效能变量影响时，就会发生相反的因果关系。例如，领导者对那些显示出很高绩效的部属会更加关心支持"。

　　2. 各司其职，各尽其责

　　学校教育是复杂的、创造性的实践活动，如果对于教师管理的规定事无巨细，势必会造成教师的工作走向程序化而很难发挥其主动性与创造性。简约的规章制度应注重把握教师工作的底线———基本的责任，即明确教师做到哪些后就是一个合格的教师，而不是无限要求教师尽善尽美，否则，对教师的管理就将走向非人性化。

提高学校的课程执行力,必须要提高所有教职员工的行动力。各司其职是合格线,各尽其责才是优秀。

各司其职,释义是各自负责掌握自己的职责,做好所承担的工作。每个学校都有很多部门和岗位,也明确了岗位职责。

□ 拓展　七宝中学教研组长的岗位职责为:

(1)教研组长应在校长室、教导处领导下学习党的教育方针、现代教育理论,端正教育思想,明确培养目标,按照教育规律和学生认知特点,开展教学实践。

(2)组织教师学习本学科课程标准,明确本学科的目的、任务,讨论并确定分年级教学要求,制订学期教学计划。

(3)指导教师钻研教材并开展教学研究,检查教师备课情况,在个人备课的同时,加强备课组集体备课。

(4)经常分析各年级教学情况和学生的学习质量,研究改进教学方法,加强学法指导,在重视基础知识的同时,重视培养学生的基本方法、基本能力、基本态度和精神。

(5)积极开展教学研究活动,根据教学实际,围绕学校教科研课题确定教研组、备课组和个人每学期的研究课题,有计划地开展研究与交流汇报,组织教学研究课、公开展示课,及时总结、交流、推广教学经验。

(6)组织教师学习业务,开展相互间的听课评课,有计划组织外出观摩、考察,取长补短,相互促进。根据教师的不同情况,订出教师进修的规划和措施,并经常检查落实,通过结对子、示范教学等方式帮助新教师尽快提高教学能力和业务水平。

　　……

(11)教研组长要保证上述各项工作的贯彻落实,开学时制订好教研组工作计划,并认真组织实施。

□ 实践探索

宜川中学提升了学校的机制建设和项目管理能力。为保障项目的顺利推进,学校进行领导力的项目管理探索:一是观摩学习机制。学校除认真组织项目组成员和相关教师参加市课程领导力项目的统一培训、展示活动外,还主动参与市、区各级各类科技创新和戏剧项目相关的培训、展示等活动。开阔教师的视野,拓展项目研究的思路。二是每月例会机制。学校组织项目成员每月开 1—2 次例会,定主题、定地点,通过例会,大家碰撞思想、凝炼智慧,围绕一个个主题,扎实推进项目研究。[①]

思考题

1. 如何理解人治和法治?
2. 如何把握"对事不对人"的度?
3. 你认为哪些做法可以提高学校或个人的行动力?

第二节 专业的支持性

教师是落实课程改革的核心力量,是课程改革成败的关键人物。课程改革给教育界带来的最大挑战莫过于对教师专业化的挑战。教师作为一个专业人员,必须具有非一般人所能代替的专业素养。教师不仅要具有学科专业知识、教育学、心理学知识和通识教养,还要具有丰富的实践性的默会知识和现代教育理念,以及课程领导力。

林翰(Lynham)指出,领导力发展是一个终身的过程,而不是一系列短期发展事件或经历的集合;领导教育与培训是领导力发展的一个组成部分,但领导教育与培训和领导力发展是不同的;领导教育与培训涉及更为狭窄、更为具体的焦点,它们就像是领导力发展生命历程中的一些临时干预措施。

领导力是在长期的日常互动中发展起来的。这种发展主要依靠不断增强的

---

① 上海市教育委员会教学研究室.课程领导的上海高中行动[M].上海:上海科技教育出版社,2019.

自我觉察使一个人能够更有效地与他人互动并影响他人。通过运用系统的反思、反馈和他人复述来分析生命长河中的每次事件,人们从中学习并增强他们的领导潜力。与那些不那么有效的领导者相比,成功的领导者从自己的经历中学到了更多,因为他们更透彻地分析那些事件,然后相应地调整自己的行为;行为调整的结果就是更加有效的领导。

一、 教师专业发展的制度支持

制度和机制是促进教师专业发展持续的根本保障。就教师个体而言,需要制定专业发展规划来激发专业发展的内驱力和持续动力。就学校而言,校本教研是促进教师专业发展的主阵地。

(一) 专业发展制度

对于学校应该如何做好专业制度支持,以持续地促进学校本位教师专业发展,我们认为特别需要强调如下三点:

第一,要系统地梳理已有的学校相关制度,使之尽可能与所期望建立的学校本位教师专业发展相配套。应该认识到,不同的制度其指向的功能不同,所以它们背后的制度逻辑可能是存在冲突的。比如有些制度是为了创新,而有些制度是为了固本。所以,需要学校借此机会细致地审查各种重要的制度,对那些明显制约教师专业发展开展的制度要予以废除,对那些能够容纳和整合新的实践内容的制度要进行适当扩展和完善,为学校本位的教师专业发展建立一个理想的制度环境。

第二,要尽可能地把学校本位的教师专业发展纳入学校的常规活动中去,努力地与学校常规的、核心的制度相挂钩。许多学校在创建一种新的实践时,经常采取的一个做法就是,把这个事情作为学校工作的一件"特事",采取特别的制度来支持它。其实,从制度理论来说,一个组织越是常规的活动,越是具有生命力。因此只有与这些常规活动或者制度密切地结合起来,新的制度或者实践才是最稳定的。

　　第三,学校决策者要尽可能克服随意性。通过提供专业制度支持来更好地开展专业发展活动,这其实也是在构建一种新的专业发展制度。而所谓制度,其实质就是种模式化的行为(Patterned Behavior),一套稳定行为模式的出现:先是有一套明确的规则强迫大家这么做,然后当这种行为重复了许多次之后,人们就会觉得应该这么做,到最后人们就会理所当然地认为遇到这种情况就是这么做。由此可见,要树立一种新的制度或者行为模式,关键是可预期的重复。所以,要建立专业制度支持,最忌讳的就是学校决策者采用"根据特定情况采取特定措施"的策略,这样就会使相关各方失去稳定的预期。在这种情况下,专业制度支持本身就是不稳定的,学校教师专业发展的可持续性也就难以保证。

　　□ 实践探索

　　上海市上海中学为了改变学校干部"自上不下"的任用体制,创设轮岗机制,不仅在观念上,更在机制上保证了学校管理干部的培养与选拔。"轮岗"措施一出台,一批年轻教师跃跃欲试,真可谓初生牛犊不怕虎。通过"轮岗",有的教师切身感受到"看人挑担不吃力",也提出了"一个好教师就能做好干部吗?""当了干部就不能下来了吗?""到底怎样的人适合当干部?"等命题。

(二) 专业发展规划

　　由一名新教师成长为一名专家型教师往往需要一个过程,教师需要规划自己的发展历程。教师职业生涯规划活动,包括教师分析自己目前所处的状况,明确自己的现状和未来发展要求,制定中长期发展规划和短期发展规划,并将其付诸实践。

　　教师所扮演的角色包括课程设计者、教学改革者、教学设计和组织者、活动组织者、学生咨询者、班级管理者等多种。教师角色发展活动就是在明确这些角色要求的基础上,根据自己目前的现状,制定出改进教师角色的规划,然后按照规划去实施自主发展活动。可以借鉴图5-7的流程。[①]

---

① 陈玉琨.发展性教育质量保障的理论与操作[M].北京:商务印书馆,2006.

图 5-7　教职工发展计划的实施流程

下面是松江区××学校教师五年个人发展规划的内容框架：教师基本情况；自我诊断分析，教育教学的优点、存在的主要问题；专业发展目标，专业理念与师德方面、专业知识方面、专业能力方面；阶段实施计划，第一学年实施计划（2016 年 9 月—2017 年 8 月）、第二学年实施计划（2017 年 9 月—2018 年 8 月）、第三学年实施计划（2018 年 9 月—2019 年 8 月）、第四学年实施计划（2019 年 9 月—2020 年 8 月）、第五学年实施计划（2020 年 9 月—2021 年 8 月）；所需资源支持；自我保障措施。

（三）校本教研

校本教研，并不仅仅是日常教学工作的交流，而且是一个不断发现问题和解决问题的过程。对一般教师来说，校本教研的过程比其结果更重要。只有扎扎实实的、科学的教研过程，才能有科学的或近科学的研究结果，从而促进教师的专业发展。有些学校只重视结果，却忽视过程，导致教研活动的"成果累累"，而教师素养的提高方面并没有显著成果。

1. 校本教研关键步骤

在校本教研活动中可以关注以下几个关键步骤：发现问题，确定主题；收集资料,制定计划;行动实践,落实计划;进行反思,修改计划;再次实践;总结反思。

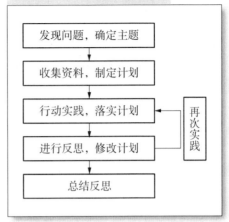

图5-8　校本教研关键步骤

发现问题。教师在自我反思中发现教育教学中存在的困惑和问题,并和教研组的成员们进行交流,选择大家都感兴趣的、普遍存在的问题,作为校本教研活动的主题。这些问题,有时在偶然的交流中被发现。精选的主题至少应该具备以下特征之一:反映出课程改革的核心理念;反映出学科教育的本质特点;反映出学生学习方式的变革;反映出教师教学行为的改变;反映出新技术对课堂教学带来的影响;等等。

制订计划。搜集、学习、整理相关的文献,了解所要研究的问题的症结和关键,制定解决问题的计划和方案。通过网络等途径多方面收集可用的资料,这些资料可以是二手资料。这一阶段的教研重点是对资料进行自我的理性分析,以自己的价值观进行判断,制定自圆其说的假设或计划。

行动实践。根据制定的研究计划,教研组成员进行分工,分头开展教育教学实践和探索,并保持探索过程中的同伴互助。落实教研活动的形式是多种多样的,可以采用听课、看录像等形式,也可以采用说课、磨课、评课等形式。

修改计划。结合实践过程中遇到的实际问题,教研组反思,修改原来的行动计划,使之更加符合教学的实际情况。

再次实践。依据新的实施方案再次开展教育教学实践,取得第一手的实践资料,并注意反思实践过程是否和修订之后的方案相吻合。

总结反思。教师个人将参加这次校本教研活动中感触最深的一件事、一个教育教学片段,通过案例的形式撰写出来,并和全组老师一起分享。

2. 校本教研的实践导向

作为专业工作者,教师的行动有明显的实践取向。他们不以发现知识为第一要务,学习时也不关注系统知识的掌握。与其他成人一样,教师的学习大多受自己的工作需求所驱动。教师经常带着工作中要解决的问题进入学习,解决工作中的问题是他们最重要的学习动机。当教师意识到自己面临问题并想解决问题时,他们就有强烈的学习冲动。

在进入培训项目时,他们一定需要培训者给予他们学习某种内容的理由,而且这种理由一定得关乎他们的个人价值。如果得不到这样的理由,或者自己判断这些内容对自己的实践没有价值,或者看不到它的直接价值,他们就可能没有学习的动力,甚至排斥、抵制学习。

教师的主阵地是课堂教学实践,这也是他们的专长。要使校本教研取得实效,关键在于确定好教学研究的主题。我们认为,研究的主题应该来自于课堂,来自于教师的亲身实践,服务于教师的教学实践,应该让教师在参与校本教研的过程中能够及时与自己的教育教学实际相结合,在实践中进行探索,在探索中学会反思,在反思中改进行为。因此,校本教研只有聚焦课堂教学,才能发挥教师的专长,提高他们的积极性,解决他们实际的困难。这既是研究趋势,又是提高培训质量的内核。

二、 教师专业发展的行动支持

教师专业发展不仅要考虑校本,还要考虑成人学习的理论视角。教师承担着重要的社会责任,在履行社会责任的过程中必须持续进行专业学习。作为成人,教师的学习具有成人学习者的特点,职场学习也就应当是教师学习的重要方式。学校就是教师的学习之所,教师专业发展需要以学校为本。

成人学习理论关于成人学习者具有以下一些假定:第一,成人具有清楚的自我概念,具有自我导向学习的能力。第二,成人拥有认知需求,知道为什么学习。第三,成人具有丰富的学习经验和工作经验,这些经验是成人学习的资源。第四,成人学习以生活为中心,且以问题或任务为导向。第五,成人的学习动机主要来自于内部,而不是外部。

(一)任务驱动

要发展教师领导力,仅仅在教室中进行正式培训是不够的,但这种正式培训的方法仍然在领导力发展中扮演着重要的角色。在领导力发展过程中,英美组织往往混合运用各种方法,使它们相互补充,以取得最好的发展效果。

如今,领导力发展的目标是行动而不是知识掌握,因此今天的领导力发展意味着给人们提供从他们的工作中学习的机会,意味着帮助人们从工作中学习,而不是把他们从工作中拉出来学习。帮助领导者从发展型经历中学习已成为最重要的领导力发展方式。领导力发展的研究者和实践者都在尝试着各种方法来促进人们从工作中学习,如建立各种发展型关系、指导、教练、工作任务指派和行动学习法等。

1. 教师的学习具有明显的自我导向性

自我导向学习是成人教育理论确认的成人学习的一个重要特点。它是指学习者自己感受和评估学习需求,自己确定学习目标,主动寻找学习资源,自己确定学习节奏的过程,指学习者对学习进行自我引导、自我监控、自我管理的倾向。

教师的学习表现出明显的自我导向性。他们通常基于自己的需求进行学习,外部的任务通常难以有效驱动教师的学习;他们通常有自己的学习目标,比如大多数教师更关注课堂实践,一些难以直接在实践中应用的"理论"就难进入他们的学习目标体系;他们更愿意自己确定学校实践和场所,外部规定时间和场所的学习会受到教师的抵触,教师的学习通常很少受时间和场所的局限。在教师的专业发展中,实践性知识起着关键的作用。日常教学实践场景中,他们的学习依然有比较明显的自我导向性,比如在碰到问题的时候首先不是选择求助于他人,而是尝试自己去探究,自己去解决;比如他们也会因为自己的需要去搜寻相关的信息。

2. 进行日常教育教学的行动研究

学校为教师专业发展提供了情境。所谓教师专业发展,简言之,也就是专业工作的不断改善。而按照著名教育家埃尔莫尔(Richard Elmore)的观点,改善首先需要"学会在工作情境中做正确的事"。学校就是教师的工作情境,教师的专业发展也首先是学会在学校中做正确的事。

学校为教师提供了从事专业工作的场景。尽管教师的工作在空间上明显具有广延性,不局限于学校这样一个空间范围,但学校无疑是教师工作最重要的场景。在这样一个场景中,教师从事着各种专业活动:了解学生,钻研教材,收集各种教学和课程资源,设计并实施教学活动,评价学生的学习成绩,管理班级,解决学生在学习和其他行为上存在的问题等。当教师在从事这些专业活动时,无论教师是否有学习的自觉,学习都必然会发生,因为专业的实践经常会带来经验。当有些教师能够更进一步地对自己的具体经验进行观察、反思以及抽象概括化,甚至主动去实验验证时,教师的专业发展会更加明显、更有成效。

教师的日常教育教学工作中充满了需要探索和解决的问题,这些问题带有行动研究的性质。教师日常的行动研究,通常以发现自己在教育教学实践中遇到的问题为开端,进而分析问题产生的原因,选择或设计解决问题的策略,然后实施这种策略,在实施中反思策略得当与否,问题解决是否完善,从而进一步修订和调整行动策略,如此循环,直至问题解决。

编写教学日记或教学叙事。教学日记或教学叙事是教学反思的载体,是记录教育实践和教师独特感受的工具。经常写教学日记或教学叙事,能保证教师的日常化反思,可以培养教师的自我意识、思维意识和专业发展意识。教学日记或教学叙事还可以起到相互交流教学经验的作用,教师可以借鉴他人的教学日记或教学叙事来改进自己的教学实践。教师撰写教学日记要抓住关键事件来叙写,深刻反映教学反思。

调查课堂教学活动。课堂教学调查是从学生视角反思教师教学的一种方法。通过调查了解学生怎样看待教师及其教学,并以此来调整和改进教师的教学行为。这一活动的关键在于要让学生把他们的真实想法表达出来。

进行学生个案研究。学生个案研究就是把教师自己的关注点集中在一个或几个学生身上,用观察与研究到的结果来改进教育工作。这种研究可以揭示教师自己在教育价值观、教育理念和学生观方面存在的问题。

3. 职场比赛

人都是有惰性的,没有压力就不会产生动力,没有动力就不会产生活力。所以,学校给培养对象压担子,让其负重成长,让其在自我加压、自我实现中培养真本领、获得真水平,并成为真师、"名师"。

有意识地将进步很快的教师提拔到各个层次的领导岗位,明确其职责,提出相应的工作要求,定期对他们进行考查,不断鞭策他们,以促使他们不断提高。[①]

□ 拓展

比赛推进。比赛是推动进步的有效方式,我们必须运用好比赛这种有效的方式开展校本培训。YS中学利用工作时间进行富有实效的比赛。常年赛课是推进比赛的最重要的形式,每学期都开展赛课活动,不管学期时间多么短、任务多么重,YS中学都高度重视赛课。赛课是促进教研最有效的方法,是学校发展的重要载体。

教师应该充分利用所有机会进行自我发展,除了在培训期间接受培训之外,还要充分利用自己的教学实践和教学行为进行自我发展。教师在教学实践当中要不断尝试和内化培训中学到的东西。只有提高教师的自我发展意识和终身学习发展的思想,才能真正实现教师的专业化发展。

(二) 经验中学习

经验在所有人的学习中都发挥着重要的作用。美国著名教育心理学家奥苏伯尔在其代表著作《教育心理学——认知观》的扉页写道:如果我不得把全部教育心理学还原为一条的话,我将会说,影响学习的唯一最重要因素是学习者已经知道了什么,要探明这一点,并据此进行教学。教师的学习同样有明显的经验基础。当教师在经历、实践时,都在有意无意地积累着经验,如果他们能用头脑去经历,就可能积累更多的经验。资历长的教师会有更多的经验,但即使是刚走上讲台的新教师也有不少的经验。比如,他们作为学生的学习经验,这些经验甚至可能是经过整理的、系统化的、非常明晰的;比如,他们对教育教学所持的一种印象、信念,尽管对于新教师而言、印象和信念可能是模糊的、含混的、未加检视的;比如,他们在职前教育项目中的见习实习中通过自身实践获得的具体经验,将也即不再以纯粹的学生身份,而是以准教师的身份有意识地获得的经验。

1. 从他人经验中学习

很多教师抱怨在培训中学不到东西,他们往往把责任推给客观因素或培训

---

① 刘金玉.学校高效管理六讲[M].上海:华东师范大学出版社,2012.

方,而很少反思自己的学习行为。事实上,参训者本身也存在一些问题,如,无明确目标,无正确态度,无灵活方法。极少数参训者抱着混一张证书的态度,没有珍惜参训的机会,没有认真对待培训,因此培训课上手机声不断、谈笑声不断、轮换缺席者不断。

教师应该认识到,培训是政府给教师提供的福利,是提高自己的机会。教师应该抓住和充分利用这个机会,发扬主人翁的精神,提高自己的专业素养。教师要明确自己的参训目标,对自己的学习和大家的合作学习承担责任,从而使学习不再是一个被动接受的过程,而是一个自主、合作和探究的过程,带着问题参加,拿着"答案"结束。

参训教师在培训中充分发挥主体作用,体验多种学习方式。参训教师要充分利用教学实践中积累的宝贵经验,将培训内容与教学实践中的案例联系起来,把教育理论内化为己有。通过这些,参训教师重新体验和感悟学生的认知过程:教师在教学中应思考如何把握和有效利用学生的经验和已有知识;如何探明原有知识经验与新理论冲突之间的机理;如何把握好学生的"最近发展区"。

2. 从自己经验中学习

教师所拥有的经验为他们的进一步学习提供了基础。他们会以原有的经验审视筛选新的学习内容,会借助于原有的经验和知识同化新的知识和经验,会以习惯化的思维或学习方式进行新的学习。实际上,职场中的教师非常关注自己的经验,在很大程度上凭自己的经验行事,也更看重他人尤其是那些资深同僚的经验。

相对于拥有学术知识的人,那些拥有教育教学实际经验的资深教师更易于得到其他教师的尊重——在我们的教师培训经验中,来自教育教学一线的培训者总体上要比专门从事研究的培训者更受欢迎。很多教师在描述自己的成长和发展时通常更多地强调自己的实践经历以及在这种经历中所获得的经验和教训。也许正是在这一意义上,波斯纳才说,教师的成长是经验与反思的结合。

当教师以自身的经验为基础,并将经验作为反思的对象时,他们的学习会更有效。一些顾及教师的原有知识基础和经验、能将教师已有经验作为培训的资源、能够引发教师的认知冲突、能够激励教师对自己的经验进行反思的培训项目,通常也是更受教师欢迎、使教师觉得受益更大的培训项目。不过,经验对于学习带来的并非全是正面的影响,很多时候经验有负面的影响,会导致习惯性思维和偏见,先入为主,对新观念不那么开放。许多教师凭经验行事,受习惯驱动,不愿尝试新的做法,教师中间经常弥漫着保守主义倾向,凡此种种,实际上证明了经验在教师学习中的另一种影响。

(三) 行动中学习

"行动学习"是雷文斯(Revans)提出的概念。他把行动学习定义为这样一种方式:人们作为个人或群体学习者致力于解决实际工作中的问题,同时增强自身的技能。可以这样描述行动学习:既是一种过程,也是一种强有力的项目,它涉及一小群人在解决真实问题的同时,关注他们正在学习什么以及他们的学习怎样使每个群体成员和组织整体获益。行动学习最大的价值或许是它增强了个人、团队及组织更加有效地应对变化的能力。学习使行动学习具有战略性,而不是技术性。

理解行动学习理念的几条基本原则对有效实施行动学习项目具有重要意义。可以说,第一知识是行动的结果。雷文斯认为,学习(L)包含两个要素:学习是"结构化知识"(Programmed Knowledge)(P)与"质疑性见识"(Questioning Insight)(Q)之和,即 $L = P + Q$。学习显然既包括对已知事物(P)的吸收,也包括在无人知道如何行动的情况下询问正确问题的能力(Q)。结构化知识能够通过技术性教导习得,而质疑性见识却需要通过在工作中学习获得。行动学习关注的是这种质疑性见识。因此,在行动学习过程中,群体成员相互启发、询问,进行批判性反思是至关重要的。

具体分析行动学习的实施,可以看到,行动学习项目试图包容尽可能广泛的多样性。比如,在分析与问题相关的情境因素时,兼顾尽可能多的利益相关者,以确保在质询过程中使一系列知识、信仰、价值观念、思想和利益得以全面呈现。而且,行动学习项目的参加者获得了界定、探索和重构现实的机会,从而产生对现实的更深刻理解,并获得了使自己积极投身于有意义的行动的力量。这样,行动学习帮助人们以不同方式去理解和诠释问题,从而提高群体的导航能力。

摩根(Morgan)和拉米雷斯(Ramirez)指出了行动学习得以发挥作用的必要条

件,包括组织者(促进者或顾问)提供必要的资源和引导,行动学习应该是民主的、集体性的、主动的,行动学习应该努力将个人变革与社会性变革联系起来,把不同种类和不同层次的理解整合起来,行动学习应致力于创造不断演进的条件等。

行动学习法强调行动的重要性,而不仅仅是谈论行动,另外,参加者的决策会付诸组织实践,从而带来直接、真实的后果。行动学习法涉及的是组织面临的真实问题,是尚未得到解决的问题,不是为练习而准备的案例。行动学习中所涉及的所有人都是以真实身份参与项目,而不是扮演什么角色。

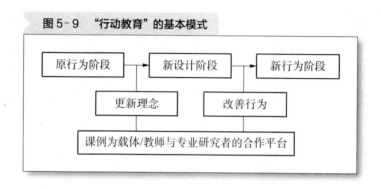

图5-9 "行动教育"的基本模式

青浦教研试验就是"三实践二反思"行动教育模式,原行为阶段关注个人已有经验的教学行为,在第一次反思中寻找自身与他人的差距,更新理念;新设计阶段关注新理念、新经验的课例设计,进行第二次反思,寻找设计与现实的差距,改善行为;新行为阶段关注学生获得的行为调整。

□ 实践探索

风华中学各学科教研组备课组基于单元教学设计开展活动,主要分为三个层面。

第一层面:以教研组为主体开展,主要研究和实践内容为对单元的整体解读、结构梳理和关键活动设计。在教研组,通过以下问题链来体现三维目标:如何对跨课时活动的设计进行融合。

(1)跨课时活动如何体现单元学习目标?

(2)跨课时活动的综合性是否适合?

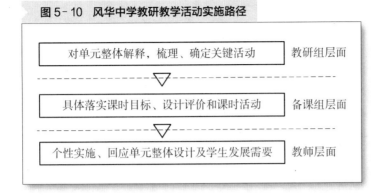

图 5-10 风华中学教研教学活动实施路径

对单元整体解释，梳理、确定关键活动	教研组层面
具体落实课时目标、设计评价和课时活动	备课组层面
个性实施、回应单元整体设计及学生发展需要	教师层面

（3）课时活动的设计是否体现学科逻辑顺序、学生认知规律、单元学习重点、单元学习重点的有机融合？

（4）活动设计如何突出"问题解决"特征？

（5）活动过程是否体现了有助于学生自主建构知识和体验知识的方法？

（6）活动评价的设计是否做到客观、有操作性？

第二层面：以备课组为主体开展，主要研究和实践内容为基于校本化单元教学设计规格提炼和主备单元活动设计，其中包含大概念确定、过程性评价设计和课时活动设计。

第三层面：以教师为主体开展，主要研究和实践内容为具体化课时教学方案、实施教学并反思。对于单元教学中单元的重点活动，每位教师在课堂教学中都需要根据学科课程标准、学科教学基本要求和教材要求，针对现阶段学生的特点，结合自身的特长，设计更为个性化的课堂教学设计，并以此作为基础进行备课组活动。[①]

（四）专业支持

1. 校长的专业支持

我们说教学领导者是校长的一个关键角色，并不是说仅由校长单独担负领

---

① 上海市教育委员会教学研究室. 课程领导的上海高中行动［M］. 上海：上海科技教育出版社，2019.

导教学责任,校长和教师都是教学领导者。目前,我国大多数校长都从事过班主任、教导主任等工作,从优秀教师转变为骨干教师,再转变为副校长、校长等行政领导。一般来说,他们具有某学科专业知识,而且具有行政性的学校管理能力。

校长的主要职责是创建和发展良好的学校氛围,以利于教学实践的顺利进行。因此,为实现促进教学这一主要目标,校长应该同教师建立良好的伙伴关系。

(1) 优秀的学术能力是学校中的强大激励力量。

(2) 卓越的教学和持续的教学发展是教学领导者和教师正在进行的合作活动。

(3) 教师是促进教学发展的核心;最终,只有教师自己才能够变革和发展他们的课堂教学实践,因此,教师的动机和自我调控是教学发展的关键。教师心里要明确自己对发展的追求。

(4) 校长必须向教师提供课堂中成功教学所需的建设性意见、资源和材料;的确,资源的支持者是校长的一个基本角色。

(5) 校长应该成为一个明智的领导者,能够和教师一起共同分享教学、动机、课堂管理和评价等领域的最新进展。

(6) 校长应该引领教师和学生参与确认、庆祝学术成功的活动,因为该活动有利于增强优秀学术能力的理念和文化。

2. 学科组长的专业支持

1998 年,英国教育与就业部下设的师资培训局公布了《学科领导标准》,希望学科领导者通过专业发展,在学科的策略方向和发展、教学和学习、领导和管理教职员工以及有效率和效能地运用教职员与资源四个方面发挥实质性的影响,成为变革的代理人。根据其职责,学科领导人也被赋予相应的权利,包括学科发展自主权,如教材的选择、教学内容的安排等;雇佣和安排教师权,在学科教师的雇佣上,可以对校长提出建议;监控与评价教师权,学科领导人要监控完成学科计划和目标的发展,评价教学效果,并指导进一步提高;管理和组织资源权,他们有一定的购买、组织、开发、更新和分类、存档相关资料、设备和人力资本的权力;确定学科教师和资源需求,并建议校长和高层管理者增加支出的权力。

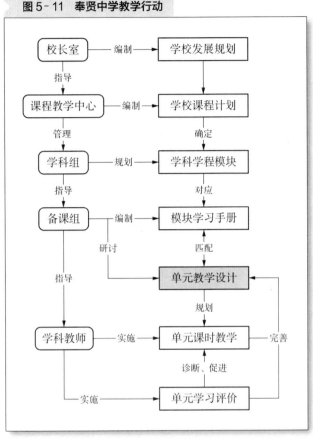

图5-11　奉贤中学教学行动

学科组长的课程领导是专业领导。我国学校中以教研组、学科组的形式展开教师群体教学研讨活动,具有比较悠久的历史,也构成了独特的学校教师学习文化。学科组长进行课程领导不应当是单纯的行政行为。课程领导是专业的工作,课程领导除了一般的课程行政领导之外,不能排除课程专业学术领导。如英国的《学科领导标准》所言,学科领导人除了执行学科相关的职责外,还要以更积极的态度、更高的视角来思考学科的发展策略,为学科发展提供指导,保证学科教师向着共同的愿景发展。图5-11是奉贤中学单元教学设计研究中的教学行动路径。

学科组长的课程领导是合作行为。学科组进一步成为广泛探讨学科教学问题,展开卓有成效实践活动的阵地,学科组的建设也被提到了学习型组织建设的高度。从单纯的管理型拓展到引领研究型,学科组长的职能发挥应更多地关注同伴专业发展的需求,以及学校教学发展。

□ 实践探索

上海市育才中学实施"问题中心"教学,要求教师必须深入发掘学科价值,更多地关注学生的认知规律,能够提供本学科所独具的问题视角、思维策略、特有的运算符号和逻辑工具等,把问题置入课堂,从而进入学生的思维世界与价值体系中,用问题建构学生的学习和成长。例如,育才中学活动课,根据当前的社会热点和学生感兴趣的问题,结合课本知识,在教学中穿插不同形式的活动,如课题探究、我做代表我提案、案例小品辨析、辩论赛等,学生分工合作,查找资料,深入调研,形成初步成果,在课堂上充分交流展示。每一种活动课着眼于学生自主学习能力、思维和表达品质、分工协作的意识、质疑和创新精神的培养以及参与及合作的态度等,设定评价标准,师生一起参与评价,使得学生不再是游离于课堂之外的旁观者,争先恐后地举手,头头是道地讲解,你来我往地争论、画龙点睛地解答,成为政治课堂的常态。①

三、 教师专业发展的文化支持

学校文化氛围对教师专业发展有较大影响。学校应该成为教师成长的乐园,使教师在工作中提升自我效能感,为此合理分配工作任务,促进教师间形成爱学习、爱研究的文化。

(一) 提高教师效能感

1. 自我效能感

自我效能是由班杜拉提出的一个心理概念,指人们对自己能否有效地实现特定行为目标的自我认知,以个体对能力、经验、过去的绩效、与任务目标相关的信息等多种资源的感知作为评估基础。当对某个任务的自我效能感强的时候,对这

---

① 上海市教育委员会教学研究室. 课程领导的上海高中行动[M]. 上海:上海科技教育出版社,2019.

个目标的承诺就会提高。这是因为高的自我效能感有助于个体长期坚持在某一个活动上,尤其是当这种活动需要克服困难、战胜阻碍时。高自我效能感的人比低自我效能感的人坚持努力的时间要长。

教学效能感是一个教师关于他或她能否影响甚至包括那些难对付的学生,帮助他们学习的信念。自我效能感理论认为,有很高效能感的教师工作会更努力、更耐心,即使学生很难教也是如此,原因是这些教师相信自己和学生。

我们发现未来的教师常用完成教学来增加他们的个人效能感。在其他教师和领导者也对学生有高度期望的学校,在教师能从领导、上级那里获得帮助,以解决教育、管理等方面问题的学校,教师的个人效能感更高。其他一些重要研究的结果是,效能的增长来自于与学生一起取得的实实在在的成就,而不仅仅是来自于导师、同事精神上的支持。任何帮助教师胜任日常教学任务的培训和练习都将为教师在其职业中效能感的发展奠定基础。

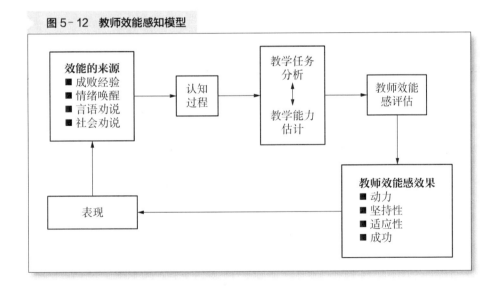

图 5-12 教师效能感知模型

教师的效能感与学生成绩。教师强烈的效能感是如何对学生成绩的增长起作用的呢?教师效能感需要特有的背景,教师并不是对所有的教学情形都感觉同样有效。教师在一种情形下感觉有效,但在其他情形下却不行。

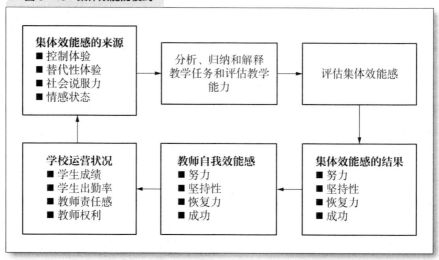

图 5-13 集体效能的模式

有一股新型力量支持集体效能感影响学生成绩的观点。在班杜拉有关教师集体效能感和学生成绩创新性的研究中,他得出两个重要结论:学生成绩(仅指在学校里面)与教师集体效能感有显著的、确实的关联;较之学生社会经济地位,集体效能感对学生成绩有更大的影响(仅指在学校里面)。

2. 发展性工作

工作任务指派有时候是一项完整的工作,有时候是某些工作的一个部分;它既可以是一项全新的工作,也可以是在现有工作上增加的新责任。严格的意义上来讲,并非所有的工作任务指派都具有发展作用,使一项工作任务具有发展性的基本要求为:必须把人拉出舒适区,要求他们运用不同的方式思考和行动,也就是要把人放到一种具有挑战性的情境中,这样的环境充满了要解决的问题、需要处理两难,以及需要在有风险的、不确定的条件下做出选择。

发展性工作任务的关键要素是挑战:通过处理不熟悉的任务并看到行动的结果,人们从他们工作的挑战中学习,从而带来在如何决策、行动、处理风险、管理关系和解决问题方面的变化。麦考利(Mccauley)等人开发了一种测评工具"发展型挑战量表"(DCP),用于测评不同工作中的发展性因素。经过多年的研究,他们已经确认了五大类与发展相关的挑战来源:变换工作、创造变化、更高层面的职责、管理边界和处理多元化。在这些大类中有大量具体的挑战,它们源于工作中的角色、职责、任务和情境。

工作任务指派中的挑战总是相对的,同样的工作任务对不同的人而言,往往具有不同的挑战程度。因此,为了使工作任务指派发挥尽可能大的发展作用,应该把工作任务指派给适合的人。工作任务与承担者的匹配又牵涉这样几个问题:第一,工作任务对于承担者而言,什么样的挑战程度是合适的。大部分从事咨询工作的专家都认为,在挑战性任务和无法控制的任务之间存在一条精细的界线,这条线的位置因人而异。有两条指派发展型任务的通用标准:①职责方面的变化越大,学习的内容越多;②职位的职责范围越广,学习的内容越多。确定一个人刚好能处理多大程度的挑战是复杂的,它与个人的技巧、能力和背景等诸多因素相关。第二,需要平衡工作任务指派时的发展性目标取向和确保任务成功的目标取向,要做到这一点并不容易。组织通常倾向于将任务指派给那些已经做好充分准备的或者是擅长此类工作的人,以确保任务成功完成。但在这种情况下,任务承担者不会在工作中遇到什么挑战,那么从工作中学习到的就会相当有限。如果组织以发展性为目标,将工作任务指派给那些没有100%把握能完成任务的人,的确冒一些风险。但过于谨慎也有风险,没有将人们置于他们能从中学习和成长的任务的组织,永远也无法使领导后备力量做到充沛。

在找到一项工作的"最佳人选"(从任务成功的角度看)与找到能从这项工作中学到最多的人之间,的确存在巨大张力。这种张力要求组织做到最大限度的业绩与最大限度的发展之间的平衡。平衡两者之间的冲突,就需要战略性地规划工作任务指派。不管一项工作任务包含着多么强有力的发展性,只有当任务承担者愿意接受挑战,能够有意识地尝试不同的领导方式时,学习与发展才有可能产生。个人是否持有一种发展性视角,会极大地影响他对发展型任务的利用程度。类似地,为了使个人和组织都能从发展型任务中获取最大收益,组织也需要有意识地采取各种能促进工作发挥发展作用的措施。

奥约特(Ohiott)指出,要系统地将工作任务指派用于发展领导力,组织需要完成以下五项任务:对于任务可以怎样具有发展性这一点,在组织中创建一种共同的理解;帮助个人看到他们目前工作中的学习机会;把发展作为给个人指派任务的一个标准;在执行发展型任务期间,使个人的学习达到最大限度;长期跟踪发展型任务。

职场中的工作压力对员工的工作态度与行为表现具有重要的影响。卡瓦诺 (Cavanaugh)提出了挑战性压力和阻碍性压力(压力源)的概念。挑战性压力是指个体认为能够克服,并且对其工作绩效与职业发展有利的工作压力,包括工作负荷,工作复杂性等;阻碍性压力是指个体认为很难克服,并且对其目标实现与职业发展不利的工作压力。挑战性压力和阻碍性压力对个体身心健康都是有负面影响的,挑战性压力对工作相关变量,如工作满意度和组织公民行为具有正向影响,对生产行为和离职倾向具有负面影响;阻碍性压力对工作相关变量的影响相反。

□ 拓展

挑战性压力和阻碍性压力的量表内容(其中 1—6 题为挑战性压力测量,5—7 题为阻碍性压力测量):

1. 我需要完成的项目或任务的数量;

2. 我花费在工作上的时间;

3. 在规定时间必须完成的工作量;

4. 我感受到的时间紧迫性;

5. 我所承担的责任大小;

6. 我的岗位所涵盖的责任范围;

7. 影响组织决策的是政治技能而不是工作表现;

8. 无法清楚地了解自己的工作标准;

9. 完成工作需要经过大量的官僚程序;

10. 我对工作缺乏安全感;

11. 我的职业生涯似乎遇到瓶颈了。

挑战性压力对工作相关的态度与行为具有正向预测作用,阻碍性压力具有负向预测作用。对于个体的身心健康,都有负向预测作用。阻碍性压力与积极工作态度负相关,与消极工作态度正相关。

(二)学习型团队建设

1. 学习型团队

学习是心灵的正向转换,学校如果能够顺利导入学习型组织,不只能够达到更高的组织绩效,更能够带动组织的生命力。学习型组织应包括五项要素:①建立共同愿景(Building Shared Vision);②团队学习(Team Learning):透过集体思考和分析,找出个人弱点,强化团队向心力;③改变心智模式(Improve Mental Models):唯有透过团队学习,以及标杆学习,才能改变心智模式,有所创新;④自我超越(Personal Mastery):个人有意愿投入工作,专精工作技巧的专业,个人与愿景之间有种"创造性的张力",正是自我超越的来源;⑤系统思考(System Thinking):培养综观全局的思考能力,看清楚问题的本质。

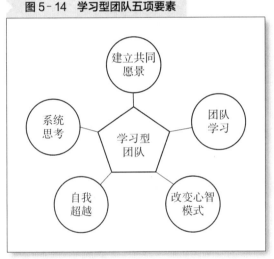

图5-14　学习型团队五项要素

　　如美国早在1996年制定的《美国洲际学校领导协议:学校领导者标准》①中,就将学校领导者定义为"一位促进全体学生成功的教育领导者",并将学校领导者的第一个标准锁定在学校共同体的建设和推进上,它指出,学校领导者是一位促进全体学生成功的教育领导者,其职责是,推进一种学校共同体所共享和支持的关于学习远见的开发、连接、实施和服务式管理。

　　学校课程领导者为了促进教师专业化发展,应模范带头,带动学习氛围;建立愿景,提高思想动力;赋予权力,提供参与平台;整体规划,推动终身学习;善用评

① 余进利. 课程领导研究[M]. 上海:上海教育出版社,2009.

估,促进协作和竞争;等等。校长作为学校领导,在制定教师发展规划时,应以提高教师专业素养为最高目标,明确规定每个教师每年应参加学习提高的时间表,设法将教师从繁重的工作中解放出来,让他们有"充电"的机会,有"洗脑"的时间,有专业发展的可能性。

改善之途就是要把学校教师培养成自己以及自己所在的团队中的领导,培养成自己及自己所在的共同体所从事项目的领导。因此,要将建构学校课程与教学发展目标的过程转变成一个人人参与的过程。在此,"参与"的含义是指个人的思想和感情都投入一种为团队目标作贡献、分担责任的团队环境之中。只有这样,学校教师才能从中看到自己的影子,才能共享学校课程与教学的发展愿景,才能为之奋斗。

营造平等、和谐的研究氛围是关键。比如,参加教研活动者的身份是平等的,没有上下级之分,也没有专家权威和"新手"之分。学校领导和专家要以普通一员的身份参加校本教研活动。有的学校采取沙龙式的教研活动,让所有的教师在民主和谐的氛围中畅所欲言,充分发挥全员的发散思维,让每一位教师根据自己的实践和理解发表自己的观点,让所有的教师根据自己的理解和需要吸取知识。要达到真正的民主的教研氛围,首先每个人要对主题有一定的思考和研究,有一定的判断能力,才能打破"听课"者的身份主动参与研讨。在最成功的学校中,教师都有一种强烈的共同体观念和一种共享的使命感,教师有时间共同规划和交谈,互相观察对方的教学工作,并共同反思他们的实践。

在课程改革的过程中,要实现个人和学校的发展目标,没有什么比教师之间的合作更重要了。因为,在当前的中小学,分科主义与竞争文化可以说是两个比较突出的特点,而这都给学校的发展造成了一定的负面影响。其中,分科造成了各门学科之间的封闭和对立,使教师忠于学科本位,遵从学科体系,而不是从学生发展的角度来考虑学校的课程与教学设置。如在课程设置上,教师更多地考虑的是自己的课时而不是如何更好地与其他学科相协调。而竞争文化遵从的是相对排名,大家彼此设防,甚至不惜恶性竞争以达到超越别人之目的,比如有的学科教师违反学校作业量的统筹要求布置大量的作业,这更是不利于学校、教师、学生之间的正常对话与交流。

潜在的革新的课程领导者忠于有责任感的专业道德。他们认为自己不仅仅"就是个教师",并意识到有必要合作工作,建立专业共同体(Professional Community)和以关爱性、创造性、批判性、沉思性发展为标志的探究的专业文化。这些领导者与所有对此感兴趣的人、投资人以及其他参与者一起合作,例如学生、家长、教师、行政人员、后勤人员和中新办公室人员等。他们探索、争辩、思考和分享不同的看法。[①]

2. 开放性学校氛围

开放性的两个要素(领导者和追随者)是相对独立的。也就是说,学校很可能同时拥有开放的教师交往和封闭的甚至邪恶的校长行为。因此,在理论上,可能存在四种学校氛围的对比类型(如图5-15)。

第一种,两个要素都是开放的,引发出校长和教师行为的一致性。第二种,两个要素都是封闭的,引发出一致的封闭性。此外,还有两种不一致的模式。校长对教师的行为可能是开放的,但是教师之间的交往可能是封闭的;或者,校长对教师的行为是封闭的,但教师之间的交往是开放的。图5-15给出了这四种氛围类型模式的概要。

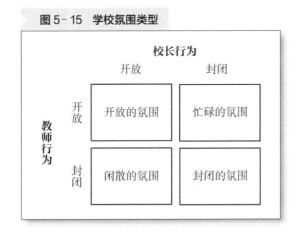

图5-15 学校氛围类型

---

① (美)詹姆士·G.亨德森,(美)理查德·D.霍索恩.革新的课程领导(第二版)[M].志平,李静,译.杭州:浙江教育出版社,2005.

开放的氛围。开放氛围的区别性特征就是存在于教师之间以及教师与校长之间的协作和尊重。这种结合表明这样一种学校氛围：校长听取教师建议并对其持开放态度，经常诚恳地称赞教师，尊敬教师的专业能力（高支持性）。校长给教师充分的自由去工作，没有严密的审查（低指令性），并且利用职权之便避免官僚主义的琐事（低限制性）。同样，教师行为也支持开放的和专业的教师交往（高度有组织的关系）。教师之间彼此很了解，并且是亲密的朋友关系。他们互相协作，共同承担工作任务。校长和教师的行为是开放和可信的。

一方面，开放的环境有可信的人际关系，它也许能够使建设性的改变取得成功；另一方面，封闭的氛围呈现出敌对的、怀疑的、不可靠的环境。在封闭的氛围中，任何教育改革都注定是失败的。

有关学校氛围的研究一贯支持这样的结论，即学校的开放性和其情感氛围以可预测的方式相关联。开放性与较低的学生离散度和辍学率、较高的学生满意度联系在一起。另外，开放的学校一般比封闭的学校更有效，教师也更乐意参与学校事务的决策。

开放的组织关系同样对学校产生积极影响，因为它们可以推动教育改进。没有任何一种氛围能确保有效的教学，因为学校氛围不能使糟糕的规划变好，也不能使能力弱的教师变强，但一个开放的学校氛围能够为反省、协作、变化和进步提供必要的环境。

健康的学校氛围。健康的学校氛围可以保护学校免受社区和家长的无理压力。董事会（领导团队）可以成功地抵制既得利益集团所有目光短浅的人对学校政策的影响。健康的学校有充满活力的领导方法，该领导方法既是以任务为本，也是以关系为本。这种行为是受教师支持的，更为学校指明了方向，并保持高标准的成绩。另外，校长能对其上级的行为产生影响，并且有能力独立地实施其想法和行动。健康学校的教师在教学中是负责的，他们为学生制定高的但是能实现的目标，保持高标准的成绩，学习环境是有序、严肃的。而且，学生在学业上刻苦努力，被高度激励，并且尊重其他在学业上取得成功的同学。需要的班级供应品和教学物资都可以得到。最后，在健康的学校里，教师彼此喜欢、彼此信任，对工作充满热情，坚决地和学校融为一体，他们以自己的学校为荣。

□ 拓展　你的项目团队有效性如何

1. 你的团队对其目标有明确的理解吗？

2. 项目工作内容、质量标准、预算及进度计划有明确规定吗？

3. 每个成员都对他的角色及职责有明确的期望吗？

4. 每个成员对其他成员的角色和职责有明确的期望吗？

5. 每个成员了解所有成员为团队带来的知识和技能吗？

6. 你的团队是目标导向型的吗？

7. 每个成员是否强烈希望为实现项目目标而做出努力？

8. 你的团队有高度的热情和力量吗？

9. 你的团队是否能高度合作互助？

10. 你的团队是否经常进行开放、坦诚而及时的沟通？

11. 团队成员愿意交流信息、想法和感情吗？

12. 团队成员是否能不受拘束地寻求别人的帮助吗？

13. 团队成员愿意相互帮助吗？

14. 团队成员能否做出反馈和建设性的批评？

15. 团队成员能否接受别人的反馈和建设性的批评？

16. 项目团队成员中是否有高度的信任？

17. 成员是否能完成他们要做或想做的事情？

18. 不同的观点能否公开？

19. 团队成员能否相互承认并接受差异？

20. 你的团队能否建设性地解决冲突？

□ 实践探索

面对新高考政策对学校教学管理、硬件设施、教师队伍建设等带来的新挑战，大同中学为教师积极创设平台，对不同发展阶段的教师提供相应的专业成长方案。学校采取听课、备课、教研、比赛、学科带教、主题沙龙、学科工作坊等多种形式，引领教师开展国家课程的校本化研究、学科单元教学设计、基于调研的行动改进等,推动教师对学科课程的理解力、对教学的执行力得以提升。[①]

思考题

　　1. 学校制度有助于实现你的专业发展规划吗?

　　2. 你觉得哪一种行动对你的专业发展最有效? 为什么?

　　3. 你在学校团队中感受到成长的乐趣了吗?

第三节　资源的保障性

　　课程资源是保证课程目标实现和课程实施顺利进行的基础,是组成课程的要素和课程实施的条件。[②]

　　PISA 研究学校资源和学生成绩关系时,考虑了以下资源指标:①人力资源指标:学校生师比均值;学校层面的教师短缺指数。②物力资源指标:学校平均每生教学计算机数量;学校层面的学校教育资源质量指数。③教育资源指标:学生常规校内课程学习时间的学校平均数;学生校外课程学习时间的学校平均数;学生自学或家庭作业时间的学校平均数;学校提供的学科学习机会;促进学生学科学习的学校活动指数的学校平均值。④录取、分组和选拔:校内所有科目进行能力分组的学校;录取中学业选拔性高的学校;录取中选择性低的学校。⑤学校管理和资金:政府资金比例高的学校;家长施加压力巨大的学校;竞争性学校比例大的教育系统。

　　没有课程资源的广泛支持,再好的课程改革方案也难以变成现实。调查中发现,很多学校在实施课程方案中遇到的最大困难之一就是缺乏课程资源。课程资源的缺乏至少有以下两方面原因:一是对课程资源的认识不够,导致没有充分利

---

① 上海市教育委员会教学研究室.课程领导的上海高中行动[M].上海:上海科技教育出版社,2019.

② 吴刚平.课程资源的分类及其意义(一)[J].语文建设,2002(9):4.

用周围唾手可得的课程资源;二是没有有效开发和共享课程资源。

学校课程资源的建设,要以学生发展为宗旨,给学生提供丰富的课程资源,并为创建学校特色服务;学校课程资源建设以资源共享为前提,充分利用学校资源和社会资源,动员师生共建共享,并利用信息化平台提高共建共享的有效性。

一、 校内资源配置

课程资源配置,看起来是小事,但涉及教育公平,也涉及学校发展战略,至关重要。资源配置(Resource Allocation)是指对相对稀缺的资源在各种不同用途上加以比较做出的选择。在社会经济发展的一定阶段上,相对于人们的需求而言,资源总是表现出相对的稀缺性,从而要求人们对有限的、相对稀缺的资源进行合理配置,以便用最少的资源耗费,获取最佳的效益。

教师应树立正确的教育思想,并面向全体学生,给每个学生以公平的机会,以发展的眼光评价学生。

(一) 校内资源分配

要合理地配置学校内部教育资源,实现中小学教育教学过程中的教育公平,必须采取以下一些措施:学校领导者要树立教育公平意识,在不同班级之间合理地配置教育资源。

1. 资源配置不公平现象

在一些中学,迫于升学率的压力,还存在着隐性的重点班与普通班,一些学校领导对重点班与普通班的教育资源配置有明显差别,重点班可获得更多的优质教育资源。要合理配置学校内部教育资源,就必须杜绝这种现象,要在全校所有班级之间公平合理地分配各种教育资源。

学校领导要在不同学科之间合理配置学校内部的教育资源。由于语文、数学和外语是中考和高考的主要科目,一些学校领导在配置教育资源时经常把大量的优质资源配置到这些学科上,如配置最好的教学设备。而体育、音乐、美术等科目则成了弱势学科,很难获得优质教育资源。这种资源配置的结果会影响那些具有体育和艺术特长学生的发展,导致教育不公平现象的发生。

学校领导还要在教师之间合理地分配教育资源,如教学资料、教学设备和学习机会等资源,这些资源分配与使用的结果,不仅可以在提高教师的专业素质和教学水平方面产生积极的作用,同时也可以对学生的学业成就和身心发展产生积极的效果。

2. 生源分层与教育资源不均衡配置互为因果

分班是为了改进教学,有利于所有学生更好的发展。但在很多领导者眼中发展水平好的学生就要配备优秀教师和一流资源,这就造成了教育的第二次不公平,这是问题的主要表现形式。

由于分班教学实施中所衍生的问题非常复杂,主要可能有以下几种:一是把分班教学等同分"好班""差班"所产生的歧视问题,这是一切问题的根本。分班所产生的结果 A、B、C 班,不应当看成好、中、差班,但实际上多数把两者划了等号,因此学生和授课教师的心理问题都由此产生。[①]

中学快、慢分班制的实行制造了教师间的对立情绪、师生间的对立情绪,以及家长与教师及学校间的对立,这种种的对立对中学教育显然是不利的。它必然导致教育以集体形式的失败,产生畸形的教育效果。[②]

大量研究证明校际资源均衡配置并不能够从根本上解决择校和生源分层等问题。英美等国在治理生源分层的过程中,制定了严格的入学法规和政策控制学校各类生源比例,依据生源分层状况的结果调节教育资源分配,实施社会配套措施支持低阶层学生融入优质学校,取得了较好的成效。[③]

中学快慢分班制的实施,是非常不利于中学教育的,它成了教育学上不正常的"马太效应"——好的(仅指成绩)变得更好,差的变得更差。它完全违背了"一枝独秀不是春,百花齐放春满园"的教书育人初衷。

3. PISA 研究结果的启示

PISA 有一个明确的结论,早期选拔在破坏了公平的同时,并不能带来质量上

---

① 杨多云. 又到开学"分班"时[J]. 中国教师,2005(08):24—25.
② 容宾. 中学快慢分班制必然导致教育集体形式的失败[J]. 青年与未来,1995(04):35—37.
③ 任春荣,辛涛. 校际生源分层与教育公平[J]. 全球教育展望,2011,40(04):65—69.

任何明显的提高。

学生录取、学校分流、校内分组的不同方式造成结果模式的差异。最重要的是，在那些把学生较早分入不同类型学校的教育系统中，社会经济通过学校综合作用造成的差异到 15 岁时已经相当大了，但其平均成绩水平并不比综合性的教育系统高。这表明进行早期分轨的国家(地区)需要特别注意那些进入社会经济背景较差学校的学生，还要关注这种做法会在多大程度上扩大成绩差异，同时却无法提高总成绩水平。将学生在校内所有科目上进行能力分组的学校，总成绩稍差，这表明，这种政策对特定学生学习的潜在阻碍作用，超过了它对其他学生学习的促进作用。

PISA 研究指出，学校系统的一个关键问题就是，是否存在一些既可以系统地促进公平又不会降低质量的政策。考虑到有限资源的分配，这个问题并不明朗。这是因为，降低社会经济背景优势学生和学校的资源质量可能会造成的成绩下滑，提高社会经济背景不利学生和学校的资源质量可能会带来成绩的提高，但前者的下滑量是否大于后者的提高量却是很难计算的。即便这样做不会降低平均成绩，但也可能会减少成绩优异学生的人数，而这本身是人们不愿意看到的结果。

□ 拓展

英国薄弱学校还享有其他优先权，如，优先获得当地最优秀的教师，学校教师可以优先攻读新的教学硕士。这种弱者优先的理念值得我们学习，薄弱学校在教师配置、教师发展和经费投入方面应当享有优先发展权，并且这种政策性倾斜不应被理解为削峰填谷。

（二）班级内资源分配

教师在学校内部教育资源的分配过程中，扮演着既是资源分配主体又是资源配置对象的双重角色，他们要在学生之间合理地分配各种学校内部的教育资源，同时又接受学校领导分配给自己的教育资源。

1. 课堂资源配置公平

显性教育资源包括学校内部的大多数教育资源，如教学设备、教学仪器、教学资料、教育机会、教师传授的知识、课堂中的座位安排等因素，这些因素对于学生知识的增长、能力的发展和学业成就的提高能够产生直接的作用。隐性教育资源是指教师对学生的期望和关注、教师对学生做出的各种评价等因素,这些因素虽然不能直接提高学生的学业成就,但这些因素能够激发学生的成就动机,能够增强学生的学习动力,而学生的成就动机和学习动力是获得良好学业成就的必要条件。①

有研究做了不同背景的学生获得课堂教学资源的差异性分析。其结果:①不同成绩的学生在个别指导、教师期待、参与程度上差异显著,成绩好的学生明显优于成绩差的学生。成绩好的学生比成绩差的学生更积极主动参与课堂教学,并设法多接近教师,能获得教师更多的积极评价。教师经常以微笑、赞扬的方式鼓励学生参与师生互动。而成绩下游的学生在课堂上容易走神,精力不集中,并总是试图回避教师的提问,或者被动地等待教师的指导。②不同家庭背景的学生在参与程度上差异显著。一些教师出于个人需要或是因为某种目的,对那些来自较高社会地位家庭的学生予以特殊关照,如在课堂教学中,对他们提问较多,使这些学生能积极参与课堂教学,而那些来自低收入家庭的学生被一些教师理解为"害羞、内向和不善表达",因而得到教师关注和指导的机会比较少。③拥有不同权力的学生在个别指导、教师期待上差异显著,学生干部比一般学生获得更多的机会,他们获得较多的个别指导,能遵守课堂纪律,积极举手发言,在教师面前争取各方面表现突出,努力起到教师所期待的表率作用,他们与教师有更多的交流机会,受到教师较多的鼓励和支持。②

2. 隐性课堂资源配置困惑

学校内部教育资源合理配置的标准十分复杂,那些具有十分明确载体的显性的有形教育资源的分配还可以确定一个相对科学的标准,如定期地调整学生在教室中的座位,在学生中平等地分配学习资料,在不同的班级之间合理地安排任课教师等,但那些隐性的无形教育资源的分配则很难确定一个合理的分配标准。

平等教育观的持有者在当前"有见于齐,而无见于畸"的课堂教学中,本着照

---

① 邓银城. 论学校内部教育资源合理配置与教育公平[J]. 教育研究与实验,2010(06):56—59.
② 王占军,田志敏. 高中课堂教学资源配置的实证分析——以石家庄某中学为例[J]. 当代教育科学,2007(02):46—48.

顾大多数人的利益和有助于大多数人长远发展的良好的愿望来分配教育的资源，似乎体现出了教育的公正。然而"照顾中间、兼顾两头"缺少了课堂教学之外的补救，只能是"照顾中间、放弃两头"。这是因为当知识体系的难易程度与范围一旦被确定后，在课堂教学这唯一的传知形式中，教师面对受教育群体自然资质分布不均的现实存在，对于某一个知识点在同一授课时段中只能采用某一种特定的教学方式，这种唯一的教学法不可能激发起不同自然资质的所有学生的思维共鸣或智能响应，受益群体只能是那些智能频谱与教师所传授知识的难易程度相当或与该教学法相适宜的那些学生。

平等教育观在教学的动作中强调与中间层次学生的智能频谱相对应，那么在教育资源的分配过程中，在确保中间部分的最大受益时，不免要放弃或牺牲两头，这种做法不仅使那些自然资质较差者得不到教育的补偿，也使得自然资质较优者被挤压在低于他们发展的空间内。对于自然资质较差者的放弃已是教育的不公正，而对于自然资质较好者的放弃也属于逆向歧视。

有些学者在探讨这个问题时提出，班级授课制会使教师在实现课堂教学公平时处于一种两难的境地，如果在课堂教学内容上照顾几个学习能力低下的学生，则会影响大多数同学的学业成就和升学机会；如果以付出这几个学习能力低下学生的利益为代价而换取全班大多数同学的利益，这又违背了"为了一切学生，为了学生一切，一切为了学生"的教育公平理念。

3. 改进措施

教师是教育公平理想的主要践行者，也是学校内部教育资源的主要分配者。所有推进教育公平的政策最终能否达到使每一个学生都接受公平教育的目的，无不取决于教师能否按照社会公平的要求，在教育公平理念的指导下，借助政府和社会提供的各种教育资源，在自己的教育教学工作中，赋予每个学生平等发展的机会。所以，要想合理配置学校内部的教育资源，就必须加强教师队伍的质量建设，提高广大中小学教师的教育公平意识。

一个没有教育公平意识的教师，在教育过程中很难产生教育公平行为。针对当前一些教师教育公平观念淡薄、教育公平行为缺失的现状，必须对中小学教师大力加强教育公平意识教育。一个中小学教师只有形成了教育公平意识，才能自觉地践行教育公平理念,才能公平合理地分配学校内部的教育资源。

控制社会经济背景的作用后,在仍旧能达到显著水平的资源因素中,课内学习时间是最明显的。学生课内学习时间越长,成绩就越好。以科学学科测试为例,学校提供的科学课外活动也能促进学生的科学学习。学校资源中的特定方面与学生成绩之间存在中等程度的相关;然而,在考虑了学生的社会经济水平后,这种相关关系便不存在了。这表明,学校资源本身可能不会带来更好的成绩,因为在许多情况下,在物力和人力资源较好的学校中,学生通常也来自社会经济背景相对较好的家庭。

合理配置教育资源是促进教育公平的重要措施,从宏观层面来配置的教育资源是用于教育活动的人力、物力和财力,从微观层面来分配的教育资源是学校内部能够提高学生学业成就、促进学生身心健康发展的各种因素,这种资源具有自身的特点和类别,并在促进学生学业成就公平中具有更直接的作用。学校内部教育资源配置的主体、对象和方式以及合理配置这种资源的标准和结果,都具有特殊性和复杂性。在合理配置学校内部教育资源的过程中,要采取提高学校领导者和教师的教育公平意识、对教师教育公平行为进行考核、实行小班化教学等措施。①

二、 资源利用效度

学校课程资源开发、合理配置的目的就是要支持学校达到其发展目标,实现以学生发展为本的最终目标。

(一) 根据目标配置资源

首先,学校需要对本校可利用的课程资源藏量进行调查;其次,在调查的基础上,将学校所处的内部环境与外部环境中的各种资源分别从优势、劣势、机遇和威胁四个方面进行综合评估,并从现状出发提出符合实际的应对策略。

---

① 邓银城. 论学校内部教育资源合理配置与教育公平[J]. 教育研究与实验,2010(06): 56—59.

　　学校课程资源的调查研究可以分为两个方面：一是调查要落实课程方案和课程标准都需要哪些课程资源，二是调查学校拥有哪些课程资源。这里的课程资源不仅包括条件性课程资源，还包括素材性课程资源。学校课程资源的藏量可以用信息拥有量、物力、财力、人力资源量、校园文化等多方面的指标，作为衡量的标准。

　　为了使现有的课程资源发挥出最大效益，学校和教师可以通过调查研究，收集各类有利于学生学习的课程资源，然后进行评估，再将评估后的课程资源按其类型、所有者、获取方式、开发动态和使用事项等进行归类、重组、优化，实现有序排列和管理，这样教育工作者能在最短的时间内清晰地了解有哪些课程资源能够利用，怎样使用，从而实现资源开发和利用的最大化和最优化，并为课程资源的优化发展创造条件。学校还可以建立课程资源信息管理库，拓宽校内外课程资源及其研究成果的分享渠道，提高使用效率。

　　分配学校教育资源要始终牢记学校育人目标，其第一级原则首先应遵从普及原则，即按照所有受教育者的生理、心理和智能的基本发展需求，平均分配学校教育资源。其次要注重差别原则，即力图为每个层次甚或每个人的发展提供可能的空间和均等机会。如果仅有普及原则，极易将教育资源按平均主义分配，就似平等教育观那样；而缺少了普及原则的差别原则，将会在教育中再次拉大具有不同初始自然资质的人们之间的差距，虽然它也包含了对自然资质较弱者的教育补偿，但只不过是在已伤害了他们的自尊、给他们的智能发展已形成了一定的障碍的基础上的精神抚慰，就似英才教育观那样。

（二）根据优先次序分配人力资源

　　人的资源和能量是有限的，你无法同时做好数件同等重要、难度又都很大的事情。班尼斯（Bennis）说，最聪明的人是那些对无足轻重的事情无动于衷的人，但他们对较重要的事物却总是很敏感。那些太专注于小事的人通常会变得对大事无能。在生活中有些人是在平白无故消耗自己的精力，他忘了什么是不值得做的事。

　　对一个学校来说，只有让教师觉得自己所从事的是值得做的事情，才会大大地激发教师的工作热情，提高工作效率。所以，学校就应该对教师的性格特性进行深入分析，并根据分析结果合理分配工作，比如，让富有权力欲的教师担任他能胜任的主管工作；让富有成就欲望的教师单独或牵头完成具有一定风险和难度的工作，并在完成时给予及时的肯定和赞扬；让独立意识不强的教师参与那种要由一个团体共同完成的工作等。

维尔弗雷多·帕累托（Vilfredo Pareto）提出，在任何特定群体中，重要的因子通常只占少数，而不重要的因子则占多数，因此只要能控制具有重要性的少数因子即能控制全局。80/20 的法则认为，原因和结果、投入和产出、努力和报酬之间本来就存在着无法解释的不平衡。一般来说，投入和努力可以分为两种不同的类型：多数，它们只能造成少许的影响；少数，它们造成主要的、重大的影响。

现实中 80/20 原则极其灵活多用，它能有效地适用于任何组织、任何组织中的任何功能和任何个人工作。它最大的用处在于，当你分辨出所有隐藏在表面下的作用力时，你就可以把大量精力投入到最大生产力上并防止负面影响的发生。好比传统的智慧教你不要把所有的鸡蛋放在同一篮子，但 80/20 法则却要求小心选一个篮子，将你所有的蛋放进去，然后仔细地盯紧它们。80％的产出源自 20％的投入；80％的收获源自 20％的努力。

80/20 法则让我们学会避免将时间和精力花在琐事上，要学会抓主要矛盾。一个人的时间和精力都是非常有限的，要学会合理分配我们的时间和精力。要想面面俱到还不如重点突破。永远先做最重要的事情；明确态度，再排定先后顺序，定出远期和近阶段时间管理目标；重新审视工作时间表，分出事情的轻重缓急，要毫不留情地抛弃低价值的活动。

把 80％的资源花在能出关键效益的 20％的方面，这 20％的方面又能带动其余 80％的发展。80/20 法则应用要诀为：要事第一，重要产品第一，关键人物第一，核心环节第一。

三、 资源开发机制

以深圳市某小学为个案来研究学校教育资源合理配置对学校优质发展的作用，可以得出下面一些基本结论：一是人尽其才，为学校优质发展提供优质的人力资源；二是物尽其用，为学校优质发展提供充足的物力资源；三是财尽其效，为学校优质发展提供合理的财力资源;四是学校教育资源与社区教育资源相互融通、共享,为学校优质发展扩展教育资源;五是善于开发、充分利用各类隐性资源,为学校优质发展丰富教育资源;六是学校通过发展规划有效地实现教育资源配置的科学化、整体化、有序化和制度化;七是建设具有活力的管理机制,追求管理效率的最大化、最优化;八是学校要真正树立效益观念。[①]

(一) 人力资源开发

课程资源的生命载体是极其丰富、多元的,包含所有课程开发和利用的人,既包括教师、教育行政领导者和学科专家、课程专家等教育研究人员,又包括能够提供课程素材的学生、家长和其他社会人士。

1. 教师资源开发[②]

在所有的课程资源开发和利用的主体中,教师起着主导和决定性的作用。因为教师不仅决定着课程资源的鉴别、加工、积累和利用,而且教师自身就是课程实施的首要且基本的条件性资源。从这个意义上讲,教师是最为重要的课程资源。教师的素质高低决定了课程资源的识别范围、开发与利用程度以及发挥效益的水平。事实上,随着课程教材改革和学校内部教育教学改革的深化,教师是教育改革关键性因素的观点,越来越受到人们的关注。

学校要挖掘教师的潜能,并有效利用教师资源,这是课程资源开发的最简易、最有效的途径。因为很多教师都多才多艺,他们具有很多在平常的教学中未发挥的才艺和特点。学校可以充分利用这些特点,开发和实施拓展型课程,丰富学生的学习经历,形成学校特色。学校要为教师搭建展示的舞台,使他们发挥自己的特长,实现自己的价值。学校还可以建立业务档案袋积累教师的作品和业绩,以便有效开发和利用教师资源。

教师队伍建设是开发和利用课程资源的长期而艰巨的工作,是开发和利用课

---

① 刘宝超.教育资源合理配置对学校优质发展作用的实证研究——以深圳市布心小学为个案的研究[C].中国教育学会教育经济学分会:中国教育学会教育经济学分会,2010:682—690.
② 上海市中小学(幼儿园)课程改革委员会.上海市普通中小学课程方案解读[M].上海:上海教育出版社,2007.

程资源的主要突破口和生长点。学校要始终将教师队伍建设放在首位,提高教师的课程资源意识和开发利用能力,尤其要提高教师识别、捕捉、积累、利用和开发在课堂教学中动态生成的课程资源的能力,通过教师自身这一最重要的课程资源的突破来带动其他课程资源的优化发展。

除此之外,教师在教学活动中要有意识地不断积累和丰富课程资源。课程资源的开发与利用本身就是一项极具创造性的实践活动,没有个性,也就失去了创造性,就容易流于形式。教师在同一课程的实施中可以选取多样的个性化的课程资源。如,在实施"环境保护"教学内容中,既可以选取风景优美的名胜,通过引导学生欣赏自然美景,激发其热爱大自然、保护环境的内在动力,也可以选取由于环境污染遭到破坏的名胜古迹实例帮助学生认识到环境污染的危害和环境保护的重要性。

教师的课前准备(对课程标准的理解、教科书的理解、教学设计等)、教学过程和课后反思,都是课程资源的最有效的开发途径。教师要能根据学校实际和学生特点,善于对课程资源进行识别、开发与利用,并在实践中不断提高课程资源开发的能力。

2. 学生资源开发[①]

教师合理开发和利用学生资源是一个不可忽视的问题。学生既是课程资源的消费者,又是课程资源的开发者。教师要发掘学生身上的隐性知识,让学生成为资源库的建设者和生产者,建设以流动生成、不断更新为特征的动态资源库,满足学生个性化学习需要。如愚园路第一小学充分利用课堂教学中师生互动的学生资源,重视问题情境的创设,鼓励学生自己提出问题,尊重学生的阅读体验,把知识产生与发现的原始过程"还原"给学生。

从学生拥有的经验和信息中捕捉课程资源。学生获取信息的渠道是多样的。学生在日常生活中有很多机会和途径接触新鲜事物,获取丰富的活生生的信息。教师在教学之前对学生已有知识和已有生活经验进行调查研究和分析,并在教学

---

① 上海市中小学(幼儿园)课程改革委员会.上海市普通中小学课程方案解读[M].上海:上海教育出版社,2007.

过程中,善于把学生已经掌握的和能够发现的生活信息作为重要的课程资源加以利用,使教学更加贴近学生的生活实际,贴近学生的兴趣和学习需求就可以捕捉丰富的课程资源。

目前,很多教师在备课中不仅重视备教学重点和难点,还重视备"学生"备"学程"。这是因为,他们已经认识到学生是学习的主体,学生的学习过程是已有经验和经历的基础上思维的冲突和重组的过程,学生本身就是重要的课程资源和个性化学习的材料。

从学生的提问中捕捉课程资源。教学是以满足学生的学习需要为出发点和最终目标的。教师组织教学的有效性,取决于教师对学生的关注点和兴奋点的把握。课堂上学生的提问正反映了学生学习的兴奋点和关注点,教师只要抓住这些"问题"加以引导,就可以引发更深、更广的问题,就会产生出其不意的教学效果。

从课堂教学偶发事件中捕捉课程资源。在教学过程中,经常发生一些教师预料之外的事情。如果教师处理不当,就会陷入一种尴尬的局面,有时甚至影响学生的学习。新课程的实施过程中,教师把课堂偶发事件变成一种创生的资源加以利用,这不仅能消除其不利因素,还可以启发学生的思维。

从学生的学习活动中捕捉课程资源。教师的教学活动引发学生的学习活动,师生活动融合在一起。教师根据学生的学习活动灵活调整教学计划的过程是个捕捉课程资源的过程。教师还可以通过课后对教学活动进行反思,深化理解,升华认识,拓宽视野,并作为下次教学的有效课程资源。

(二)　基于开发促进利用

1. 制定课程资源的开发计划

发掘、收集、鉴别与筛选、加工、整理课程资源的过程都属于课程资源的开发。课程资源的开发,可以根据课程资源各要素的特点,制定计划并逐步落实:①课程物质资源建设的首要任务是搜集和整理,对其中可利用因素进行发现和加工。这要求学校和教师把当地的物质环境纳入课程视野,使草木说话,让大地传情。一些学校为此开辟了劳动基地、实践基地、服务基地,让学生走向社会,投身实践;努力增加财力投入,建设课程条件保障系统等。②学校课程人力资源建设,重点应放在教师专业化发展上,提高教师的课程开发能力和有效使用能力。③学校建立课程资源管理数据库。

□ 实践探索

上海市基础教育经过多年实践探索,开发建设了大批量的社会教育实践基地。高中学校可以整合利用的教育资源非常丰富多样,能保障学校课程体系多样化建设、学生个性化发展的基础需要。高中学校在实践整合与应用过程中彰显教育理想与教育智慧,或整合社会教育平台,或自主开发资源利用平台,创新并建立了很有影响力的社会资源整合与利用的长效机制。如图 5-16。①

图 5-16 上海市部分高中学校整合利用社会资源的实践创新

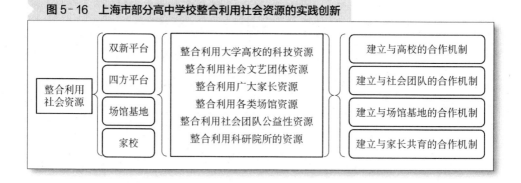

2. 开发与利用校内课程资源

尽管课程资源丰富多彩,但是对于不同的地区、学校、学科和教师而言,可开发与利用的课程资源具有极大的差异性和局限性。因此,课程资源的开发与利用不应强求一律,而应从实际出发,发挥地域优势,强化学校特色,突显学科特性,展示教师风格,扬长避短,突出个性。

市西中学将整个校园拓展为"思维广场",包括从正式学习到非正式学习的连续空间,向真实(社会)和虚拟(网络)拓展并形成的多维度学习空间(如图 5-17)。这样的多功能教学环境支持并引导学生选择适合自己的学习内容、方式、时间、空间等开展学习。

---

① 上海市教育委员会教学研究室. 课程领导的上海高中行动[M]. 上海:上海科技教育出版社,2019.

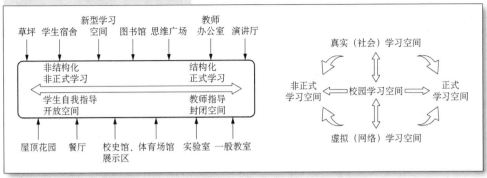

图5-17 市西中学"思维广场"

3. 开发与利用网络资源

和其他资源相比,网络资源具有鲜明的特点。它不是封闭的资源,而是开放的、不断创生的资源,它不受时间和空间的限制。教师可以通过网络资源的利用,创造虚拟的实验情境,激发学生的学习兴趣;借助网络资源,丰富教学内容;借助网络环境,引领学生进行探究学习;借助网络环境,引领学生进行自主学习;筹建主题网页,建设教学资源平台。

□ 实践探索

2010年,晋元高中针对数字化课程优质资源存量不足,课程的丰富性与高选择性有待提高,网上教学的组织、实施和管理水平有待加强,学生自主学习的即时性和泛在性有待提升等问题,开展了"基于信息技术平台的高中课程教学资源共建共享研究",形成共建共享过程逻辑架构。[①]

学校可以为建立本校的教育教学资源库,搭建一个平台网站。网站链接国内诸多优秀的教育教学资源网站和多种搜索引擎,方便教师搜寻资料。学校要积极利用和开发基于现代信息技术的课程资源,建立广泛而有效的课程资源网络。同时,学校鼓励教师自己制作课件,丰富学校的教学资源库。学校还可以将教师的个人主页挂到网上,便于教师管理自己的资料。另外,还可以建立专题网站,比如研究型课程专题网站、古诗词学习专题网站等专题网站。

① 上海市教育委员会教学研究室.为了学校的可持续发展:普通高中提升课程领导力的探索[M].上海:华东师范大学出版社,2013.

图 5-18　晋元高中课程资源共建共享过程逻辑结构图

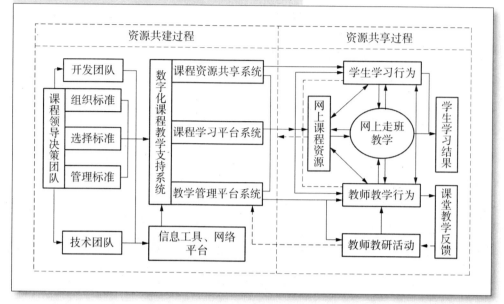

就利用的经常性和便捷性来讲,校内课程资源的开发和利用应该占据主导地位,校外课程资源则更多地起到一种辅助作用。

□ 拓展　在线教学课程资源开发

资源的生成及高效利用是提升教学质量、促进有效教研的重要途径之一。有别于传统形式的课堂教学,在线教学过程中,绝大部分的教学行为、学习过程、学习成果等都会以数字化的形式保留下来,这给后期的加工和利用创造了有利条件。但同时,和所有的教学生成性资源一样,它们还具有零散性、互动性、真实性和过程性的特点,需要通过一定的方法才能有效挖掘、加工和利用。

挖掘资源"三手法":①课前预设,心中有。在线教学中,可能生成的课程资源包括:常见错题、关键问题、学生作品、讨论内容等。教研组或教师个人根据现实需要(问题或创新点),确定要挖掘的资源类型,并尽可能形成统一的收集框架。这样在开展教学前,对于收集什么资源、用什么样的策略收集、要收集该资源的哪些方面信息,可以做到心中有数。②课中捕捉,有引导。根据课前预设的方向、要

图 5-19　资源开发利用

素,在课中就可以有针对性地关注和引导。比如说,要收集学生的作品,可以引导学生在交作品时,除了作品本身外,还要附带一个说明:这个作品的创新点是什么,怎样完成的,还有哪些不足。这样将原本要口头表达的内容用文字呈现出来,为后期的整理加工提供了便利。③课后梳理,要及时。我们在手机中常常"收集"照片,但如果不及时做整理,这些照片的价值就难以发挥。生成性的资源也是一个道理,在课后要马上进行分类整理,添加必要的标识(如收集时间、作品要求、学生姓名等),对生成性资源进行一定的分层分类,以便日后利用。

(三)建立课程资源共享机制

信息时代,任何一个人所了解的信息都是有限的,任何一个人所能开发的课程资源也是有限的。课程资源只有通过共享,才能使其价值得到更加充分的体现。共享条件性课程资源固然很重要,共享素材性的资源(经验、智慧等)更可贵、更便利。课程资源的共享不仅涉及校长、教师和学生,还涉及广大教育工作者、行政人员和社会人士。

首先,应建立有效的资源共享的导航系统,提高资源的利用效率。为此,充分发挥网络资源的优势,为学生的自主学习和主动发展提供方便,也为教师的教学和科研提供强有力的资源支持和技术保障,达到存取便利、信息流畅、准确及时的要求。应建设不同级别课程资源数据库,比如,学校级别、区级别、市级别的课程资源数据库,有利于课程资源的共享。

其次,应该引起重视的是建立校内外课程资源的转化机制。市、区教育行政部门有责任加强管理,在政策上建立健全校内外课程资源的相互转换机制,强化各种公共资源间的相互联系与共享。对课程资源可以在以下几个层面上共享:①同一个学校各学科备课组或教研组成员之间建立资源共享机制,包括条件性课程资源和素材性课程资源。这些资源可以通过网络共享,或通过教研活动共享。②建立校内课程资源共享机制。建立学校课程资源管理中心,部分资源全校教师共享。③校际间课程资源的共享。一方面学校要善于合理发掘和运用社区及其他兄弟学校的课程资源,另一方面校内课程资源也可以向社区和其他学校辐射。

学校应该尽可能采取措施,使每一位教师付出少量劳动,获得较大收获,这是学校的使命。学校成立课程资源管理中心是解决这一问题的比较有效而可行的办法之一。学校面临的是一个庞杂的资源,需要将这些资源分门别类并进行系统管理。课程资源管理中心在广大教师的协助下,将校内外各种课程资源有选择地纳入学校日常教学与管理范围内,可以对各种课程资源进行统一协调与管理,实质性地促进教师教学活动的顺利实施,促进课程资源的整合与共享。为了确保课程资源管理中心的正常运行,需要制定出相应的管理制度,明确该中心的职责和权力。

□ 实践探索

"四方平台"是上戏附中利用社会资源的运作机制,由"上海戏剧学院等高校平台、上海市艺术教育中心、静安区戏剧教育联盟等市区平台、外省市和国外友好姐妹艺术学校国际平台"组成的社会资源合作共同体。"四方平台"汇聚了上海市戏剧领域专业团队资源,戏剧的专题性强,多家机构以协助学校人才培养为目标,围绕戏剧艺术特色课程的有效实施建立联盟,展开合作过程。学校在培养艺术人才过程中长期与"四方"合作互动,凝聚了上海艺术关键领域的教育力量,为学生拓展艺术专业的体验环境,使学生有机会接触艺术名家的熏陶和艺术氛围的感染,培养学生发现美、体验美、创造美的能力。

图 5-20 学校与四方平台的合作机制

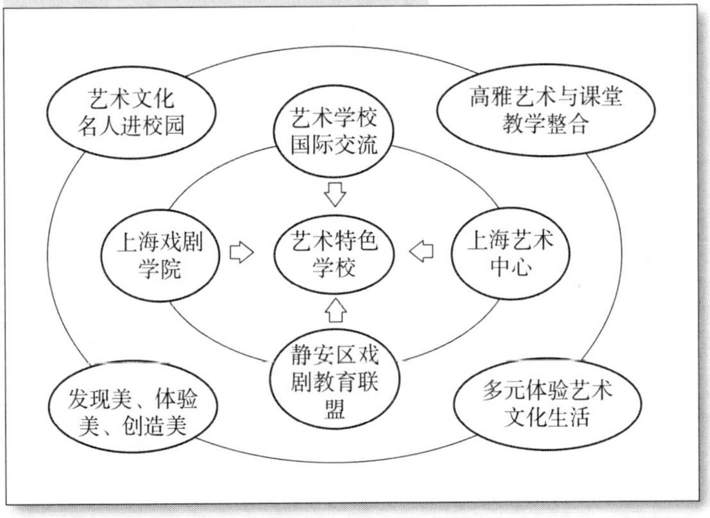

思考题

1. 如何理解资源配置的公平和均衡?

2. 你对"把钱花在刀刃上"这句话如何理解?

3. 如何辩证对待资源对学业质量的影响?

4. 如何解决资源共享中的困惑?

第六章 课程评价的追求

评价很重要,评价很复杂,评价很专业,评价很艰难。评价改革是一个绕不过去的坎儿。[①] 教育评价对教育活动具有较大的导向性作用,既可以是积极的,也可以是消极的。如何评价教育服务学校及其教育机构,使之能够提升学校课程领导力,促进学校的健康发展、最终让学生受益,是教育发展中的一个重要课题。

在基础教育领域,2000 年由 OECD 发起的 PISA 项目为参与的国家、地区以及学校监控教育质量提供了参考途径,为课程领导力评价提供了借鉴。

近期的发展性教育质量保障体系(Quality Assurance for School Development,简称 QASD)以对各项工作的诊断与评价为手段,为学校课程教学工作提供反馈信息,以期能找出学校在发展的各个阶段可能存在的问题,寻求恰当的对策,推动各项工作的顺利进行,以保障学校的持续发展。

课程领导力评价如同课程领导力内涵一样非常复杂,也非常难。比如,在学校日常工作中,课程规划、课程计划、教学计划都设有目标,但开展评价时,我们常常会把原先的目标抛在脑外,究其原因,可能是目标本身有问题,也可能对目标重视程度不够,总之目标的导向性不是很明确。评价什么、怎么评、如何使用评价结果,这是课程领导力评价中比较关注的课题。

课程评价的追求为三方面:基于目标的评价,基于过程的真实性评价,为了改进的评价。

---

① 尹后庆. 站在追求文化自觉的高度推动综合素质评价改革[J]. 人民教育,2017(19): 51—55.

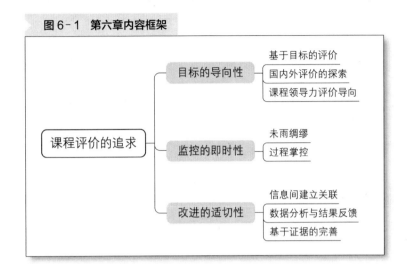

图6-1　第六章内容框架

第一节　目标的导向性

有专家对结果导向和目标导向进行了比较,提出了差异点。他认为,目标导向理论是激励理论的一种,基本出发点是要求领导者排除走向目标的障碍,使其顺利达到目标,在此过程中,领导者给予员工满足多种多样需要的机会。目标导向注重将大目标分解为一个一个过程目标,同时关注对完成目标有影响的环境因素,注重完成目标所需的资源条件配备。当一个目标实现后,会提出新的更高的目标,以便进入一个新的目标导向过程,从而使动机强度维持在较高的水平上,使人保持一种积极的状态。

一、基于目标的评价

目标领导法,就是领导者通过确定正确的发展目标,实现组织发展的恰当定位,激发被领导者的积极性,推动组织发展的工作方法。能否成功实施目标领导法,是考察领导者预测能力和分析问题能力高低的一个重要指标。[①]

(一) 目标问题

1. 目标本身的问题

(1) 目标表述不清,无法指导,无法落实

若要目标起到导向作用,需要目标及其落实过程中具备以下条件:首先,目标本身正确而清晰,符合 SMART 原则;目标有利于指导评价;总目标分解为中观层面目标;目标有利于指导教师目标。

从图 6-2 可以很显然地看出,"正确目标"与"高执行力"的完美结合(第一象限)是最理想的情况。既有正确的目标导向,又有以执行者的积极努力、执行环境(资源等条件)为基础的高质量的政策执行力,这是执行政策过程中的理想追求。

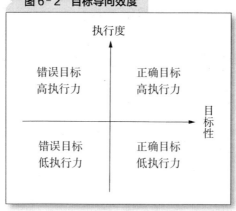

图6-2 目标导向效度

美国著名管理学家德鲁克提出要以目标贯穿各领导层次为努力方向。这里所讲的目标,就是与个人价值观相结合的最高目标。所以,保持最高目标的导引功能就成为目标领导法的核心。因为在领导活动中存在"目标接受随层次的降低而逐渐递减"这一现象,即愈往组织下层走,员工愈难接受组织的经营目标或发展

---

① 刘建军,吕春艳. 如何实施目标领导法[J]. 领导科学,2001(06):9—10.

目标。所以,领导者必须保持最高目标的导引功能,使最高目标能够内化为每一个人的价值追求。[①]

领导者在制定挑战性目标时要因时、因人而定。如图6-3所示,目标、角色、报酬和支持,与工作的情绪衰竭、成就感低落、工作怠慢有关系。一般来说,挑战性目标比较适用于那些能力较强、潜力较大的人才,挑战性目标会使他们的才能发挥到极致。总之,领导者在制定挑战性目标时,应该坚持这样的原则:不断强化必胜的信念,把握好挑战性目标的度,以免使其产生副作用———挫伤职工积极性。

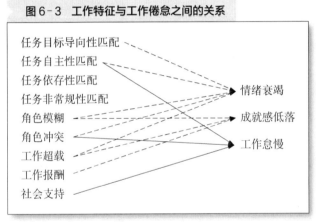

图6-3　工作特征与工作倦怠之间的关系

手表定律在学校管理方面给我们一种非常直观的启发,就是对同一个人或同一个组织不能同时采用两种不同的方法,不能同时设置两个不同的目标,甚至每一个人不能由两个人来同时指挥,否则将使这个企业或者个人无所适从。

(2) 没有人关注目标

学校教师教学若干年后,有的教师只是把教学作为日复一日的重复工作,有的教师却可以不断挑战并进行实践反思。若干年后,教师之间的差异就产生了。

---

① 刘建军,吕春艳. 如何实施目标领导法[J]. 领导科学,2001(06):9—10.

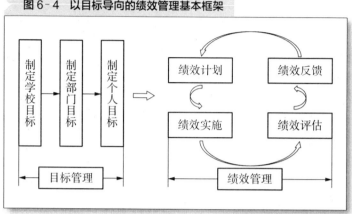

图6-4　以目标导向的绩效管理基本框架

学校要引导部门和教师根据学校目标制定部门目标和个人目标,并根据目标进行绩效计划、绩效实施、绩效考评和绩效反馈。

要实现以上评价目标,首先必须建立一个科学而合理的评价体系,否则,很可能是学校花费了巨额的人力、物力资源进行了评价,但评价的结果却不能产生相应的效益。[①]

2. 教育复杂性

目标导向过程中第二个困惑是教育的复杂性。加拿大教育学家富兰(Fullan)指出:教育变革都是建立在复杂系统的基础上的。那么究竟什么是复杂性系统?美国学者赛利尔斯(Ciliiers)比较详细地总结了复杂系统的特征:[②]①复杂系统包含有巨大的数量要素。②复杂系统中,要素之间必须相互作用,且相互作用必须是动态的、丰富的、非线性的、短程的、反馈的。③复杂系统通常是开放系统,具有历史性。国内有学者对复杂系统的特征进行了如下描述:①非线性(不可叠加性)。②开放性和动态性。③积累效应(初值敏感性),也就是所谓的"蝴蝶效应"。④奇异吸引性。⑤相似性(分形性)。

---

① 张兆国,张旺峰,杨清香.目标导向下的内部控制评价体系构建及实证检验[J].南开管理评论,2011,14(01):148—156.

② 于泽元.课程变革与学校课程领导[M].重庆:重庆大学出版社,2006.

如同教育政策传导的过程①一样，会有很多因素在相互作用、相互碰撞、相互牵制，影响着系统的秩序和流程，有的若不能充分预见，加以控制，便会改变目标传导的方向和路径，严重的将会导致政策传导的阻滞和失败。在充满了复杂性和不确定性的目标传导体系中，形成顺应、接受、建设、反对、抗争、冲突、破坏等一系列现实反应，从而加剧目标传导路径的不确定性。

PISA测试是非常专业的教育评估，但评估结果描述中可以窥见教育的复杂性。

□ 拓展

在综合总量模型中，科学老师齐备、教学资源充足的学校，学生成绩比其他学校的要好。而若考虑社会经济背景因素，这些效应值就不存在了。这说明一些学校硬件资源与背景的相连；例如，在一些国家（地区），社会经济背景越高的家庭就读的学校科学教师达标情况更好，教育资源更丰富。类似地，在考虑了人口和社会经济背景因素之后，公立学校和私立学校学生的成绩差异消失了，那些就读学校所在区域有其他学校争夺生源的学生，成绩上的优势也就消失了。

私立学校和生源存在竞争的学校成绩较高，不过，一旦考虑了学生个体的社会经济背景和学校所有学生社会经济背景均值的综合作用，上述两者就都没有统计上的显著性了。在公立和私立学校间，学生的社会经济差异对成绩的影响作用没有显著性差异。

那些在编制学校预算和校内预算分配上给予学校自主权的国家（地区），学生成绩更好，但在考虑了其他学校和教育系统层面的因素以及人口和社会经济因素后也是如此。类似地，那些在教材和课程等方面给予学校更多自主性的教育系统，学生成绩更好，但这种效应在考虑了其他学校和教育系统层面的因素后，就不显著了。这些结果表明，在学校系统内，更多的自主权一般都会有影响作用，这可能是由于教育系统赋予了学校管理者更强的独立性，使其可以对所处情境做出回应。

学校资源中的特定方面与学生成绩之间存在中等程度的相关。然而，在考虑

---

① 刘佳.教育政策传导系统的运行分析[J].国家教育行政学院学报，2013(08)：61—65.

了学生的社会经济水平后,这种相关关系便不存在了,这表明,学校资源本身可能不会带来更好的成绩,因为在许多情况下,在物力和人力资源较好的学校中,学生通常也来自社会经济背景相对较好的家庭。控制社会经济背景的作用后,在仍旧能达到显著水平的资源因素中,课内学习时间是最明显的。学生课内学习时间越长,成绩就越好。学校提供的科学课外活动也能促进学生的科学学习。

这样一来学校系统的一个关键问题就是,是否存在一些既可以系统地促进公平又不会降低质量的政策。考虑到有限资源的分配,这个问题并不明朗。这是因为,降低社会经济背景优势学生和学校的资源质量可能会造成成绩的下滑,提高社会经济背景不利学生和学校的资源质量可能会带来成绩的提高,但前者的下滑量是否大于后者的提高量却是很难计算的。即便这样做不会降低平均成绩,但也可能会减少成绩优异学生的人数,而这本身是人们不愿意看到的结果。

(二)目标管理

如第四章所述,目标管理(Management By Object)是国际流行的一种先进的科学管理方式。

1. 指导思想

目标管理的指导思想是以 Y 理论为基础的,即认为在目标明确的情况下,人们能够对自己负责。它的鲜明特点可以概括为:重视人的因素。目标管理是一种参与性、民主性、自我控制性强的管理制度,也是一种把个人的需求和组织目标结合起来的管理制度。在这一制度下,上级和下级的关系是平等、尊重、互相信任和支持的,下级在承诺目标和被授权之后需要自觉、自主和自治。

2. 基本原则

目标管理基本原则同课程领导力有很多相似的地方,具体如下:

(1)以人为本:尊重员工,尊重下属。把下属当"人",而不是工具。强化员工的自主工作、自我管理、自我监控和自我激励。

(2)责权相联:责任是指,每人承担明确责任,每人有自己明确的工作目标;权力是指,权与责配,授予下属履行职责的基本权力,让下属拥有做好工作的自主权;利益是指,员工利益与自身工作直接挂钩,依绩效论功过、论赏罚。

（3）员工参与：员工参与拟订自我工作目标，对工作自我进行过程监控，参与对自己工作绩效的考评。

（4）信息共享：与员工相关的信息向员工开放、公开。

3. 目标体系

质量目标是体系的核心问题之一，我们需要通过质量管理体系的有效实施来对其加以克服和解决，这也是我们质量管理体系建设的目标。[①] 目标管理通过专门设计的过程，将组织的整体目标逐级分解，转换为各部门、各员工的分目标。在目标分解的过程中，权利和责任已经明确。这些目标方向一致、环环相扣、相互配合，形成协调统一的目标。只有每个人完成了自己的分目标，组织的总目标才能完成。

现实中能够有效运转的目标并不是单一的，而是由不同层次、不同性质的目标组成的目标体系。这一目标体系来源于总目标的分解。将总目标具体化和精细化的过程，在领导学中被称为"目标分解"。

目标分解的原则是"纵向到底、横向到边"。所谓"纵向到底"，就是从总目标开始，一级一级从上向下，从组织目标到次级组织目标，再到更次一级的组织目标，最后到个人目标。这一层层展开的过程，是以延伸到每一个人为终点的。在这个分解的过程中，形成了若干条手段——目的链，因为通常上一级实现目标的手段就是下一级的目标。所谓"横向到边"，是指在目标的横向分解中，每一个相关的职能部门都要相应地设立自己的目标，而不能出现"盲区"和"失控点"。横向分解后的分目标是处于同一层次的，是实现上级目标的不同方面。可见，为达到总目标，必须有部门目标（横向的）和层次目标（纵向的）来支持，这样就把组织的追求、领导者的追求、部门的追求和个人的追求统一在一起了，在有机整合的基础上形成了一个左右相连、上下一贯的目标网络，这样的目标体系才能使整个组织更加紧密、更有力量。

对于任何一个组织来说，其目标都可以分为以下几个层次：第一，最高目标。它能够内化为个人心目中的价值目标，是支撑整个组织的精神力量，是整个组织

---

① 叶青. 以质量目标为导向——关于质量目标的几点随想[J]. 世界标准化与质量管理，2005（10）：25—26.

的价值导引,也是构建独特的领导文化的关键所在。第二,总目标。也称基本目标,它是反映整个组织基本功能和发展方向的总体目标,总目标明确规定组织最基本的活动方向,这是目标分解的基点。第三,职能目标。它规定组织内部各种具体的活动项目,指明人们应当从事或应当开展的工作,本质上反映的是组织内部具体的工作职能和部门追求,这是在总目标基础上进行的第二层目标的分解。第四,工作目标。这是在职能目标的基础上进行的更深一层的目标分解,它规定的是目标主体在某一阶段内所应完成的各项具体工作以及完成工作应达到的程度,如规定具体工作项目及完成任务的时限、数量、质量等。

4. 关键指标

关键绩效指标法(KPI)是麦肯锡公司在 20 世纪 90 年代初期,为了解决战略实施问题而设计的。它极大地丰富了绩效管理的内涵,反映了个体或组织在关键业绩贡献方面的评价依据和指标,其与"计划——监督——评价——反馈"中各环节紧密联系,有效体现了战略目标的落地。关键绩效指标法是实施绩效考核的一种常用工具,它根据 80/20 原则,通过对企业环境及战略的研究,找出影响企业发展的关键要素和指标。建立关键绩效指标时,通常由企业高层对企业未来成功的关键达成共识,在确定企业未来发展战略之后,对每个成功的关键业务重点及相关业绩标准和其所占比重进行分析。

从最高主管到基层主管都必须朝目标集中力量,只有当每个人都拥有他的努力目标后,他才会自我控制,以求个人的行为符合团体的目标。这也正是为什么各种组织都需要有一个目标,而且也十分重视与价值观相结合的最高目标的原因。只有这种与价值观相结合的目标,才更容易把不同层次的人团结起来。成功的领导者总要强调比他们的经营目标更具有崇高意义的最高目标。

5. 共同目标

使下属接受组织目标并将其转化为自己的目标是领导活动得以成功开展的关键。从目标领导法的角度来看,领导者要使组织目标转化为下属自己的目标,可以从以下几个方面入手。第一,请下属参与目标的制定。目标领导法的精髓就在于实现了组织目标与个人目标的完美结合,而其中最关键的一环就是请下属参与目标的制定。这一条原则对于领导者来说是至关重要的。首先,在一起制定目标的过程中,因为各个下属部门或个人都会根据自己的需要,从自己的利益出发,提出对即将制定的目标的种种建议或见解,争论是不可避免的。但是,就在这一过程中,领导者却可以洞察到目标的确立应遵循什么样的原则才能更为下属所认同,而不至于使提出的目标高高在上或"不合民意",或"有悖于民意"。其次,在下属参与目标制定的过程中,正确的意见得到阐述,偏执的意见也会得到自我修正,实质上也是一种有效的教育、说服和动员下属的过程。

6. 导向作用

以目标为导向的绩效管理,对员工的工作目标有明确的要求,从而转变员工的工作态度,提高工作效率。可以调动员工的积极性,有利于员工充分发挥各方面的能力。

以目标为导向的绩效管理体系,有利于学校实施灵活机动的经营策略,以便随时应对外部和内部的变化。有助于促使学校管理者思考方法和行动方法的合理化。

以目标为导向的绩效管理体系可以有效地促进双向沟通。沟通在学校中的作用日益明显,而对于目标的制定、目标的执行、目标执行过程中出现问题的解决、目标执行的结果以及未来努力的方向和方法,这些都需要一个双向的沟通,学校内部也就自然地形成了反馈的机制。

□ 拓展

2013 年,上海市教育委员会颁布了《关于小学阶段实施基于课程标准的教学与评价工作的意见》。上海市教委教研室组织区、校力量积极构建支持系统,为教师解决课程实施问题并提升课程实施品质提供行动支架,推动基于课程标准的教学理念稳步落地。成果有助于控制教学基本要求,提升目标、教学之间的一致性,改变过度重视知识与技能掌握的教学现状,减轻小学生学业负担过重的问题。

1. 形成课程目标分解技术

关注如何将抽象概括的课程目标分解细化为具体明确的教学目标,形成目标"拆解""分层"策略,以及学习水平和结果的"匹配""分配"策略,形成了"课程目标→课时目标"逐级分解的技术路径。

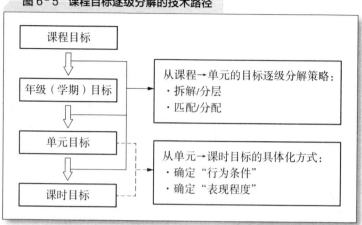

图6-5 课程目标逐级分解的技术路径

2. 形成单元教学系列规格

为实现"目标—教学—评价"的一致性,提升教师教学设计与实施品质,在研制各学科《单元教学指南》过程中,开发了包括"属性表"和"问题链"在内的、具有可操作性的实现"基于课程标准的教学与评价"系列规格。

3. 形成融入学生学习过程的分项等第评价机制

依托各学科《基于课程标准评价指南》,构建了以课程三维目标为导向,指向学习兴趣、学习习惯和学业成果的分项评价指标,形成课堂提问、随堂练习、作业、纸笔测验及表现性评价等融入学生学习过程的评价方法与任务,采用"等第+评语"的方式反馈评价结果,并形成了以评价促进教与学改进的机制。

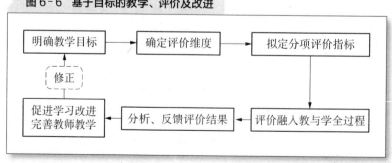

图6-6 基于目标的教学、评价及改进

（三）逆向设计

一开始就在头脑中想好结果和目标，这意味着你对自己的目的地有清晰的了解，这意味着你知道要去哪里，从而能够更好地知道你现在的位置以及如何走才能保证你一直朝着正确的方向前进。

目标管理中提到目标的导向作用，但实际上目标和活动过程相脱离，目标没有很好地起到导向作用。下面，以单元教学设计为例，讨论如何开展逆向设计，提高目标的导向作用的问题。

1. 设计顺序

对单元教学设计的各要素，用什么样的顺序进行设计？这是值得研究的课题。但从教学目标、单元学习活动、单元评价三个要素的设计顺序来看，有"正向设计"和"逆向设计"，前者设计流程是先设计教学目标、然后设计教学活动、最后设计评价，这种方法是比较普遍的做法，符合课程逻辑。格兰特·威金斯（Grant Wiggins），杰伊·麦克泰格（Jay McTighe）认为单元教学设计要开展"逆向设计"，提倡将习惯的做法进行"翻转"，要求设计者在开始的时候就要详细阐明预期结果，即学习优先次序，以及根据学习目标所要求或暗含的表现性行为来设计课程，这样可以避免单元教学设计中"活动型"和"灌输型"的弊端。《追求理解的教学设计》[①]倡导教学设计按照以下顺序开展，即"确定预期结果""确定合适的评估证

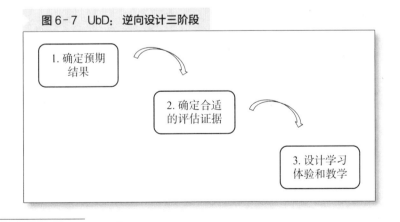

图 6-7　UbD：逆向设计三阶段

1. 确定预期结果
2. 确定合适的评估证据
3. 设计学习体验和教学

---

① 格兰特·威金斯，杰伊·麦克泰格. 追求理解的教学设计（第二版）[M]. 闫寒冰，宋雪莲，赖平，译. 上海：华东师范大学出版社，2017.

据""设计学习体验和教学"。《追求理解的教学设计》倡导的逆向设计的四个关键点为：①要在课程完全开发之前就彻底想清楚评估内容，包括表现性任务和相关证据的来源。评估作为教学目标，有助于聚焦教学重点和修订之前的课程计划，因为它们用非常具体的细则明确了我们希望学生理解什么，能够做什么。因而，教学可以被理解为"使"这些表现性行为得以发生的过程。评估还能指导我们区分教学内容的重要程度。②要根据评估预期结果所需的证据对熟悉和喜欢的活动及项目作进一步修改。③教学方法和资源材料的选择是放在最后的事情，教师要记住设计学生工作是为了让他们达到标准。例如，我们不能因为合作学习是一种流行的教学策略就使用它。从逆向设计的角度来说，我们应该提出的问题是：什么样的教学策略能够最有效地帮助我们达到教学目标？面对特定的学生和标准要求，合作学习可能是最好的方法，也可能不是。④教材的角色可能会从主要资源变成支持材料。

2. 以模板提高传递

格兰特·威金斯和杰伊·麦克泰格认为，一个好的模板就是一个智力工具，不仅能够记录想法，还能在设计过程中关注和引导设计者的思考，从而使高质量工作成为可能。

"追求理解的单元教学设计"矩阵是教师进行课程设计的模板和工具，同时也是优秀单元设计的标准，帮助教师在模仿的过程中优化。在实践中，课程设计者从复制模板开始，以特定的设计工具和大量优秀单元设计案例为支撑来开展工作。

表6-1　追求理解的教学设计矩阵①

关键的设计问题	设计注意事项	参考依据（设计指标）	最终设计成果
阶段1 • 什么是有价值的、恰当的结果？ • 关键的预期学习是什么？	• 国家标准 • 州立标准 • 地方标准 • 区域特色主题 • 教师经验和兴趣	• 关注大概念和核心挑战	• 与清晰目标和内容标准相关的、围绕持久理解和基本问题的单元架构

———————————

① 格兰特·威金斯,杰伊·麦克泰格. 追求理解的教学设计(第二版)[M]. 闫寒冰,宋雪莲,赖平,译. 上海:华东师范大学出版社,2017.

续　表

关键的设计问题	设计注意事项	参考依据(设计指标)	最终设计成果
● 学生应该理解、指导什么,以及能够做什么? ● 什么样的大概念能包含所有这些目标?			
阶段 2 ● 预期结果的证据是什么? ● 尤其是,什么是预期理解的恰当证据?	● 理解六侧面 ● 评估类型的连续统	● 有效 ● 可靠 ● 充分	● 为达到预期结果而锚定在单元中的、可靠且有用的证据
阶段 3 ● 什么样的学习活动和教学能促进理解,增进知识和技能,激发学习兴趣并发挥长处?	● 基于研究的学与教的策略库 ● 恰当的使能知识和技能	参与性和有效性,使用"WHERETO"的元素: ● W:将要达到什么目的 ● H:把握学生情况 ● E:探究和装备 ● R:反思和修改 ● E:展示和评价 ● T:根据学生需求、兴趣和风格量体裁衣 ● O:组织教学以发挥最大的参与性和有效性	● 学习活动和教学的一致性,能够唤起和产生预期的理解、知识和技能,激发学习兴趣,使优秀的表现性行为成为可能

二、 国内外评价的探索

　　"外适质量"与"个适质量"的冲突在我国基础教育领域主要表现为:教育是让政府满意,还是让人民群众满意。仅仅是政府满意的教育并不一定是高质量的教育,只有既让政府满意,又能让人民满意的教育才是优质的教育。[①]

　　下面以国内外学校评价、学生评价、教师评价为例,阐述评价的价值导向。

---

① 陈玉琨. 发展性教育质量保障的理论与操作[M]. 北京:商务印书馆,2006.

（一）英国教育督导的价值导向

英国、芬兰、日本关于学校评价的体系，有很多共性部分，比如，关注学校、教师、学生、课程、教学、学业等；也有不少个性部分，比如英国关注学生学业成绩和学生行为，芬兰关注学生能力培养，而日本更加关注学校层面应该做什么。这些也许与评价的性质有关，英国将其定位为督导，芬兰定位为评估，日本定位为学校评价。

下面，以英国教育督导的性质和定位为例阐述评价的导向性。在国家层面上英国主要是通过教育督导来保证各级各类教育的质量。尽管英国的教育督导具有很强的独立性和专业性，但本质上还是属于国家教育行政的一部分，依照国家的教育政策、法律、相关标准对教育机构及其开展的教育活动进行判断和评价。①

英国中小学督导，通过学生成绩、教育质量、学生行为与安全、领导和管理等几个密切相关的指标来衡量学校总体效能。督导评价指标是教育督导工作实施的重要组成工具，也是教育督导评估体系的重要组成部分。具体内涵如下：①学生成绩方面主要关注学生的学业成绩，在考察过程中督学要考虑学生的起始水平；②教学最重要的目的是提高学生学业质量，包含整个学校课程在内的学习活

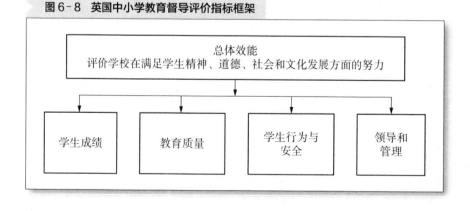

图6-8　英国中小学教育督导评价指标框架

总体效能
评价学校在满足学生精神、道德、社会和文化发展方面的努力

| 学生成绩 | 教育质量 | 学生行为与安全 | 领导和管理 |

① 李建民.英国基础教育[M].上海：同济大学出版社，2015.

动的计划和实施、教师对学生的记分、评价和反馈,以及教师的支持与干预策略,教学在促进学生精神、道德、生活和文化发展过程中的影响等;③考虑在一定时期内学生的行为和安全,帮助督学判断学校在多大程度上促进了学生的精神、道德、社会和文化发展;④所有学校领导的影响、学校管理的效率和效用是督导的重要内容。督导特别强调在各个层面上的领导和管理如何促进教学的提升、让所有学生克服学习上的困难。

2002 年,英格兰和威尔士地区的中等学校率先开始推行增值性评价模式,2006 年在全国范围内全面推行学校评价体系。什么是学校增值评价?“增值”的概念引入到教育领域后,主要是指通过学校的影响,学生在开始时和结束时相比较所产生的变化,有些变化可以量化测量,而有些变化却难以考察。对这些变化进行的评价就是学校增值评价。作为一种发展性的学校评价方法,英国中小学增值评价结果的使用更强调与学校改进联系起来。①

(二)绿色指标综合评价的价值导向

当前我国基础教育的改革与发展进入了一个新阶段,全面提高教育质量,促进教育的内涵发展成为当前的重要任务。教育质量是衡量一个国家、地区基础教育发展水平最重要的指标,学生学业质量是教育质量的重要组成部分。以学生学业质量的评价为切入口,全面关注学生的健康成长,引导建立正确的质量观,建立教育质量的保障体系,对于促进基础教育的均衡发展,实现教育公平有着重大作用。

1. 学业质量绿色指标综合评价指标设计

评价指标确立的指导思想:一是坚持科学发展观,全面贯彻党的教育方针,为“让每一个孩子都健康快乐成长”奠基。二是坚持全面质量观,促进教育公平与均衡发展,提高每一所学校的办学水平,关注每一个孩子的学习需要。三是坚持以人为本,改变单一的学业成绩评价制度,逐步建立教育质量综合评价制度。四是坚持改革创新,下移重心,推进教育质量管理体制和评价运行机制创新,逐步建立

---

① 李建民. 英国基础教育[M]. 上海:同济大学出版社,2015.

以校为本的教育质量保障体系。

学业质量评价绿色指标的内容主要包括以下十个方面：学业水平、学习动力、学业负担、师生关系、教师教学方式、校长课程领导力、学生社会经济背景对学业成绩的影响、学生品德行为、学生身心健康以及上述各项指标的跨年度进步。

2. 学业质量绿色指标的特点

总体而言，"绿色指标"有如下特点：①"绿色指标"以义务教育课程标准为依据，测试内容针对教学内容（与 PISA 不同），旨在发现落实课程标准、课程实施中的问题并加以改进。②以关注学生健康成长为核心价值追求。③体现均衡性与发展性的双重要求。④直接针对教育教学的实践改进。与更加注重解决实际生活问题的 PISA 测试相比，"绿色指标"的测试是严格基于课程标准和教学内容制定的，测试本身是"标准—教学—评价"循环系统的一个环节。通过"绿色指标"评价，可以比较全面地了解各层面课程标准的执行状况，实质就是了解义务教育课程目标的落实情况以及学生是否在这样的目标框架下得到了很好的发展，就可以发现落实课程标准、实施教学中的问题并加以改进，对教学改进的指导性比较强。①

（三）促进教师发展为基础：TALIS 启示

OECD 提供的 TALIS（Teaching and Learning International Survey，简称 TALIS）2013 问卷中明确地将"教师专业发展"定义为旨在将发展作为教师个人的技能、知识、专长以及其他特征的活动。"教师专业发展"的调查涉及教师的三个生涯过程：入职培训、带教活动以及专业发展活动。②

"专业发展活动"主要是指在过去的一年中，教师个人是否参加过诸如课程/工作坊活动、相关教育研讨会、学校考察、社会考察、课程学习、专业资格课程学习、社交网活动、科研活动以及学校规定的专业活动等九类活动。

---

① 上海市教育委员会教学研究室.上海市中小学学业质量绿色指标综合评价的理论与实践研究［M］.上海：上海地图学社，2019.
② 王洁，张民选.TALIS 教师专业发展评价框架的实践与思考——基于 TALIS2013 上海调查结果分析［J］.全球教育展望，2016，45（06）：86—98.

如果说"教师专业发展"是教师作为个体的"输入",后面五个板块中的"教学概况"和"所任教班级的教学"则反映了教师经历了"专业发展"之后的"输出",而教师得到的"教学反馈"以及其工作场所的"学校风气和工作满意度"则是支持性条件或者手段,使得"输入"之后的"得到"即"输出"更高效、更让人满意。

TALIS项目的主要目标是"基于教师教与学的环境"对不同国家的教育系统进行比较与监控。其根植的基础是将教育系统视为一个"输入—过程—输出"系统,通过对"输入""过程"和"输出"的元素及影响因子的考量,帮助人们去理解或者说揭开"黑箱",进而为政策制定者的决策提供可靠的、有用的信息,也为研究者提供了一个"数据库"。

TALIS对教师专业发展的调研聚焦于三个方面:专业知识基础(Professional Knowledge Base)、专业自治(Autonomy Indecision Making)和同行网络(High Peer Network)。这三项与教师的课程领导力密切相关,尤其是后两项:①专业自治。"工作自主权"是专业的一个重要表征。"自主"对于教师而言,意味着能够自由地做出决定,并承担行为的后果。在学校场景中,教师有权决定他们工作的重要方面,如选择课程内容、选择教学方式、开发评估技术、实施学生管理,等等。②同行网络。一是强调"同行监管",即"行业内部自主制定规范标准",用于确保行业内部的高标准行为,这是一种来自专业内部的问责机制。在教师专业发展中,需要转变观点,将教学视为同行间相互观摩、研究和改进的合作式专业活动。

表6-2 TALIS教师专业发展调研框架

	课堂		专业学习共同体				
	建构主义	结果—过程	合作	共同愿景	聚焦于学习	反思性探索	公开实践
专业知识基础							
专业自治							
同行网络							

二是通过同行之间的合作与互动,交流信息、分享知识,使得本专业保持良好的状态。在教师专业发展中,同行互动有多种形式和途径,如参与带教、入职培训、制定专业发展计划、参与学校专业共同体的学习、同伴反馈等。

从 TALIS 教师专业发展调研框架可以看出,专业学习共同体比较关注教师课程领导力的因素。

在第五章,我们阐述了教师效能感以及学生学业成绩之间的关系。OECD 开展的 TALIS 项目表明俄罗斯、英国、美国、丹麦等国家的学校教师教学效能感普遍高于国际平均水平,新加坡、韩国、日本等亚洲国家和地区的教师教学效能感相对较低,而在我国上海,教师教学效能感总体上低于国际平均水平。经验证据还显示,教师教学效能感在职业压力和职业倦怠之间起到重要的调节作用,当教师具有较高的教学效能感时,他们面对职业压力和生活事件时将采取积极的应对方式,从而能够有效地降低甚至消除教师的职业倦怠。更为重要的是,教师教学效能感不但与教师的教学信念、组织承诺和工作满意度呈现正相关的关系,而且对学生学习与发展具有显著正向的影响,在促进有效教学和学校效能中发挥积极作用。

不同专业协作水平的教师在教学效能感上存在显著差异(在 1‰水平上显著)具体表现为教师专业协作水平越高,其教学效能感越高。首先,描述性统计结果也显示,同一班级的教师组成的教学团队在教学效能感上要明显高于未组成教学团队的教师。其次,师生关系的融洽度越高,教师的教学效能感也越高,即师生之间相处融洽的教师具有更高的教学效能感;再者,缺乏建构主义理念的教师与具有建构主义理念的教师在教学效能感上存在显著差异,表现为建构主义水平越高的教师,其教学效能感越高。

影响上海教师教学效能感的因素有:教师专业协作、师生关系融洽度、建构主义理念、课堂纪律风气、教师专业发展、工作满意度。

提升教师教学效能感是增强教师队伍整体素质的重要策略,也是提高教师教学质量的主要途径,因而对教师教学效能感展开系统而深入的调查研究显得尤为重要。

目前中小学教师普遍面临着如何改进学生行为问题、培养学生行为自觉的难题,一些教学效能感较低的教师在遇到教学困难和工作压力时多采取退避的态度,而教学效能感较高的教师在面对这些问题时能够采取积极的应对方式。为此,政府和学校通过拓展教师职前教育与职后培养计划,为中小学教师提供规范学生行为与班级管理的课程,使教师学会如何创造和维持课堂规则与秩序,如何加强和激励学生的学习行为,以及当问题行为出现时如何有效制止,以保证课堂教学有序开展。

□ 实践探索

上海外国语大学附属大境中学以课程评价注重多元综合推进,提升了课程评价能力。根据高考综合评价要求,学校调整和完善了已有的评价标准,在思想品德评价方面,采取学生自我评价、同学互评、任课教师和班主任评价相结合的四维评价;在学业水平评价方面,采取学习态度、学习水平和学习潜能等相结合的三维评价;在学生体育锻炼评价方面,采取体能、技能和认知等相结合的三维评价;在社会实践的评价方面,学校编制了学生社会实践手册和生涯辅导手册,采取全程数据信息收集。学校提出"学能评价",经过实践探索,学校将"学能"界定为学习态度、学习水平和学习潜能等三个维度,学习水平是学能的显性呈现,而学习态度和学习潜能是学能的隐性部分,由于学能评价的推行,教师对学情的分析就有了更准确和专业的判断,对于"学习态度好、学习潜能大"的学生,其学习水平肯定高,对于"学习态度不好、学习潜能大"的学生,其学习水平提升的关键要素是改变学习态度,对于"学习态度好、学习潜能小"的学生,学生学习水平提升的空间有限,可以提升其他学科或板块的水平;对于"学习态度不好、学习潜能不大"的学生,可以从改变学习态度着手。[①]

三、 课程领导力评价导向

(一) 课程领导力评价的探索

1. 为何开展课程领导力评价研究

第一轮课程领导力项目,以 51 个子项目学校和一个整体研究区为点,为解决

---

① 上海市教育委员会教学研究室. 课程领导的上海高中行动[M]. 上海:上海科技教育出版社,2019.

课改实施中目标与成效间存在的落差,以"学校课程计划、学科建设、课程评价和课程管理"为主要突破口,历经四年的大规模行动实践,初步形成了"校本化实施课程的有效途径""提升学校课程领导力的运行机制""'大兵团'协同攻关的行动研究范式"等成果。

然而,第一轮课程领导力项目研究还留下了进一步攻关的课题,比如课程领导力评价。由于课程领导力的评价指标、测评方法等方面的研究不够,影响了对课程领导力实践研究的指导,项目学校在行动研究过程中比较关注的是研究内容本身,未能很好地回应课程领导力是否得到提升。

2. 如何做课程领导力评价研究

课程领导力评价研究大致经历了以下几个步骤。

图6-9 课程领导力评价研究步骤

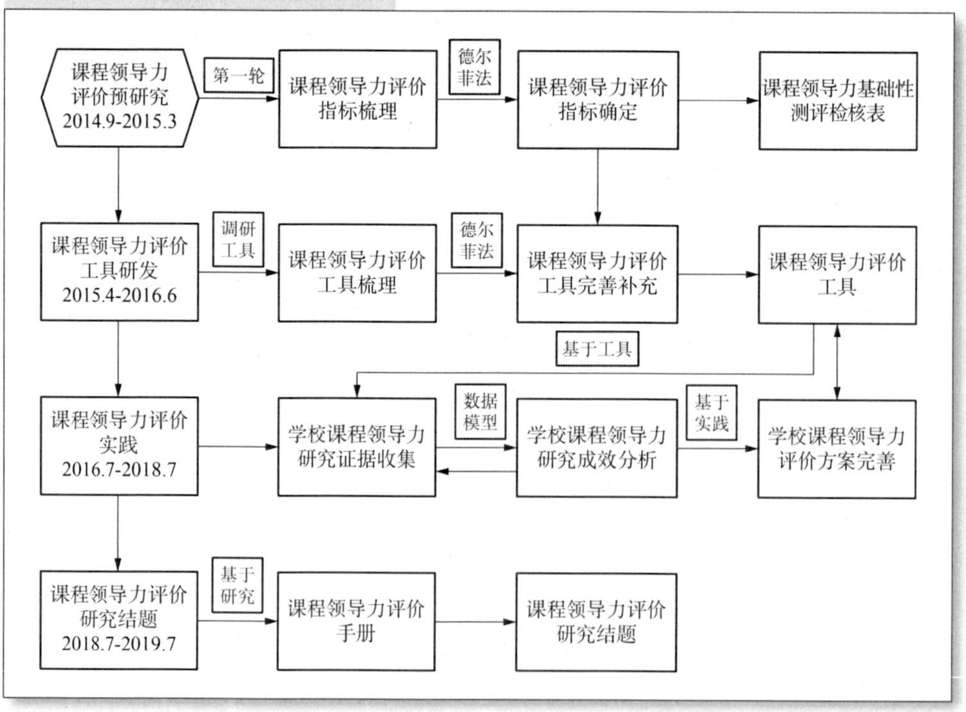

在第一轮课程领导力项目研究中结合文献研究和实践研究,根据上海课程领

导力现状和发展需要,课程领导力项目组提出了课程领导力模型和指标体系:课程领导力包括课程思想力、课程设计力、课程执行力和课程评价力。

图6-10　学校课程领导力一级指标、二级指标关系

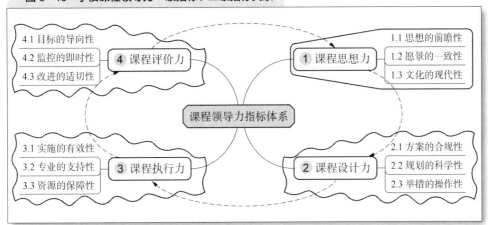

研究认为课程领导力的结构不是一成不变的,而是与时俱进,引导学校领会课程领导力,自觉提升学校课程领导力。学校课程领导力的结构,就是从学校问题解决思路中提炼出来的,这些是问题解决的大环节、循环环节。每个环节,都由多个要素组成,环环相扣。

3. 课程领导力评价为多元测评

因循学校课程领导力评价的目的,凸显评价对学校课程更新与教学改进的促进作用,学校课程领导力测评主要分为基础性测评、发展性测评以及特色测评等方式。在评价过程中,强调学校自评以及与其他测评人员的互动协商。

(1)基础性测评

根据学校课程领导力评价指标和观察点,选择反映评价内容的基础性数据和材料,如校本课程数与班级数之比、社团数与班级数之比、各类课程开设情况、教研制度及其落实情况等,形成学校课程领导力基础性测评表。基础性测评指向的是最基础的检核条目,学校可以根据实际进行补充完善。基础性测评主要由学校自主开展,学校可抽样组织不同层次的教师和学生,组织课程领导力自评小组,通过集体讨论客观地进行自我诊断评价。自评小组可根据自身对学校课程理念、架构、实施、评价以及教师专业发展等方面的了解情况,对学校课程领导力水平做出相对系统的评价。学校课程领导力基础性测评,是课程领导力测评的重要组成部分,能为学校自我诊断与改进提供依据,并能再次检视学校课程领导力变化发展情况。学校课程领导力基础性测评适用课程领导力项目学校,也适用非项目学校。

(2) 发展性测评

基础性测评能够在一定程度上反映学校的课程领导力水平。然而,由于基础性测评更加关注学校在测评内容上的数量多寡、制度机制有无等表现,且主要由学校自我进行评价,很难基于对学校课程领导力的内涵理解做出质性的精准评估。因此,需要组建由课程专家、学科专家、教研员、校长以及测评对象等多方人员构成的测评团队,根据各评价指标的观察点和各等级评分规则,通过文本资料阅读、现场观摩、座谈访谈、问卷调查等途径采集证据,对学校课程思想力、设计力、执行力和评价力做出综合评价,确定学校课程领导力水平以及提升空间。值得注意的是,发展性测评不是外部专家对学校单向的评价,而是测评团队与学校互动的过程。

(3) 特色测评

基础性测评与发展性测评是对学校课程领导力的全面检视与诊断,需要调动较多的资源。为更有目的地进行诊断和改进,或为了挖掘、提炼优质学校的课程领导经验,可根据学校工作重心、优势或不足之处,选择某些指标或观察点进行学校课程领导力特色测评,为学校个性化提升课程领导力提供实践依据。

4. 课程领导力评价载体

课程领导力的测评是间接测评,通过体现课程领导力的相关理念、制度、文本、行为表现、环境创设等内容来体现。据专家咨询认为,课程领导力测评可以关注以下几个方面的载体。

表6-3 学校课程领导力测评与文本关联度评定

指标		章程	规划	制度					计划总结				档案积累		文本
一级	二级	学校办学	学校发展	学校课程	学校德育	教研备课	作业	考试评价	学校课程实施	学科课程实施	教研备课	德育工作	综合素质评价	教研备课活动	校本课程
课程思想力	思想的前瞻性	●	●						●			●			●
	愿景的一致性		●						●	●	●	●			
	文化的现代性			●	●	●									
课程设计力	方案的合规性								●						
	规划的科学性		●						●	●	●	●			
	举措的操作性		●						●	●	●	●			
课程执行力	实施的有效性						●							●	
	专业的支持性		●			●					●			●	
	资源的保障性		●						●						●
课程评价力	目标的导向性							●	●				●		
	监控的即时性												●	●	
	改进的适切性								●	●	●	●			

表6-4 学校课程领导力测评与现场关联度评定表

指标		现场观摩				访谈座谈			问卷			观察		
一级	二级	课堂教学	教研备课	晨午会	社团	校领导	教师	学生	校领导	教师	学生	图书馆	多媒体	专用教室
课程思想力	思想的前瞻性	●		●	●	●	●				●			
	愿景的一致性					●	●		●	●				
	文化的现代性					●	●		●	●				
课程设计力	方案的合规性					●					●			
	规划的科学性		●											
	举措的操作性	●	●				●							
课程执行力	实施的有效性	●					●	●		●	●			
	专业的支持性		●							●				
	资源的保障性					●	●					●	●	●

续　表

指标		现场观摩				访谈座谈			问卷			观察		
一级	二级	课堂教学	教研备课	晨午会	社团	校领导	教师	学生	校领导	教师	学生	图书馆	多媒体	专用教室
课程评价力	目标的导向性	●					●							
	监控的即时性	●	●			●	●							
	改进的适切性		●			●	●							

（二）课程领导力测评

1988 年上海市成立中小学课程教材改革委员会,得到国家教委的同意,承担面向发达地区的教材编写等课程改革工作。上海市教委教研室被确定为课改业务的管理机构,根据课程改革的需要,承担并探索课程与教学调研工作,逐步提高了调研的针对性和有效性。

为了进一步提高课程与教学调研的有效性,上海市教委教研室从 2012 年起探索基于"规准"的调研:逐步研发教研备课工具、作业工具、考试测验工具、学校课程计划工具、课程与教学常规管理工具、拓展型课程工具和课堂教学观察工具等,并在学校、区县和市三个层面使用,开展调查、研究、反思、改善、指导等工作。

如何利用常规的课程与教学调研来了解学校课程领导力现状,是非常有价值和意义的课题。为此,首先把课程领导力评价指标和课程与教学调研工具加以联系;其次,通过课程与教学调研员的专业力量获取信息,并进行量化研究。

表 6-5　课程与教学调研工具内容和课程领导力关联度判断

课程领导力一级指标	课程领导力二级指标	学校课程计划工具	教研备课工具	作业工具
课程思想力	思想的前瞻性	● 学生发展目标体现三维要求		
	愿景的一致性			● 内容:与教学目标一致,与学生基础匹配
	文化的现代性			

续　表

课程领导力一级指标	课程领导力二级指标	学校课程计划工具	教研备课工具	作业工具
课程设计力	方案的合规性	• 课程体系包含三类课程 • 课时安排符合市课程计划要求 • 专题教育内容安排明确		
	规划的科学性	• 背景分析全面 • 明确学校现实需要 • 目标设计反映学校现实需要		
	举措的操作性	• 保障措施指明操作要点 • 评价方式指明操作要点	• 教研任务：具体，有学期特征 • 活动设计：形式多样，便于执行 • 主题研究：选题合适，过程可见	
课程执行力	实施的有效性	• 实施要求体现课程理念 • 实施要求反映学校现实需要 • 课程实施操作要点明确	• 过程：安排有序；突出重点；解决问题 • 主题：贴近教学实际；与计划匹配 • 研究课教案：与研究主题一致；符合学科规范	• 表述：题干表述准确，完成要求清晰 • 结构：单元内容覆盖面广；题型多样；难度分布合理 • 数量：估计作业用时适当 • 批改：符号规范，批阅准确、及时
	专业的支持性		• 教研团队：体现分工合作	• 批语：有针对不同对象的指导和要求
	资源的保障性	• 充分利用校外资源 • 保障措施针对学校现实需要		
课程评价力	目标的导向性	• 学习评价关注三维要求	• 教研小结：回应计划；有反思和对策 • 发言：紧扣主题，引发思考；对他人的看法有回应	

续　表

课程领导力一级指标	课程领导力二级指标	学校课程计划工具	教研备课工具	作业工具
	监控的即时性		● 活动记录：反映形成的共识和后续待解决的问题	
	改进的适切性			

表6-6　课程与教学调研工具内容和课程领导力关联度判断

课程领导力一级指标	课程领导力二级指标	考试工具	课堂教学观察	学生问卷
课程思想力	思想的前瞻性			● 选修课符合兴趣度 ● 作业选择性 ● 自信心变化 ● 现状满意度 ● 压力变化度 ● 上课疲倦度 ● 学习负担 ● 睡眠时间 ● 作业时间 ● 课后自由支配时间
	愿景的一致性			
	文化的现代性		● 积极促进对话 ● 营造和谐气氛 ● 创设良好环境	
课程设计力	方案的合规性			
	规划的科学性	● 试卷结构：内容分布合理；题型多样；总量合适 ● 试卷难度：与学生基础匹配（从质量分析数据判断） ● 试卷表述：题干表述准确；答题要求清晰；预设答案正确		

续　表

课程领导力一级指标	课程领导力二级指标	考试工具	课堂教学观察	学生问卷
	举措的操作性			
课程执行力	实施的有效性	● 试卷讲评方法得当：关注学生参与，兼顾学生差异 ● 试卷讲评内容：基于数据分析，精选典型试题和典型作答	● 熟知学科内容 ● 建立教学结构 ● 维持学习动机 ● 采用多元方式 ● 善用发问技巧 ● 恰当运用表达 ● 掌控教学时间	● 教师课前准备 ● 学习材料准备 ● 课堂消化度 ● 课堂满意度 ● 实验落实情况 ● 作业质量满意度 ● 作业批改情况
	专业的支持性			● 魅力教师比例 ● 教师总体水平专业功底
	资源的保障性		● 完成教学准备	
课程评价力	目标的导向性	● 试卷内容：与阶段教学内容和要求一致	● 达成预期效果	● 作业与教学一致性 ● 考试与教学一致性
	监控的即时性	● 试卷讲评基本数据统计：能从不同层面反映学习结果 ● 试卷讲评问题分析：基于数据和典型作答	● 关注反馈指导	
	改进的适切性	● 试卷讲评跟进措施：基于问题分析；措施具体可行		

如此以来，可以将日常的课程与教学调研和课程领导力的了解工作整合在一起。下面以 2017 年某区调研为例，阐述对学校课程领导力的调研数据和分析结果。

调研信息：调研中，听取了 SJ 区教育局自评报告 1 个、区教研室高中学段自评报告 1 个；听取了校长自评报告 3 个；召开了校长座谈会 1 次；召开了教导主任座谈会 1 次；对点上学校分管教学领导、德育领导分别进行了 3 次访谈，进行了 3 次教师代表座谈会，参加了 12 次现场备课组或教研组活动，进行了教师个别访谈共 52 次；对点上学校进行了网上学生问卷调查（参与人数为 730 人，其中班干部为 58.8％）；观摩了 115 节课；完成了学校课程计划工具（4 份）、教研备课工具（10 份）、作业工具（7 份）、考试测验工具（10 份）。另外，查阅了 SJ 区教育局、教研室、学校的自评报告和相关资料，查访了校园环境、硬件设施设备、特色场馆等。

调研方法：①本次调研中强化了教研备课、作业、考试测验、课程计划等方面调研工具的使用，并对各项指标以指数形式（最小为 1，最大为 5，均值为 3，指数越大越好）进行了统计分析。②学生问卷按照课程思想力、课程设计力、课程执行力、课程评价力来进行设计，并对选项赋值后进行统计分析。③调研中强调三角互证法，提高信息的真实性，保证研究的效度。

调研报告：依据上述信息，进行综合分析，形成了高中学段报告（本报告）。本报告根据调研方案要求，内容上不追求面面俱到，聚焦在学校课程领导力上，强调工具使用和实证。本报告中突显三个结合，即：定量与定性相结合，共性与个性相结合，点与面相结合。

结论：在上海高考新政背景下，SJ 区积极落实上海市教育综合改革试验区建设要求，坚持"强基固本，养正达人"的教育思想，聚焦于课程与教学改革中的关键问题进行深化研究，关注学校课程建设，探索分层走班模式，促进学生综合素质评价，明确"资源共享、优势互补、多样发展、彰显特色"的办学模式，取得了一定成效。松江二中作为上海市实验性示范性高中，无论是在课程建设、课程实施还是走班管理等方面都起到了示范辐射的作用。

SJ 区高中学校课程思想力、课程设计力、课程执行力、课程评价力指数如表 6-7 所示。

表6-7　SJ区高中学校课程领导力指数①

课程领导力一级指标	课程领导力二级指标	课程计划工具	备课作业考试测评工具	学生问卷	观课	二级指标指数	一级指标指数
课程思想力	思想的前瞻性	4.67	4.32	3.14		4.04	
	愿景的一致性		4.10			4.10	4.07
	文化的现代性						
课程设计力	方案的合规性	4.89				4.89	
	规划的科学性	4.50	4.58			4.54	4.67
	举措的操作性		4.58			4.58	
课程执行力	实施的有效性	4.44	4.32	4.62	4.38	4.44	
	专业的支持性			4.62		4.62	4.47
	资源的保障性	4.33				4.33	
课程评价力	目标的导向性	4.33	4.04	4.61		4.33	
	监控的即使性	4.33	4.08			4.21	4.10
	改进的适切性		3.78			3.78	

思考题

1. 如何开展基于目标的课程、教学评价?

2. 教师的效能感和学生发展有何关系?

3. 课程领导力评价有哪些特点?

---

① 课程领导力指数为粗略的参考值,1至5的数字是相对概念,不代表5比1好5倍。数据处理原则:课程领导力的一级指标的各项指数,取3个二级指数的平均值;12个二级指标的各项指数,若采用不同调研方式获取数据(如,学生问卷、课程计划、作业、考试测验工具)时取平均值;同一调研方式,在相同二级指标中合成为一个指数(平均数)。本报告中为了避免交叉重复,学校课程计划工具在课程思想力,教研备课、作业、考试等工具在课程执行力中集中阐述。故,二级指标指数与具体工具指数之间未必一致。

第二节 监控的即时性

质量控制的关键是在项目工作的全过程中定期监测工作质量,与质量标准进行比较,做出必要的改正,而不是等到所有项目工作都完成后才对质量进行检查。

学校根据上级要求开展社会实践、探究实验等,在这一过程中不可避免地隐藏着安全隐患,因此如何防控是课程领导力的关键议题。

危机领导力可采取以下策略:①团结团队:让团队成为明星;②准备、准备、再准备:不给失败留任何借口;③适度乐观:发现并关注获胜的场景;④学无止境:打造热衷于学习和创新的"工合"文化;⑤评估风险:愿意驶进风暴;⑥消除阻力:正视问题,应对前进中的障碍;⑦坚持创新:在寻常中发掘新的生长点。①

一、 未雨绸缪

有调查指出,在近五年内,只有 20.5％的调查对象所辖学校没有发生过自杀、他杀、食物中毒、传染性疾病、暴力、性骚扰、绑架、犯罪活动和意外伤害等危机事件;另外还有 33.2％的调查对象所辖学校危机事件发生率呈下降趋势;但仍有 30.2％的调查对象所辖学校危机事件发生率呈平稳状态;甚至还有 11.7％的调查对象所辖学校的危机事件发生率呈上升趋势。

（一） 把握雨点: 风险意识

1. 学校危机类型

学校危机是指有关学校成员的、发生在校园内部的,危害学校正常教学秩序、损害师生身心健康、阻碍其正常发展,破坏学校良好社会形象和声誉的,具有突发

---

① ［美］丹尼斯·N·T·珀金斯,吉莉安·B·墨菲. 危机领导力[M]. 登峰,译. 上海:中信出版社,2014.

性、破坏性、扩散性、隐蔽性和不确定性特征的突发危害事件。[①]

学校中的危机大致可分为四种：①在学习活动或学校生活中发生的学生、教师伤亡事件；②学校在管理中遇到的危机，如"班级崩溃"、资金问题等；③教师的体罚等；④地震、火灾、传染病等自然灾害。

学校危机的来源一般分为两个部分，第一，内部环境的改变，如与管理、教学或学习方面有关的意外事故，包括学生自杀、行政人员的突然更替、管理模式急变等直接影响学校运作。第二，外在的政治、经济、社会变迁等因素直接或间接决定了学校的发展成败。面对这些来自外界环境及内在环境的因素，学校组织的领导人及成员如果能对危机的原因加以分类并研究，会有助于对危机的控制及管理。[②]

学校信誉危机，是指学校信誉和形象受到严重损害的危机。这种危机常常是由学校不能履行合同或教育教学质量不断下降所导致的。这种危机不仅使学校失去众多家长的信任，而且因社会舆论产生的不利影响会使学校失去社会各方的信任和支持，使学校的发展面临举步维艰的局面。[③]

学校管理决策危机，是指由于学校管理者决策失误或管理不当造成的危机，如因学校管理者在招生问题上发生重大决策失误而导致生源剧减并由此带来的连锁影响，从而产生危机。此类危机多是由于长期隐藏着管理决策上的失误，经过一段潜伏期后爆发的，如不及时做出应对策略，会带来严重后果。

□ 拓展　DLK 学校存在的危机[④]

1997 年 4 月，崔＊＊被调到 DLK 学校任校长。

这是一所偏居鲁西北、闻名远近的初中，基础条件较差，周围都是大片的田地，连只砖片瓦都没有；学校设备十分简陋，连一个用来上公开交流课的像样的音箱都没有，更不用说多媒体教室、视听教室了。更令人担忧的不是物质条件，而是师资力量薄弱，领导班子管理不力，人心涣散，教师得过且过，学生厌学怕

---

① 李永贤. 教育局长眼中的学校危机管理[J]. 教育科学研究,2009(08)：45—49.
② 吕星. 学校危机管理探析[J]. 文教资料,2006(25)：114—115.
③ 潘东良. 学校危机的类型、特点及管理策略[J]. 教育科学研究,2004(08)：26—28.
④ 王桂东. 学校危机管理研究[D]. 天津大学,2008.

学,家长怨声载道,学生纷纷转学,甚至连本校教职工的子女都转到了其他学校就读。

既然学校已经走到了死胡同,与其坐以待毙,还不如来个彻底的变革。可是路在何方呢?崔校长开始了他多年的听课历程。很快,他就发现,许多课堂上演的是教师独角戏,上课就像白开水一样枯燥乏味,课堂死气沉沉,学生昏昏欲睡,于是一些学生就在课堂上搞恶作剧,教学秩序混乱,师生关系紧张,体罚、变相体罚时有发生。

家长的话深深地刺痛了崔校长的神经:"教师把学生看作接受知识的'灌装桶',课堂由教师一统天下,学生像被驯服的小绵羊,只能被动地接受教师传授的知识。这些究竟给教育带来了什么?给孩子带来了什么?既然'满堂灌'没有好的效果,我们能不能改?我们该怎么改?"

学校的信誉与发展出现了双重危机。经过精心筹备,1998 年秋 DLK 学校的教学改革拉开了帷幕,崔校长开始了新官上任以后的"三把火"。

第一把火是"量化指标"。崔校长深知,评价是课堂教学改革的突破口,他将一堂好课的评价基点定位于学生的动。为此,出台了对教师上课、备课以及业务学习的新规定。

第二把火是上好"三课"。先让业务校长、教务主任、年级组长、学科组长上观摩课,然后让骨干教师、学科带头人上示范课。经过这样的宣传发动,教师们再陆续上达标课。

第三把火是"一谈二警三停"……

2. 学校危机预警系统

学校危机大都在爆发前就会出现某些征兆,因此学校可通过建立预警系统来及时捕捉这些危机的预兆。如,破窗理论指出,一个房子如果窗户破了,没有人去修补,隔不久,其他的窗户也会莫名其妙地被人打破;一面墙,如果出现一些涂鸦且不被清洗掉,很快,墙上就布满了乱七八糟、不堪入目的东西。

一般而言,学校危机在其发展过程中会依次呈现以下三种状态:潜伏状态、爆发状态和完成状态。因此,学校危机管理体系应当针对危机发展过程中依次呈现的状态对应危机预防机制、危机应对机制和危机结束后的恢复机制三大部分。

预警系统的构建是危机管理的重要方面,学校危机预警系统,不仅仅依靠于危机预案书的拟定,而且要全面排查学校中潜在的危险因素。

凡事预则立,不预则废。学校在发展过程中不可能不出现问题。对学校发展中各种可能的问题,如果人们能防患于未然,在萌芽状态就能把握它,及时地发现它,在其刚刚出现征兆的时候就采取措施解决它,就能在很大程度上减小它对学校发展的负面影响,使各种可能的损失得到有效的控制。从学校的实际出发,学校预警应当包括:学生发展预警、师资队伍预警、师生情绪预警和学校声誉预警等方面。

(1)学生发展预警

教育是一个循序渐进的过程,学生在某一发展阶段出现的问题,在很大程度上会对后续的发展带来影响,有时甚至是不可逆转的影响。因而,要从对学生终身发展负责的高度认识学生在每一阶段出现的问题,及时地去发现和解决学生发展中的问题。

学生发展预警体系就是定期调查学生发展状况,从而及时地去发现学生发展过程中心理、思想、知识与能力发展等方面问题的体系,它为学校了解学生每一阶段的状况,有针对性地解决学生群体或个体的问题提供必要的信息。

学生发展预警又可分为:学生心理发展水平预警、思想道德水平预警、学生基础能力预警和学生基础知识与基本技能水平预警等方面。

(2)师资队伍预警

随着我国中小学人事制度的改革,教师的校际流动也出现了日趋频繁的倾向。教师的校际流动盘活了教师资源,具有很大的积极意义。然而,对一所学校来说,如果这一变化带来的是高水平教师的大量流失和教师素质的大幅下降,其结果必然是教育质量的急剧下滑。这是任何学校都要尽力避免的现象,因而,有必要建立学校教师流动预警的体系。

师资队伍预警又包括骨干教师流动预警、教师专业水平预警、教师专业发展预警等方面。以骨干教师流动预警为例,好教师的流失与师资群的涣散会严重影响学校的教学质量,因此,学校对此要给予高度的关注。

（3）师生情绪预警

这里的"师生情绪"指的是师生对情景性行为的心理反映。可以把师生的情绪变化看作是学校管理与教育措施得当与否的指标，或者干群关系、师生关系变化的信号。从这些指标和信号中发现学校管理和教育教学，或者干群关系和师生关系中出现的问题，这对于学校改进工作、提升管理和教育质量都有重要意义。

（4）学校声誉预警

学校的声誉是学校重要的无形资产，它对学校未来的发展有重要影响。可以合理地把学校声誉的下降看作学校资产的流失。在学校声誉出现下降苗头的时候，及时地发现并采取有效的措施加以制止，这就是学校建立声誉预警体系的目的所在。

"未雨绸缪"对于学校的危机管理是十分重要的。有效的预防和预警可以降低危机事件发生的几率，即便是学校危机事件已经发生，进行过预防和预警的必要准备之后，处理危机的过程中也会更加有准备，使处理程序更加有条不紊。

（二）风险模拟：操作演练

危机预警固然重要，但现实生活中，许多危机是在意料不到或不可抗拒的状态下发生的，因此，要解决危机就要制定应对计划，即预案，它是提供应付处理紧急事件所需要的人力、组织、方法和措施的一整套方案。

1. 危机应变

美国危机处理专家芬克（Fink）形象地将危机应变计划比喻为手电筒，因为人们在突然遇到停电的情况下，首先想到的是找手电筒，然后才能在它的指引下走到保险丝处查明停电的原因，最后修复通电。预案就好比手电筒，可帮助管理层有条不紊地处理危机。预案主要的内容为成立危机应变小组，该小组以校长为核心，可由学校各部门的主管和学校法律顾问及外聘专家组成，其成员应具有配套的专业结构优势和能力结构优势，以此增强应对能力。

拟定危机应变计划。该计划可由危机应变小组来制定。应变计划可最大限度地提出各种可能发生的危机和所采取的行动。要鼓励小组成员多进行这样的"假如＊思考"——假如发生某种情况，我们该怎么办。它最后应形成一个危机手册，成为管理者在危机四伏的森林里迷路时的脱困图。例如假设一旦发现实验室发生火灾，该怎么办？先做什么，接着做什么？每一步都应有行动指南。如果学生逃生，有哪些出口？怎样在最短的时间里有效地疏散？另外，还有更具体的情况要进行分析，如起火点在不同楼层，又该怎么逃生？因此，应变计划一定要细致到足以应变危机的各种因素。

2. 危机处理分工

建立预警系统的工作可由学校办公室协同各个职能部门进行，它主要包括以下一些内容：①学校各部门可先开展多种调研活动，然后由学校党委、支部和校长室一起来研究。预测可能引起学校危机的事件，使危机因素扼杀于萌芽状态；②密切注意国家教育改革的现状和发展趋向及国家在政治、经济改革政策等方面的变化，从而使学校的管理决策与社会大环境相协调；③加强与家长、社区、政府各职能部门的沟通与联系，注意收集这方面的信息，及时掌握他们对学校教育的反应与评价；④定期或不定期召开规模、层次不等的汇报会，旨在听取各方的不同声音，分析学校各管理部门的运行状态，找出薄弱环节，即时做出整改措施，预测相继有可能产生的问题，便于制定应对方案。

美国危机管理学院有一种提法，叫做"冒烟的危机"。意为大部分商业危机是由一系列微小的容易被公司高层领导忽视的事件综合而引发的，这种危机在其酝酿期或称潜伏期内，往往有许多"想冒烟的导火索"表现出来。通过危机预警积极地预防、及时地规避或转移风险，从而能使组织获得更为稳定的生存环境，抓住更多的发展机遇。

比如，学校在每月的第一周进行一次师生情绪的抽样调查。当师生情绪发生异常变动，或者不满情绪明显增加时，有关人员应及时分析原因，向学校领导发出预警，以便学校有针对性地采取适当措施，改善师生情绪。

3. 举行危机模拟训练

危机应变计划只能是纸上谈兵，还需要进行假想情景下的模拟训练，以此提高应对的实效性。如逃生演练，就涉及到指挥能力、火灾知识、灭火技术、逃生技术、报警策略等多方面的训练,同时还要高度重视紧张心理的训练,因为在危机真正发生时,这会影响到师生的思维和决策。

(三)直面风险: 突发事件处理

学校危机发生后,管理者就要启动危机应变预案,恰当地处理。首先,要辨识危机:辨识危机影响的范围和影响的人员,估计事件可能造成的后果;其次,要控制危机:危机处理人员认清危机后,要尽最大力量防止危机的扩大,可采取隔绝措施,防止其影响其他的人员和事物,这一环节同时也应包括控制危机的信息传播。学校可确定一位发言人,使其成为所有正式信息的唯一来源,让他在发布消息或声明时,在维护学校的形象下,说明真相以正视听;第三,要调查危机。一般在控制危机时,情况紧急,不宜对危机做深入调查,以免贻误时机。但在危机得到控制后,危机处理小组成员就要立即展开对危机范围、原因和后果的全面调查,这是危机决策处理的重要前提;第四,要制定正确的危机对策。危机决策要在学校危机处理小组成员共同商议的基础上产生;如遇到不同的决策方案,要进行优选,选择最接近成功解决危机的方案。决策方案一旦做出,就要迅速加以实施。

通常的做法是根据危机事件的严重危害程度,影响范围的广度以及时间的可控性程度等一系列因素和指标,综合考虑,将预警划分为程度不一的 4 个不同的等级,分别由蓝、黄、橙、红四种颜色代表。

蓝色预警为 4 级预警,预计将要发生一般以上级别的危机事件。这类事件主要是突然发生的事态,相对而言比较简单,仅对校内公共安全、教学秩序等造成轻微危害和威胁,已经或可能造成人员伤亡或财产损失,只需要调度个别部门的力量和资源进行处理。

黄色预警为 3 级预警,预计将要发生较大以上级别的危机事件。这类事件主要是指突然发生的事态较为复杂,对校内公共安全、教学秩序等造成一定危害和威胁,已经或可能造成较大人员伤亡、财产损失和社会影响,需要调度力量和资源进行处置。

橙色预警为 2 级预警,预计将要发生重大以上级别的危机事件。此类事件主要指突然发生的事态复杂,对校内公共安全、教学秩序等造成严重危害和威胁,已经或可能造成重大人员伤亡、财产损失和社会影响,需要调度较多力量和资源进行联合处置。

红色预警为 1 级预警,预计将要发生特别重大以上级别的危机事件。此类事件主要指突然发生的事态非常复杂,对校内公共安全、教学秩序等造成严重危害和威胁,已经或可能造成特别重大人员伤亡、财产损失和社会影响,需要学校统一调度各方面资源力量和资源进行联合处置,情节严重的还需介入司法手段。

面临危机时,经常采用的措施有鳄鱼法则。其原意是假定一只鳄鱼咬住你的脚,如果你用手去试图挣脱你的脚,鳄鱼便会同时咬住你的脚与手。你愈挣扎,就被咬住得越多。所以,万一鳄鱼咬住你的脚,你唯一的办法就是牺牲一只脚。

当然,能把风险和危险转化为机会是最佳选择。

□ 拓展　上海市大规模在线教学方案

为应对 2020 年新冠肺炎疫情发展可能带来的集中授课限制,尽可能保障学生的学习需要,根据教育部有关精神和上海市委、市政府部署,上海市教委研究决定,依托上海微校(上海大规模智慧学习平台),组织提供优质教学资源,统筹汇集优质教育信息化平台及基础设施,以"一个入口,全媒分发;统一课表,多元补充;优课示范,双师教学;先录后播,实时互动"的模式,建设覆盖全市中小学全部教学需要的"空中课堂"。

"空中课堂"是大规模在线教学综合体系,是覆盖全市中小学全部教学需要的整体解决方案,可概括为:"一源双师多渠道多终端"。"一源双师"是指教学内容一个来源,每位学生拥有实时统一授课和班内个别辅导两位线上老师。相同年级的各校学生采用全市统一的课程表。上海市教委为每个年级每一学科,分别精选名师团队统一授课。学生原来的老师通过直播间或其他社交平台的方式,对原班学生辅导和管理。"多渠道"一是指学生可以通过网络、电视等渠道,实时收看名师统一授课(录播);二是指学生可以通过专用网络直播间和其他社交平台与原班老师保持互动;三是指各区教育局、各校可以根据自有的信息化基础设施和资源情况,建立自己的辅导方式和机制;四是指上海微校将同时汇聚优质教育资源和平台,为学生提供学习辅助。"多终端"是指学生可以通过电脑、平板、手机、电视等终端接入"空中课堂",开展听课、作业、互动交流等活动,实现泛在、智能的教学活动……

□ 实践探索　在线教学是提升学校课程领导力的良机(上海市控江中学)

突如其来的新冠疫情迫使各地学校延期开学。"停课不停教、停课不停学",疫情之危,催化了在线教学高速发展的良机。

1. 从"渐进"到"快进":实现在线教学全覆盖

控江中学是在杨浦区最先做出在线教学应急反应的学校之一。2020年2月17日—3月1日,学校在自主开发的"mooc"平台上,组织开展"教师培训——学科方案提交——课程上线——学案辅助——作业开发——答疑反馈"的线上教学。这一阶段要求各学部、各学科充分考虑线上学习与传统教学方式的差异,根据实际需求调整教学内容和教学形式,明确分工,积极合作,在实际教学中积累线上教学经验,根据学生的反馈改进教学,形成与学情相适应的线上教学模式……

3月2日之后,学校在本校课程与市级课程融合的基础上优化在线教学方案。一是与市教委的周课表和每日作息安排保持统一。二是安排学部自主统筹课程。一类为各学科答疑,学生自主选择;另一类为限定学科课程,包括主题教育、心理专题、高考政策咨询、艺术、思想政治等,学生根据学习安排进行调整。三是加强对学生五育发展各个环节的指导。四是统一学习基本要求,依据学情进行个别指导。

3月6日,《直面疫情:控江中学探索构建应急教育模式》一文刊登于"上海杨浦教育"。在某种程度上,疫情赋予学校教研、科研以新内容,也让课程领导力项目有了实质性推进,因为线上线下的混合学习本身就是控江中学课程领导项目的重要组成,只是疫情将"渐进"模式切换为"快进"模式。

2. 从"应急"到"优化":在问题破解中持续升级

在最近的一次研讨中发现,老师们对线上教学持有积极的工作心态,"办法总比困难多""一切站在学生的角度看问题""精心准备、充分保障""见屏如面、初心不改""疫情反倒像一股绳子把老师们紧紧地联系在一起"。

在老师发言中还有一个重要的信息,就是线上教学从最初只是了解熟悉操作流程已经上升到关注教学细节、关注教学的有效性、关注学习深度。各学科积累了不少线上教学的窍门。在一个个问题的解决中给出的答案,都是线上教学值得保留和推广的经验。

3. 从"辅料"到"主料":探索线上线下融合之路

一个多月前,很多老师对线上教学还是零经验,到现在的"零距离",是在疫情倒逼之下短短一个月发生的。什么是"课程领导力"? 这种转变就是真实反映。这其间既有学校顶层设计的课程领导力,也有各学部、教研组、备课组的课程领导力,更有老师们自身的课程领导力。

随着线上教学从 1.0 版发展到 2.0 版,线上教学也从可有可无的"辅料"转变为学校不可忽视的教学常态之一,各学科都会深度理解线上教学的优势和劣势,从而在复课后的日常教学中把线上线下教学的优势融合起来,形成一种可示范的控江表达范式。

二、 过程掌控

《中小学校档案管理暂行办法》对学校档案有着明确的规定:"学校档案是指从事党政管理、教学、教研等各种活动中形成的有查考利用价值的各种文字、图表、声像等不同形式的历史记录,它包括文书档案、教学档案、科技档案、会计档案、声像档案,等等。"

(一)学校课程教学档案建设

1. 加强学校档案管理的重要意义

学校档案是广大教职工在长期的教学、管理及其他各项工作中形成的具有保存价值的文字、图表、音像等不同形式的文件材料,是对学校的办学历史、师生的基本情况等的真实记录,是学校改革和发展的重要信息资源,是学校最基本的职能活动的全面反映。

（1）服务于发展。学校档案真实地记述和反映了学校的教学、管理、运行的发展轨迹，是学校重要的信息资源，是制订学校发展规划、总结经验教训和开展教育研究的重要依据，是学校基础工作的基础。通过分析学校现存档案，可以全面掌握学校教育教学工作等方面的沿革和演变情况，更好地总结学校建设发展的经验教训，为领导科学决策提供参考，推动学校科学发展。

（2）服务于教学。学校档案完整记录了学校教育教学活动，中学校长可借鉴大量的档案资料，在分析总结以往教学工作的经验教训的基础上，制订新的教学计划，提出教学改革的新思路。特别是刚参加工作的青年教师，可查阅教学档案，向老教师、教学能手等学习教学经验来不断充实和提高自己的教学水平。学校档案还可在校内和校际间的教学管理和教学交流中发挥作用。

（3）服务于管理。在学校开展人事编制、人员调整聘用、干部选拔任用中，人事档案、文书档案和教学档案等可以提供可靠的依据，有利于客观、公正、准确地评价每一个人。在每年的职称评定、年终考评中，详实的档案也可为方案、标准的制定提供真凭实据。[1]

健全的档案，可以反映出一所学校的管理水平、发展轨迹、文化积淀、办学特色。因此，加强学校档案管理，对于促进教学改革、提高教育质量、开展科学研究、推动学校科学发展等，有着十分重要的作用。

2. 学校档案管理工作的难点

越是基础的东西越是琐碎且复杂，也正是由于学校档案工作涉及了学校教育教学、组织管理等工作的方方面面，既有教师档案、学生档案、教育教学活动档案等常规档案，也有学生心理健康档案、教师师德档案等具有辅助性、拓展性的非常规档案。这就大大加大了学校档案在收集、整理、利用等方面的难度。[2]

干部及教职工档案意识不强。部分同志认为教学部门的主要工作是教学，至于档案收集、管理应由档案部门去做，因此在部门制订规划和工作制度时，很少涉及此方面；即使收集了部分移交的文件材料，也可能因为统一的可执行性标准，而

① 李红艳. 浅论加强中学档案管理[J]. 湖北教育（领导科学论坛），2011(03)：34—35.
② 贺焱. 中学档案管理当走数字化之路[J]. 兰台世界，2008(07)：30—31.

导致教学档案管理缺乏系统性及关联性。另一方面,档案管理部门服务意识、开放意识淡薄。对于档案管理员来说,人家移交什么就接收什么,应该归档的珍贵教学实践和科研材料依然散失在个人手中,以致教学档案难以发挥其应有的作用。

大多数教学、教研人员对教学档案管理工作认识不足,甚至对教学档案的归档持抵触情绪。例如,有的教师认为教学科研成果是自己在教学过程中取得的,理应由自己来保管,怎么能够交档案部门呢? 有的教学人员唯恐材料被移交,经档案部门立卷、归档后便被充公了,以后想再利用将会带来许多麻烦,还不如自己保管方便。

3. 学校课程教学档案

学校综合档案室归档内容应包含:上级教育主管部门下达的教育、教学管理有关文件,本校制定的教学管理制度、办法、规定、条例、专业设置、教学计划、教学进程表、教学大纲、课程计划总表、课程表、校历表等。

建立健全有关档案信息开发利用制度是基本前提。学校应建立综合档案室,配备专管人员,做到机构健全,人员落实,每年档案工作订目标、有计划,并列入学校和分管领导的工作议事日程和年度考核目标,档案工作任务分解到部门,职责明确,建立规范化的档案管理利用开发制度,做到归档有范围,立卷有标准,借阅有规定,保密有条例,库房管理有措施,开发利用有目标,这就在具体细节上保证了档案管理的顺利开展。[①]

建立本校特色档案。每个学校都有自己的办学特色,学校档案部门要努力收集相关的档案资料,形成本校特色档案,如领导视察与题词、名师风采、校园建设、科研成果、获奖情况、学校参与社会活动,等等。力争做到"你有我有,你无我有,你有我新,你新我特",避免"千校一面",体现出本校的特色与优势。

除此之外,还要明确保管珍贵档案的工作人员的责任,使其认识到自身岗位的重要性。可以建立岗位责任制度,使工作人员提高对档案的重视程度,让珍贵档案得到更为妥善的保管和利用。

---

① 李小叶. 对中学档案管理工作的思考[J]. 信息系统工程,2011(01): 110—112.

（二）教师课程教学档案积累

新课改背景下的档案管理工作更加复杂，更具有挑战性，只有不断地认识和分析新的档案管理内容、不断地加强理论科学和研究，不断地利用当代技术和手段，科学地、规范地、循序渐进地推进这项工作，才能使档案管理更好地服务于教师课程教学改革。[①]

教学档案是学校教学工作方针、政策的真实写照；是教学活动和教学研究中不可缺少的依据和参考资料；是了解教学内容、考查学校历史、总结经验教训、改进教学管理、提高教学质量、促进学术交流的信息源。[②]

搞好学校教学档案管理对全面促进学校改进教学工作、提高办学质量具有十分重要的现实意义和历史意义。教学档案是教师教学、实践的最原始记录，不但有存贮信息、知识的功能，而且具有参考交流、学习、参考、借鉴的作用。前人的优秀教学方法技巧、先进的教育理论和理念都可供后人参考借鉴；即使不成功的做法也可以从反面给人以警示，以免后人"重蹈覆辙"。同时，教学档案为教育评估和教学评价提供真实的原始资料，为教育评估的顺利进行提供了参考、借鉴作用。因为无论教育评估工作程序、指标体系、组织机构如何确定，最终都将凭借大量的教学档案材料进行综合分析，从而对一所高校进行客观全面的评价。

规范的教学档案管理能促进教研水平的提高，有利于提高办学质量。教学档案所收集、积累的各种教学反馈信息，能为今后的教学提供大量翔实的资料，使教学研究和改革能够准确地反映实际情况，进行科学分析，从而促进教学水平的提高。如对教师教案、教学测评等的研究和比较，可以看出教师教学水平和能力是否提高；对历年的试卷、学生考试成绩等的比较，可以看出学生对教学改革的接受能力，并能直观地反映出教学水平及教学管理水平的高低，为如何提高教学质量和教学水平提供重要依据。[③]

教学档案的积累是所有教师共同的事情。首先，档案管理人员把优秀教师的

---

① 陈毅萍. 加强中学档案管理工作的思考[J]. 陕西档案，2009(02)：40.
② 刘素珍. 中职学校教学档案管理工作初探[J]. 卫生职业教育，2005(17)：47—48.
③ 梁丹. 教学档案管理：意义、特点及路径创新[J]. 钦州学院学报，2007(03)：101—104.

教案、教学经验总结、论文、科研设计等收集成专题,通过汇编专题性档案、编制教学参考资料等多种途径,指导和规范学校的教学档案工作。其次,要建立学校档案工作网络,确定各专、兼职档案人员的岗位职责,各中层领导要责成档案管理人员做好本部门档案的收集、整理、归档工作,定期将档案移交给档案室,实行集中统一管理。再者,要制定目标管理考核制度,奖惩分明,实施有效的管理手段,从而使各类档案材料能得到认真的收集和及时的立卷。

档案的生命在于它的实用性。收集档案的目的在于利用,如果不积极开展档案的利用工作,只是把它锁在铁柜里成为"死档案",那就失去了它的使用价值。因此,档案管理部门要和教学部门加强沟通协调,档案管理人员应及时向教学部门提供教学档案的归档范围,定期到教学部门了解检查教学档案的收集情况,宣传档案业务知识,主动参与管理活动,及时为教学工作服务,为深化学校的各项改革提供信息,使档案管理部门真正成为教学工作的信息咨询部门。

□ 拓展　上海市教委教研室"教研员成长记录袋"

上海市教委教研室从 2010 年度开始建立"教研员专业成长记录袋"(以下简称"记录袋")。总结、反思该工作的意义与价值,深切感受到"记录袋"对全面提升全体教研员的综合素质,对教研室业务档案的科学管理等具有积极作用。具体体现为:

一是专业发展的需要。教研员可以通过"记录袋"累积的材料,检视自己在岗位实践中开展学习、研究以及业务活动所取得的成绩和进步。"记录袋"有助于教研员正确认识自我、评价自我。看到成绩,激励自信;看到问题,改进调整,不断提高专业发展水平。

二是分享交流的需要。教研员日常工作更多的是"单兵作战",每个人都在本学段、学科以及领域中积极探索,积累了丰富的经验。借助于教研室内部搭建的这一交流平台,有助于大家进行经验成果的交流、借鉴和分享,并针对共同的问题进行思考、研究和探索。同时,在分享交流中,把一个人的经验,推广为大家的经验;把优秀经验转变为教学常规,乃至提升为教育规律。

三是业务管理的需要。"记录袋"的设置,最直接的功用是记录教研员进行岗位实践的信息。这方面的信息主要包括教研员在职责岗位上"做了些什么""怎样做的""取得了哪些经验和成效""存在哪些不足或问题"等。"记录袋"中的这些材料,从某个侧面反映了教研员在岗位实践中从事的重要活动和表现,这一切都有助于对教研员的工作进行管理与评价,使教研室的业务管理朝着"量性与质性"相结合的方向不断完善。

(三) 学生数据采集的方法和路径

为了贯彻与落实党的十七大关于深化"考试招生制度、质量评价制度改革"的要求,全面推进素质教育和高中课程改革,建立高中教育质量保障体系,特展开此项有关我国高中学业水平考试的研究。上海市教委在《上海市学生综合素质评价实施办法(试行)》的基础上,研究制定了《上海市普通高中学生综合素质评价实施办法》。

1. 综合素质评价背景

开展高中学生综合素质评价的背景和目的是:坚持立德树人,践行社会主义核心价值观,传承和弘扬中华优秀传统文化、革命文化和社会主义先进文化,反映学生全面发展情况和个性特长,着力促进每一个学生的终身发展,促进高中人才培养模式转变,为高校科学选拔人才提供参考。

(1) 引导学生积极主动发展。引导学生开展自我评价并进行自我调整和自我管理,促进教师开展学生成长过程指导和生涯辅导,帮助学生确定个人发展目标,实现全面而有个性的发展。

(2) 促进高中学校积极开展素质教育。通过综合素质评价改革,引导高中学校开展各种素质教育活动,促进学校多样化、特色化发展。

(3) 作为高校人才选拔的参考。循序渐进、积极稳妥地推进综合素质评价信息在高校招生中的使用。积极引导在沪招生院校探索和参考使用高中学生综合素质评价信息,发挥素质教育的价值导向。相关高等学校应在招生章程中明确综合素质评价的具体使用办法并提前公布规范、公开使用情况。

2. 综合素质评价的结构

综合素质评价的内容主要有品德发展与公民素养、修习课程与学业成绩、身心健康与艺术素养、创新精神与实践能力几个方面。

（1）品德发展与公民素养。主要反映学生在践行社会主义核心价值观、弘扬中华优秀传统文化、革命文化和社会主义先进文化等方面的情况，包括爱党爱国、理想信念、诚实守信、仁爱友善、责任义务、遵纪守法等。重点记录学生遵守日常行为规范，参加志愿服务和公益劳动、党团活动等情况。

（2）修习课程与学业成绩。主要反映学生各门课程知识和技能掌握情况以及运用知识解决问题的能力等。重点记录学生学业水平考试成绩、基础型课程成绩、拓展型课程和研究型课程学习经历等情况。

（3）身心健康与艺术素养。主要反映学生的健康生活方式、体育锻炼习惯、身体机能、运动技能和心理素质，对艺术的审美感受、理解、鉴赏和表现的能力。重点记录《国家学生体质健康标准》测试结果，参加体育运动、艺术活动的经历及表现水平等情况。记录学生课外锻炼情况，强化每天体育锻炼1小时。

（4）创新精神与实践能力。主要反映学生的创新思维、调查研究能力、动手操作能力和实践体验经历等。重点记录学生参加研究性学习、社会调查、科技活动、创造发明等活动。

3. 综合素质评价特色亮点

（1）重视学生学习经历和发展动态[1]

"修习课程与学业成绩"不仅体现了学生的学业水平，还能体现其学习兴趣。《纪实报告》对基础型课程要求记录学期成绩，对拓展型课程只要求记录科目和总学时，对研究型课程只要求记录课程（课题、项目）名称和修习该课程的起讫时间，这样做的目的是鼓励学生积极探索自己感兴趣和认为有价值的课程，通过高中三年的选课过程，发现和培养自己的专业兴趣。又如："身心健康与艺术素养"记录了学生高中三年《国家学生体质健康标准》各维度的发展趋势，为那些水平不高但有进步的学生提供展示的空间。

（2）突出创新精神与实践能力

实施二期课改以来，上海就坚持开展研究性学习和综合实践学习，为培养学

---

[1] 陆璟. 普通高中学生综合素质评价的"上海设计"［J］. 中小学管理，2015（06）：07—08.

生创新精神与实践能力打下了扎实的基础。这次用研究性学习专题报告代表作、科技活动、创造发明情况,来反映学生的调查研究能力、动手操作能力和实践体验经历,将进一步推进学习方式和评价方式的转变。

(3) 突出学生个性和学校特色

《实施办法》将"学生自我介绍"和"学校特色指标"纳入《纪实报告》,可以体现学生的个性发展和学校在培养学生素养上的特色。上海在2000年就已基本普及高中教育,明确高中教育需要为众多不同个性的学生提供服务;2009年,上海市教委在年度工作要点中首次提出"加强高中教育,办出高中特色"。综合素质评价是对上海高中多样化特色发展实践成果的检验。

综合素质评价是新高考政策的亮点,又是难点。综合素质评价在实施过程中面临不少问题。课程领导力项目学校坚持领会正确的价值导向,突破难点,以评价促进学生健康成长。

思考题

1. 高中学校学科走班后,传染病的防控难度增加。学校需要哪些预警系统?

2. 学校为了提高课程领导力,如何建立过程性真实性档案?

第三节　改进的适切性

如前所述,过程档案的实用性,是学校普遍存在的问题。面对着繁多的档案资料,如何做到档案管理的科学化、规范化和现代化,使之更快更好地为学校的课程教学服务,使学校的发展有理有据?

一、 信息间建立关联

上海市教委教研室主任徐淀芳指出：基于证据的研究，是国际教育研究的潮流，也是对教育研究与实践现实困境的积极回应，更加是教学研究进步的核心。教学研究机构作为联系理论与实践的桥梁，更加应该关注证据，关注研究结果的实践与推广。基于真实问题的项目研究，不仅是未来教研工作组织的主要形式，也是对"用证据支持教研"思想的最好体现。[①]

基于证据的研究是一种实证研究，是指研究者亲自收集观察资料，为提出理论假设或检验理论假设而展开的研究。

（一） 建立数据模型

在谈模型的应用之前，需要讲讲什么是实证研究和什么是模型。

1. 数据模型层级

数据模型（Data Model）是数据特征的抽象。数据（Data）是描述事物的符号记录，模型（Model）是现实世界的抽象。数据模型从抽象层次上描述了系统的静态特征、动态行为和约束条件，为数据库系统的信息表示与操作提供了一个抽象的框架。数据模型所描述的内容有三部分：数据结构、数据操作和数据约束。

2. 模型与实证研究

模型能帮助澄清实证研究的目的和意义。这是每一篇报告实证研究结果的论文都需要讲清楚的问题，而借助于一个简单的模型常常是把这个问题讲清楚的最有效的方式。最常见的例子是用模型阐明一个理论、导出两个变量之间是正相关或负相关，然后用回归分析验证这个关系。一般来说，这类实证研究探索的是较深层次的变量之间的关系，这些关系背后的逻辑不是三言两语就能说清楚的，所以才有利用模型来表述的必要。

在实证研究中，模型大致可以分为三类：一类只是用模型说明道理，回归分析

---

① 徐淀芳. 严格的证据：教学研究进步的核心[J]. 教育发展研究，2013，33(02)：1—4.

中估计的并不是模型的参数,我们把这一类研究叫做"以模型为依托的、非结构性的回归分析";第二类不光用模型说明道理,而且所做的回归分析的目的就是为了估计模型的参数,我们把这一类研究叫做"以模型为依托的、结构性的回归分析";最后一类应用的模型特别复杂,以至于模型的参数之多已经很难一次全部估计出来,不得不从他人的研究中借用一些参数的估值来进行反事实的分析,我们把这一类研究叫做"以模型为依托的、结构性的校准分析"。[①]

(1) 非结构性实证研究

不是以获取模型参数为目标的研究,我们就称之为非结构性的研究。模型能帮助澄清因果关系的传导机制。但凡是以因果识别为重点的实证研究,都需要探讨因果效应的机制。用模型来把各种可能的机制说清楚,是常用的做法。实证研究人员写模型的过程,就是一个深入思考传导机制的过程。

在这里需要强调的是:非结构性模型越简单越好。非结构性分析的目的不是估计模型的参数,使用模型总是为了讲清某个道理,而模型的建立就必须为这个目标服务。一般来说,能用简单的模型讲清楚的道理,就不应该用复杂的模型;能用一期的、静态的模型演示的变量关系,就不需要多期的、动态的模型;能用两要素的生产函数演示的替代关系,就没必要用多要素的模型。当然有时候我们需要检查由简化的模型导出的结果是否具有一般性,即便在这种时候,有很多学者也会选择在论文正文中只给出简单的模型,而把拓展部分放在附录里,以便减轻读者的负担。

(2) 结构性的实证研究

结构性的回归分析总是要估计模型的参数,从定义上来说,这类实证研究一定会用到模型。经常用到各种回归方法。大致有以下三种情形:①有些研究会先借助回归分析描述一些"典型事实"(stylized facts),然后以这些事实为指导建立模型,再针对模型做校准分析。②有很多研究在做校准分析时,用的一些参数值是研究者自己通过回归分析得到的。③有些研究者在建立一个模型之后,先做回

---

① 张俊富. 模型在微观实证研究中的作用——以城市和区域经济学为例[J]. 经济资料译丛,2019(01):1—23.

归分析来验证模型的某些推断,然后再做校准分析来回答所关心的问题。

有一种看法认为结构性研究的假设太多,不像简化型估计那样干净。但教育本身就是一个复杂系统,有时很难进行结构性研究。

(二)学校质量模型

1. 联合国教科文组织的质量模型

联合国教科文组织基于对"什么是质量""谁的质量"及"如何评价质量"三个基本问题的不同解答,形成了"学习者中心"模式、"输入—过程—输出"模式及"多维社会互动"模式三种主要的教育质量保障模式。这三种模式相互渗透,共同构成了"教育2030"行动框架这一纲领性文件描述与评价教育质量的核心理念。

表6-8 国际组织关于教育质量保障的三种模式①

	什么是质量	谁的质量	如何评价质量	主要贡献
学习者中心模式	对人权强有力的、明确的尊重的教育系统	学习者,儿童	从学习者的个体发展及外部系统的支持性两方面评价(可操作性较差)	质量保障必须以学习者为本位,以促进学习为中心
输入—过程—输出模式	教育资源投入的效益,系统运作的效率,学习者的学习成果	淡化价值主体,强调工具理性	量化评价	对输入—过程—输出的全方位关注;评价方式的科学化,可操作性强
多维社会互动模式	教育质量是对不同利益相关者需求的满足,难以统一界定	学生、教师、家长、社区、专业组织、市场、政府等	多主体的混合方法论	多元质量观;强调历史、社会、经济、政治和文化等背景因素的重要性

(1)学习者中心模型

2006年,教科文组织教育政策规划署(IIEP)发表了教科文组织视角下的教育

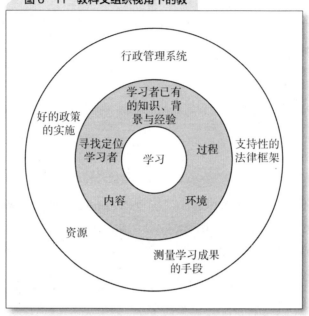

图6-11   教科文组织视角下的教

质量框架,将学习列为模型的中心,同时对输入、过程、环境和产出等影响因素的重要性给予充分的重视。该框架最突出的优点就是对"学习者在其学习环境下的水平"(内在学习者水平)以及"创造和支持学习经验的教育系统的水平"(外在系统水平)进行了区分。在这一框架下,教学方法与学习方法、学习环境及系统的组织维度都必须以学习者为中心,为促进学习服务。

(2)"输入—过程—输出"模型

2005年,教科文组织发布了以"教育质量"为主题的全民教育全球监测报告《全民教育提高质量势在必行》,在"输入—过程—输出"框架下,重新定义了一系列变量,对质量的相关影响因素集合进行了重组,提出了评价教育质量的五大维度。

无疑,"输入—过程—输出"是目前国际教育质量评估的主导模式。在该模式下,教育质量评价更多的是追求能够提炼出可量化的核心指标并用数字对其进行表征,具有直观性和可操作性强的优点,但同时也直接面临数据和指标两大方面的问题。

(3)多维社会互动模型

多维社会互动模式包含两大要素:一是强调历史、社会、经济、政治和文化等

图 6 - 12　2005 年全民教育全球监测报告质量框架

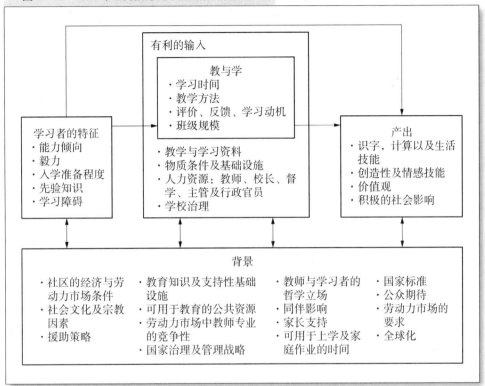

背景因素在塑造教育政策方面的重要性；二是认为包括教师、家长、社区、政府等群体在内的不同利益相关者的观点是理解特定背景下的教育质量的关键。这一模式也有助于评估和理解特定的教育系统在加剧、复制或缩小及消除社会不公平等方面所发挥的作用。

公平与质量的平衡是世界各国教育系统面临的共同问题。全民教育绝不是低质量的教育公平，优质教育也绝不是少数人的优质教育。在对教育目的的认识上，"优质教育"重申了人文主义价值观的回归，摒弃了功利主义的教育观，超越了传统的人力资本理论以及所谓的科学人文主义的基本观点。

2. PISA 学业成就模型

近来，国际学生评估项目（PISA）备受国内外关注。PISA 项目缘于发达国家对基础教育质量的反思，是一项以改善教育政策为导向的跨国测试研究。张民选

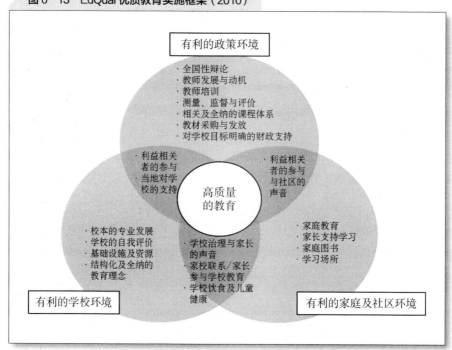

图6-13　EdQual优质教育实施框架（2010）

等解读了 PISA 测试独创的"素养"及其内涵结构,探究了 PISA 研究试图解释的学生素养形成与学生个人参与及学习策略间的关系,分析了 PISA 研究试图发现的学生素养与家庭影响、学校均衡、教育公平的关系。本文认为,公平而卓越正在成为发达国家和国际组织衡量基础教育质量的新尺度;多维度、多学科、重数据与国际参照已经成为教育研究与教育评价的重要发展方向;教育政策的制定应该建立在研究、数据和证据的基础上。[①]

　　OECD 强调,PISA 旨在透过学生测试成绩和问卷调查,为各国政府和教育政策制定者提供多侧面教育信息,了解本国教育发展状况,认识造成当下教育状况的各种原因,从而为各国制定正确有效的教育决策及推进教育改革发展提供国际参照数据和成功经验。

　　PISA 并不满足于测试学生个体素养成绩的高低,甚至也未停留于研究影响

---

① 张民选,陆璟,占胜利,朱小虎,王婷婷.专业视野中的 PISA[J].教育研究,2011,32(06):3—10.

素养成绩的个人因素,而是继续深入探究影响学生素养和学业成绩的教育与社会原因,包括学校均衡、办学效能、家庭背景、政府投入等因素对学生的影响,即人们通常关注的教育均衡与教育公平等社会问题和政府责任。

图 6-14　PISA 关注的影响学生素养形成的个人和社会因素

PISA 受"输入—过程—输出"(Input-Process-Output)模型的影响,不仅利用纸笔测试调查了学生的学业情况,还利用问卷收集了影响学生学习的背景信息,以了解教育系统的投入和过程,力图对学生学业成绩的差异作出说明和解释。[①]

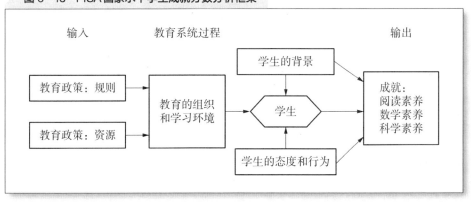

图 6-15　PISA 国家水平学生成就分数分析框架

---

① 鲁毓婷. 全球化背景下的学生学业成就比较研究——TIMSS 和 PISA[J]. 考试研究,2007(03):76—92.

PISA2009 学生问卷内在结构为以下 5 个方面：学生个人背景因素；家庭背景因素；阅读参与度和学习策略；学校环境和教学组织；校内外学习时间。下表 6－9 为学生问卷结构一栏表，从中可以看出，PISA 认为学生阅读素养可能受多方面因素的影响，需要进一步研究。

表6-9 学生问卷结构一览表

学生个人背景因素	年级，课程类型，年龄，入学年龄，性别，学前教育情况，是否留级	
家庭背景因素	家庭结构，家庭社会经济文化地位，移民状况，家庭中使用的语言	父母受教育水平，父母职业地位，家庭财富，自己和父母的出生地，到本地的时间，家庭中使用的语言，父母就业状况
阅读参与度和学习策略	阅读参与度，学习策略	对阅读的喜爱程度：趣味性阅读时间，阅读广度，网上阅读参与度 一般学习策略：记忆策略，精致策略，控制策略 阅读中的元认知策略：理解和记忆文章的策略，写摘要的策略
学校环境和教学组织	学校风气，师生关系，语文课纪律风气，语文课教学策略，图书馆使用	
校内外学习时间	学校学习时间，学校科目的校外学习时间	各具体学科的校内学习时间、校外学习时间

除了学生问卷以外，PISA 还通过学校问卷来研究学生学业与学校教育的关系：①学校问卷内容：学校的结构和组织；学生和教师情况；学校资源；学校教学、课程和评价；学校风气；学校（录取、评估、问责等）政策及其实施情况。②学校问卷的复合指标：学校在资源配置中的责任；学校在课程和评价中的责任；教师参与；校长领导力；教师短缺指数；学校教育资源的质量；学校提供的课外活动；影响教育质量的教师因素。这些指标，实际上与学校的课程思想力、课程设计力、课程执行力和课程评价力相关，即学生学业成就和学校课程领导力相关。

二、 数据分析与结果反馈

学校花大力气收集的数据，很多时候只是一个档案，接受上级检查时派上用场，没有真正发挥作用。究其原因，除了数据之间没有建立关联、没法建立关联以外，数据挖掘方面还缺乏良好的技术。

（一）定性分析

如何以一种尽可能严格和详细的方式来了解人们的经验，这是所有教育工作者比较感兴趣的课题。

诺曼（Norman）等质性研究方面的[①]学者试图识别在文本中出现的范畴和概念，并将这些概念连结成独立存在的、正式的理论。扎根理论是一个反复的过程，通过这个过程，分析家越来越"扎根"于数据中，并发展出日益丰富的概念以及关于正在被研究的现象实际如何运作的模型。为了做这些工作，扎根理论学者收集访谈的逐字抄本、通读文本的小样本（通常是逐行逐行的）。

□ 拓展

上海市教委教研室承担的"大中小学德育课程的课程标准与教材衔接研究"项目，是首席专家翁铁慧领衔的 2013 年教育部哲学社会科学重大课题攻关项目"大中小学德育课程一体化建设研究"的子项目。市教委教研室语文、思想品德与思想政治、品德与社会、历史、地理、体育与健身、艺术、美术、音乐等 9 门学科（以下简称 9 门学科）教研员，以及 300 多名区教研员和学校教师具体承担研究工作。

2 年多来，研究团队扎扎实实推进"大中小学德育课程的课程标准与教材衔接研究"项目，具有以下特色亮点：研发工具、进行微格化分析，注重实证，进行定量分析的研究方法，确有独到之处。

---

① 诺曼·K·邓津，伊冯娜·S·林肯.定性研究：经验资料收集与分析的方法[M].风笑天,等译.重庆：重庆大学出版社,2007.

1. 研发了分析工具

课程标准和教材中德育目标的反映程度如何,对这一问题说不清道不明,即使是这方面专家也很少有说服力的"实证"。为了"说清楚",本项目研究中开发了一种分析工具,以总项目组提供的 4 大方面、16 个指标为指标,以课程标准和教材为研究范畴,以关联度为程度判断。这一分析工具,为德育目标的定性分析提供了可能。

本项目研究采取总项目框架下分学科进行研究的策略。统一思想、统一工具、统一标准、统一认识等工作都很重要。

研究采取先试点后推广的模式。9 门学科分别先完成一个单元的课程标准和教材贴标签研究,然后召开研讨会,交流研究过程中的经验,及时发现和解决研究中存在的问题。

2. 尽量提高判断的精准性

微格化研究中,"贴标签"是最基础性的工作,也是非常关键的工作,"贴标签"的精准度直接影响后面的分析和结论。因此,各学科在如何提高"贴标签"的精度上都花了不少功夫。如地理学科,为了提高不同研究人员间"贴标签"的误差,整理出"共识",使后续"微格化"研究有参照;历史学科形成了"标准统一、辨析德育编码内涵和适用范围、操作细则";美术学科根据学科特点,对"文字表述与图片呈现(名家名作与学生作品、学习活动)""图片标题或图片内容,显性或隐性地体现"形成了处理方法。

3. 微格化的数量分析

为了开展比较细致的系统研究,将研究对象(课程标准与教材)微格化为若干主题单元,以"政治认同、国家意识、文化自信、公民人格"为"参照物"开展定量分析研究,进行"微格化研究"到"整体研究"的数据处理模式(主题——单元——册——年级——全部)。

通过对课程标准与教材中呈现 4 个一级指标、16 个二级指标的规模、范围、程度等数量关系的分析研究,认识和揭示课程标准与教材中体现德育目标情况。

同时,运用归纳和演绎、分析与综合以及抽象与概括等方法,对课程标准与教材中的德育目标进行思维加工,从而能去粗取精、去伪存真、由此及彼、由表及里,以达到认识事物本质、揭示内在规律。

4. 注重专家经验

本研究中强调数量研究方法，但并不忽视专家的经验判断。无论是在德育目标的"贴标签"过程，还是深入分析阶段，都基于专家经验进行判断。

校园网络的成熟运用，为数字化档案管理提供了稳定的网络环境，也为开展档案信息服务工作创造了良好的条件。固定文件内容中检索字节为统一格式，如文号、题名、密级、作者、时间等，进行档案编号，为档案提供功能强大、自定义、跨门类的检索功能，检索信息可包括文字、图像、Word 文件、Excel 文件等，由此一来，就可形成档案检索工具，方便信息档案在学校内部管理工作中的利用，同时也方便各学校之间、学校与教育系统之间的互传、互换信息。

和大约十年前的情况不同，定性研究者现在已经有了一系列非常好的软件工具来协助他们的研究，软件的使用——包括但不限于文字处理器——似乎越来越成为定性研究过程中的常规部分。虽然至今仍然没有一个"最好的"程序，甚至对一个特定的方法论而言，也没有最好的程序，但这也是好事。这意味着，研究者必须考虑其他方法，并选择适合它们的程序，应该让他们避免对软件的过分依赖。[①]

（二）回归分析

从学生学业成绩影响因素的综合研究中可以发现，学生的学习不是在真空中进行的，其学业成绩不仅受到个体特征的影响，也受到外部环境的作用。个体特征一般包括性别、年龄、学习行为习惯等。环境一般也包括硬环境和软环境，硬环境指的是家庭条件、学校位置、学校性质、教学设备等；软环境一般指亲子关系、教学方式、学校氛围等。为了进一步明晰学生学习及其影响因素之间的关系，研究中经常使用回归分析的方法。

在统计学中，回归分析（Regression Analysis）指的是确定两种或两种以上变量间相互依赖的定量关系的一种统计分析方法。回归分析按照涉及的变量的多

[①] 诺曼·K·邓津,伊冯娜·S·林肯. 定性研究：经验资料收集与分析的方法[M]. 风笑天,等译. 重庆：重庆大学出版社：2007.

少,分为一元回归和多元回归分析;按照因变量的多少,可分为简单回归分析和多重回归分析;按照自变量和因变量之间的关系类型,可分为线性回归分析和非线性回归分析。线性回归中,因变量是连续的,自变量可以是连续的也可以是离散的,回归线的性质是线性的,使用最佳的拟合直线(回归线)在因变量(Y)和一个或多个自变量(X)之间建立一种关系。[1]

有专家指出,国内外很多研究在考查学生学业成绩的影响因素时,主要是采用多元回归分析的方法。这些研究中,要么没有考虑学校因素,要么把学校因素与学生的个体因素并列,一起进行回归分析。这两种方法都没有考虑到数据的层次结构,很可能对数据结构做出不合理的甚至是错误的解释。这意味着多元回归分析的方法在分析具有结构层次特点的数据时存在很大的局限性。由于调查的样本数据来自学生个体,而个体学生又来源于学校,取样的数据具有嵌套结构,即学生代表数据结构的第一层,而学校代表数据结构的第二层。因此,对于学生学业成绩影响因素这样的多层数据,需要采用多层线性模型(Hierarchical Linear Model,HLM)进行分析,以便得到更为可靠的结果。

学业成绩影响因素的研究基本上可以分为两大类,一类是研究单个因素(如家庭社会经济地位、教师期待、课外补习、师生关系、寄宿制等)对学业成绩的影响。另一类是研究多个因素对学业成绩的影响,这一类研究又分为两种情况。一种是这些影响因素之间没有层次结构,如初中生师生关系、归因方式、成就目标定向与学业成绩的关系,学校氛围与初中生学业成就;学业情绪的中介和未来取向的调节作用,教师支持对流动学生学业成绩的影响;自尊的中介作用等。另一种是影响因素之间具有层次结构,是比较系统化的研究多个因素对学生学业成绩的影响,如我国义务教育数学学业状况及影响因素研究、学校背景因素和学生个体因素对学业成绩影响的研究——基于大规模测验数据的多层线性模型分析等。也有的研究是从个人因素和社会环境因素两个方面考查影响学业成绩的因素。

大规模教育质量评价的数据一般是一个两层线性模型,第一层为学生,第二层为学校。第一层的模型与传统的回归模型类似。所不同的是,回归方程的截距

---

[1] 百度百科. 回归分析[EB/OL]. https://baike. baidu. com/item/回归分析,2020 - 04 - 01.

和斜率不再设为一个常数,而是不同的学校回归方程的截距和斜率都不同,是一个随机变量。回归分析的主要工作为:①从一组数据出发,确定某些变量之间的定量关系式,即建立数学模型并估计其中的未知参数。②对这些关系式的可信程度进行检验。③在许多自变量共同影响着一个因变量的关系中,判断哪个(或哪些)自变量的影响是显著的,哪些自变量的影响是不显著的,将影响显著的自变量加入模型中,剔除影响不显著的变量,通常用逐步回归、向前回归和向后回归等方法。④利用所求的关系式对某一生产过程进行预测或控制。

　　□ 拓展　PISA 研究政策启示

　　将学业成绩记录和生源学校推荐作为录取前提条件的学校,其学生成绩比其他学校高出 18.5 分。当把社会经济背景因素纳入考虑时,这一效应几乎消失了。然而,有一点很重要,若一个国家(地区)选拔性高的学校成绩优于选拔性低的学校,这并不意味着如果有更多学校进行选拔,总体成绩就会提高。

　　若教育系统中有更多学校享有制定学校预算、决定预算分配方面的自主权,那么即使考虑了背景因素,学生科学成绩也会更好。

　　在综合总量模型中,科学老师齐备、教学资源充足的学校,学生成绩比其他学校的要好。然而,若考虑社会经济背景因素,这些效应值就不存在了。这说明一些学校硬件资源与背景紧密相连;例如,在一些国家(地区),社会经济背景越高的家庭就读的学校科学教师达标情况更好、教育资源更丰富。类似地,在考虑了人口和社会经济背景因素之后,公立学校和私立学校学生的成绩差异消失了,那些就读学校所在区域有其他学校争夺生源的学生,成绩上的优势也同样消失了。

　　PISA 研究通过回归分析得出了以下结论:①指出了一系列学校特征因素:这些因素会影响学习结果,影响这些学习结果在学校间的差异,也影响这些差异与学生社会经济背景不平衡分布之间联系的紧密程度。②这些发现可以初步回答国家(地区)评估中一些无法回答的问题,包括:校际系统差异的总效应,大量学校因素中有哪些与成绩之间存在一致的、可测量的联系,以及这些联系多大程度上与社会经济背景相互作用。③通过说明哪些因素与成绩间的联系最为紧密,说明社会经济背景的差异多大程度上与社会经济所造成的在资源获得和进入具有积极特征的学校方面的差异相联系,PISA 可以从宏观策略上给我们启示,帮助我们追寻学校系统的质量和公平。④若单独考察每个组,则影响作用比较微弱,然而,如果这种作用在上千所学校和几十个国家(地区)都达到了显著水平,那它就值得我们进一步研究。①

三、 基于证据的完善

教育复杂性带来评价的复杂性,导致很多定量评价很难得出明确的结论。PISA 报告指出,这些研究发现无法提出明确的政策方案,因为这些政策方案的提出要基于各种不同政策措施作用下学生成绩的直接测量。另一部分原因是由于类似 PISA 这种大规模的调查无法细致地观察学校内的政策和措施。

(一) 基于外部测评的改进

上海市中小学学业质量绿色指标综合评价②旨在推进区域、学校在全面质量观的指导下,进行教育教学实践,促进学生的全面发展。项目面向全市小学、初中,以"一年一学段,三年一循环"的工作路径进行推进。每个学段完成一次综合评价后,都有两年时间用于改进自身的教育教学实践。以下是该项目成果中基于市级测试结果改进区校课程教学的思路和做法。

绿色指标综合评价认为:①在提升评价对学校改进促进作用的效能方面,评价设计、评价数据的质量是基本保障,数据分析是核心技术,评价结果的沟通与应用是关键。②评价者与评价对象就评价结果的沟通是否有效,直接影响到评价对象是否能够有效基于评价结果开展改进实践。③评价结果沟通的主要载体是评价报告,包括整体报告、区报告、学校报告、专题报告。

下面是部分报告内容结果和呈现方式:①以区绿色指标基础数据报告为例,

---

① 上海教育科学研究院. 面向明日世界的科学能力:国际学生评估项目(PISA)2006 报告[M]. 上海:上海教育出版社,2010.

② 上海市教育委员会教学研究室. 上海市中小学学业质量绿色指标综合评价的理论与实践研究[M]. 上海:上海地图学社,2019.

学生学业水平总体情况部分使用柱状图、箱图的形式,呈现了全市和全区学生各学科成绩分布、能力等级分布情况,不同学生群体各学科成绩分布、能力等级分布情况,全区各校各学科成绩分布、能力等级分布情况。②学生背景问卷调查结果分析部分采用柱状堆积图、条状图、条状堆积图、散点图的形式,呈现了学生的基本情况(家庭背景、日常学习与生活)、师生关系、学习压力、学习动机、学校认同度、学习自信心、学习方法、教师教学方法、品德行为、学业成绩与背景变量的关系方面的问卷调查结果。

每次绿色指标监测结果发布后,上海市教委教研室随即组织、指导16个区制定、交流区域层面的改进计划,帮助区基于数据结果,找准问题,制定具有针对性、操作性的改进计划,并督促区县根据计划进度有序推进工作。区的改进计划主要从行政支持、教学教研、评价管理、教师专业发展等角度切入,通过出台政策性文本、建立相关机制、构建区域评价体系、开展主题教研、应用信息技术、开展课题研究、推进项目实施、组织师训工作等途径推进。

为了进一步用好测评结果,上海市设置了试点区和试点学校。试点学校承担的研究工作包括:①根据评价的内容,设计适切的评价工具。综合运用现代教育测量技术,研发学科测试卷、调查问卷、访谈或表现性评价等评价工具。②开展校本化的综合评价实践,收集并分析数据。③分析测评数据中反映出的优势与不足。④综合运用多种方法和技术,挖掘问题产生的原因。⑤采取针对性的改进和提高措施,形成持续改进教育教学质量的运行机制。

(二)基于学校自评的改进

1. 学校数据应用问题：数据孤岛

很多学校和机构都有自己的教育系统,越来越多的教育数据堆积在服务器里。学校经过多年的教学实践应用,积累了大量有用的信息,但这些信息存储分散,记录凌乱,数据庞大。人们开始考虑如何才能不被信息淹没,避免"数据丰富,但信息贫乏"的现象。在如此大的数据海洋中,要提取有用的信息,传统的技术和方法难以解决这个问题,我们如何充分地利用这些资源,如何从这些海量的教育数据中,挖掘出有价值的信息,对教育质量进行评估,是当前教育信息化建设中一个非常迫切的问题。[①]

事实上,很多中小学的管理人员只能通过简单的统计或排序等功能获得学业成绩等最基本方面或表面的信息,而隐藏在这些大量数据中的信息一直没有得到很好的应用。如何对这些数据进行重新利用,将现有的管理数据转化为可供使用的知识,提高学校管理决策性,提高管理水平和办学质量,是学校急需解决的问题。[②]

学校数据没有很好地被利用的背后大致有以下几个方面问题:第一,是数据本身。目前学校比较丰富的是考试测验数据和一些专项调研数据,其他数据多为文本信息;结构化、过程性、具属性的数据较少,数据之间没有建立关联,数据的信息量不大。第二,应用数据的意识和能力不够强。第三,测评结果没有为改进服务。

以教育质量评价为例,这是现代教育管理的有效手段,而课堂教学质量评价是学校对教学进行教学质量监控的基础性工作。教学评价是对教学过程的价值判断,由于教学过程的复杂性,使这项工作具有一定的难度。及时总结和发现教学过程中的经验和问题,建立教学质量检查的信息反馈制度,并根据反馈的信息检查和修订原教学计划方案和制度,采取改进的措施,是提高教学质量管理的一个重要方法。

学校可以学习 PISA 测评、绿色指标综合评价的经验,在学业成绩和影响学业成绩之间建立关联,不仅测评学业成绩,也可以定期开展问卷调查,积累学习过程的信息。进而可建立质量模型、研制关联规则,积累数据,挖掘数据,分析得出结论,基于证据改进。

关联规则挖掘是基础性研究,其目的是在交易数据库中发现各项目之间的关系,例如“同时发生”或者“从一个项目可以推出另一个”。如果两项或多项属性之间存在关联,那么其中一项的属性值就可以依据其他属性值进行预测。

规则产生后可根据成绩的属性信息来分析预测成绩的情况等,其目的在于找到影响学生成绩的因素及各因素间的关系,使学生能够较好地保持良好的学习状

---

① 令狐昌林. 数据挖掘技术在中学教学活动中的应用研究[D]. 贵州大学,2007.
② 李云. 数据挖掘技术在中学教务管理系统中的应用研究[D]. 贵州大学,2008.

态,这在今后学生的培养工作上是很有意义的。而基于关联规则的教学质量评估,是从教学评价数据中进行数据挖掘,查询教学效果与教师的性别、年龄、职称、学历等的关联,找到课堂教学效果与教师整体素质的关系,合理调配一个班的上课老师,使学生能够较好地保持良好的学习状态,从而为教学部门提供了决策支持信息,促使其更好地开展教学工作,提高教学质量。

关联规则的作用是用丰富的手段,获取、保存大量数据,从庞杂的数据中提取有用的知识和信息,这是数据挖掘领域的一个重要分支。有效地发现理解并运用关联规则,是完成数据挖掘任务的一个重要手段。关联规则的优点是可以产生清晰有用的结果,可以支持间接数据挖掘,可以处理变长的数据,它计算的消耗量是可以预见的。

2. 部分学校自评探索

随着上海新高考、教育信息化等背景,上海很多学校都开展综合素质评价,进一步积累、分析课程教学的信息,以改进学校课程教学工作,提升学校课程评价力。

□ 实践探索 上海市曹杨第二中学综合素质评价实践案例①

综合素质评价是新的高考招生制度改革的一大亮点,使高考招录模式从"只见分不见人"逐步走向"既见分又见人",其意义深远。然而,综合素质评价的实施在对基础教育产生积极影响的同时,其本身面临着评价体系、评价操作性和诚信三大挑战。面对挑战,曹杨二中在实施综合素质评价方面做了一些有益的实践与研究。

(1)"综合素质评价雷达图"直观呈现学生的发展状况

评价主要采用三种方式。一是学生自我描述性评价,不超过 500 字,尽量简要,能够准确进行自我描述。重点谈人格健康、社会服务、学业进步、学术能力、特长表现等;二是自评、互评、班级教师团队按 10 分制评分,按三项平均分描点,画出"雷达图";三是档案袋评价,包括各种特长证书的申报,这些材料由学校统一认

---

① 王洋,易建平. 综合素质评价"落地"路线图——上海市曹杨第二中学激励清单与负面清单评价模式详解[J]. 人民教育,2016(14): 45—49.

定,社会调查报告、创新课题结题报告等记入学生成长档案;四是班务记载,包括出勤情况、作业状况、课堂表现、集体活动等。

(2) 清单评价实现质性评价的量化管理

学校非常清楚:评价一旦与大学招生挂钩,压力马上就来。首先,公平性问题如何解决?

根据学校办学理念和培养目标,学校草拟了"曹杨二中校本综合素质评价指标体系草案",又通过三次征询教师和学生意见,最终形成了"基本规范、君子风范、博学创新、强身健体、审美体验、社会实践"等"六个模块42个观测点"的指标体系。

目前,学校在2014级和2015级两个年级试用这套系统,结果令人满意。首先引入"负面清单"和"激励清单"评价模式,实现质性评价的量化管理,既保证了综合素质评价的客观公正,又提高了评价的可操作性和科学性。其次,基于信息技术平台的综合素质评价数字化系统,便于查阅和调取数据,使操作方式简便易行;便于教师对学生进行个案诊断,促进学生全面发展;便于高校选拔学生,推进高考改革。第三,互联网络环境建设与平板电脑的使用,改变了传统的"一年评一次"的总结性评价方式,使评价和反馈更加及时,给学生更加充分的调整和改进的时间与空间,更加注重学生成长的形成性评价。

(3) 曹杨二中的经验

一是根据学校独特的办学理念(文理相通,人文引领)和育人目标(培养具有创新意识和实践能力的博雅君子),强化"一轴两翼"的办学特色,建设以社会实践为载体的立德树人德育主轴、博雅教育和国际理工为两翼的特色课程群,使全体学生或大多数学生通过三年的培养,毕业时能有鲜明的"曹杨二中"烙印。

二是根据学生的生涯发展规划,提供丰富的课题研究、社会实践和科技创新活动机会,让学生自主选择,使不同发展方向的学生群体开展不同的研究性学习、经历不同的社会实践和职业体验、积累不同的经验和才能,真正做到个性发展。

三是开展"走进高校""走进企业""走进人大""走进农村""行走江山""红色之旅"等丰富多彩的社会实践活动,切实培育学生的社会参与意识,也使学生的个性特长得到社会认同。

四是构建"六模块 42 个观测点"的校本综合素质评价体系,引进清单评价模式,使综合素质评价与日常行为规范培养有机结合起来,促进综合素质评价落地。

3. 数据平台建设

高中阶段是学生个性形成、自主发展、选择人生发展方向的关键时期。但事实上,很多高中学校都存在着:高中学生有自我认识、能力提升、学业发展等多重成长发展需求,同时,也存在能力欠缺、动力不足、目标模糊等问题;高中学生想为自己规划未来,但不知道喜欢什么专业、适合什么职业,也不会选择;教育要切实有利于促进每一个学生的终身发展,而部分学校还存在唯学业成绩的单一评价,仅注重学业指导,对学生发展全面指导的意识和方法缺乏。

□ 实践探索　风华中学学生成长平台

第二轮课程领导力项目学校风华中学,从 2004 年起,持续开展实践研究,邀请专家持续跟踪指导,校内专业教师团队以及项目组成员倾力合作,遵循问题导向、目标导向、实践导向,主要运用质性研究和实证研究相结合的方法,边研究、边实践、边改进、边推广,取得了显著成效。

风华中学架构了学生成长模型。从有利于促进每一个学生的终身发展出发,基于学校多年的实证研究与实践经验,明确了与学生自主选择和适性发展高相关的

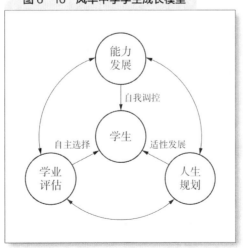

图6-16　风华中学学生成长模型

三个要素：学业评估、能力发展、人生规划，厘清三者关系，建立了"学生成长模型"。

创建了学生成长系统。根据学生成长模型，确定与此相对应的能力自评模块、学业水平分析模块、职业专业指导模块，进一步细化模块内容，设计学生成长评价的综合指标，理清各项指标之间的关系，创建了"学生成长系统"。

研发了拥有自主知识产权的学生成长平台。自主研发具有测评、调控、反馈功能的信息平台，获国家版权局"计算机软件著作权"。"平台"通过三个模块的交互运作对学生的能力发展、个性特点、兴趣特长、学业水平、学科选择、专业选择、职业规划进行自动匹配和有效整合。"平台"具有动态性、及时性、整合性、精准性等特点。

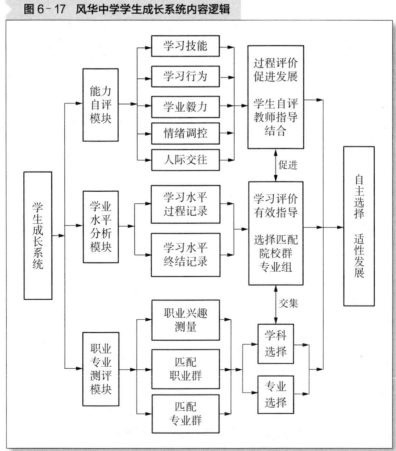

图 6-17　风华中学学生成长系统内容逻辑

开辟了学生成长系统应用路径。高中生经历三年、六次、三要素的全方位测评,逐渐明晰发展方向。"系统"输出各模块建议报告,为学生自主选择和适性发展提供精准指导和个性化服务。

基于"系统"数据收集、分析、输出、反馈,不断整合学生成长的阶段性实证信息,将课程选择与学生活动相互支撑,促进学校及时调整配套课程,进而引导教师学与教的变革。

学校和教师根据"系统"信息反馈,能清晰了解学生于不同阶段在学习习惯、学业毅力、情绪调控、人际交往、学业水平、职业兴趣、专业方向等方面的成长情况和变化,为学生的自主选择和适性发展提供基于经验与证据的精准指导。

"系统"的创建与应用切实关注学生的个性特点和发展需求,实现从被动选拔到自主选择的成长理念的转变;切实关注学生的学业成绩和综合素质的全面协调发展,从学生自身能力到学业评估、再到人生规划,实现从单一成绩到综合素质的评价方式的转变;学校和教师根据"系统"信息反馈,实现从经验到基于经验与证据相结合的指导方式的转变。

4. 基于证据的课程计划完善路径与技术

第二轮课程领导力行动研究确立了学校课程计划的评价标准和工具,进一步优化了学校课程计划各要素的编制规格要求与路径,建立了证据采集、分析与基于证据的课程计划完善路径。研究强调用证据描述问题、用证据呈现变化、用证据引发对话,分析了课程政策、课程哲学、需求分析、实践经验、课程教学质量评估等五大类证据,采用"以始为终、编以致用、迭代演进、主体卷入"的策略,从整体完善(包含整体到整体、局部到整体两条路径)、局部完善(包含从某些要素、某些课程入手两条路径)等路径不断完善学校课程计划。

(1)明晰了学校课程计划各要素的证据采集角度

基于证据完善学校课程计划的关键,是针对课程计划的变化因素和问题,收集、发现各类有说明意义的证据,以证明完善的必要性程度,并分析完善的切入角度。项目梳理了与学校的课程规划与实践相关的信息来源、采集角度,作为提供给学校针对性分析问题和完善课程计划的提示和建议。其中,包含了研究的 5 类证据,其与课程计划的完善建立起了比较直接的关联。

表6-10　学校课程计划完善的证据采集角度[①]

课程 计划构成　　例举	来自学校内部的证据采集角度	来自学校外部的 证据采集角度
背景分析	□ 学校课程发展历史与趋势的认识水平 □ 教师、学生发展需求特点 □ 校长和教师对本校课程的认识 □ 教师的课程实施能力水平 □ 学生的实际发展表现与特点	
课程目标	□ 对国家育人目标、课程方案和课程政策的呼应程度 □ 对其他课程要素（课程结构、实施、评价）的统领作用 □ 转化课程目标为教学目标的水平 □ 呼应学生发展需求、家长诉求的水平 □ 课程目标指导教师开展教学与评价的水平 □ 课程目标指引学生发展的水平 □ 引导家长诉求的水平	□ 国家的课程 政策与要求 □ 课程研究、思 想新进展 □ 课程与教学 质量评估等 专家意见 □ 证据采集方 式的科学性 和适宜性
课程结构	□ 学校课程体系、领域、学科、活动之间的关系 □ 校长、教师对课程设置的理解 □ 学校对课时的分配、学生实际的课时分配与学生需求满 足程度 □ 教材使用和开发的标准、条件、流程 □ 教学内容对学生差异的支持水平 □ 课程开发和任课教师的理解、问题、思考	
课程实施	□ 形成理念、实施原则、方法、流程等规范制度体系 □ 教师教学合乎教学理念、原则、标准和规范 □ 教师负责设计教学目标、实施、评价 □ 教学设计凸显学科与活动特质 □ 有差异地指导和培育学生的措施 □ 学生实际参与课程的方式与水平	
课程评价	□ 构建本校课程评价体系（目标、原则、方法、流程、工具 等）的设计 □ 教师、学生参与评价的方式和体验 □ 对教师教学、学生学习、学校课程发展的导向、诊断和促 进作用水平 □ 证据采集方式的科学性和适宜性	

---

① 上海市教育委员会教学研究室. 课程领导：学校持续发展的引擎[M]. 上海：上海科技教育出版社, 2019.

（2）构建了基于证据课程计划完善系统

项目组通过案例征集的方式，引导各项目学校主动基于证据开展学校课程计划的优化，发现客观证据的现实意义。引导每个参与研究的项目学校，针对性地发现和分析本校的课程计划的真实问题，并尝试在证据视野下进行持续改进。同时，形成了以下完善学校课程计划的"动力系统"。

图6-18 学校课程计划完善的动力系统

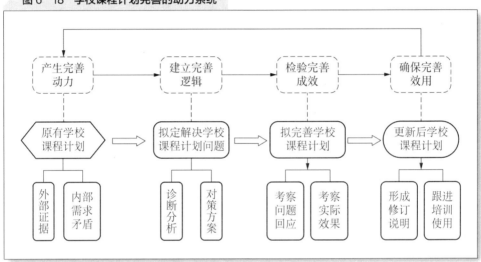

学校课程计划的完善过程应该形成一个动力系统，即根据"产生完善动力—建立完善逻辑—检验完善成效—确保完善效用"的不同阶段，在变化的背景下，形成这样的推动完善力量和过程。

每一所学校，可以在证据视野下，参照完善课程计划的证据来源收集证据，确诊课程计划的问题，按照学校课程发展与实践需要、外部政策、标准和要求等，走出自己的课程计划完善之路。

思考题

1. 如何让学校课程教学的档案、数据、信息变"活"？

2. 学校如何进行精准分析课程与教学，及时反馈，适切改进？

后记

　　2020 年突如其来的新型冠状病毒肺炎疫情,改变了"上海市提升中小学(幼儿园)课程领导力行动研究项目(第三轮)"的总体部署。考虑到疫情期间无法开展与课程领导力项目相关的线下活动,我们根据市教研室要求,将项目的重点工作调整为成果的梳理和产品化。

　　"课程领导力行动研究项目"是上海市教委的重点项目,由上海市教委教研室具体负责策划、组织、实施、评价等,大致划分为三个阶段:2010 年至 2014 年为第一轮项目研究阶段;2015 年至 2019 年为第二轮项目研究阶段;2019 年启动了第三轮项目研究。这一项目已成为上海教育的一张名片,其成果曾获 2014 年国家级教学成果奖一等奖。

　　作为课程领导力行动研究总项目组的核心成员,我全程参加了第一轮、第二轮和第三轮项目研究和实践,作为主编或编委参与了《为了学校的可持续发展:普通高中提升课程领导力的探索》《基于问题解决:提升课程领导力的行动》《我们的课程领导故事》《课程领导:学校持续发展的引擎》《课程领导的上海高中行动》等专著的出版。这些专著汇集了总项目组和项目学校共同研究的成果。记得 2017年规划第二轮课程领导力项目成果时,华东师范大学胡惠闵教授希望总项目组出一本课程领导理论方面的专著,无奈水平和精力有限,当时没敢"接领子"。去年陆伯鸿副主任重新分管综合研究部以后,多次鼓励我出版专著,并对专著的名称、框架内容提出了宝贵意见。至此,我决定以专著出版为任务导向,对课程领导力项目的成果作出进一步梳理、归纳和提炼,以更有效地推进课程领导力项目。

　　本书共六章:第一章为领导力概述,重点论述领导力的概念、理论、趋势等,指明领导力研究方向;第二章重点阐述教育领域中的领导力模型、上海课程领导力模型(课程思想力、课程设计力、课程执行力、课程评价力),以及课程领导力项目;第三章至第六章分别论述课程思想的凝练、课程设计的关键、课程执行的力点、课程评价的追求。

尽管自己近 10 年来一直在从事课程领导力相关的项目研究,但是真正将已有成果转化为专著,其难度和工作量还是非常大的。本书在个人原有的研究成果基础上,增加了很多新的内容,相对完整地阐述了有关课程领导探索的阶段成果。

在此,非常感谢上海市教委教研室徐淀芳主任、纪明泽书记的方向引领、专业指导和细心关怀,感谢谭轶斌副主任、王月芬副主任的关心和支持,衷心感谢陆伯鸿副主任的细心指导、热心帮助和不断鞭策。

感谢上海市教委教研室综合部门和学科部门的老师对课程领导力相关项目一如既往的关心、指导和帮助,更感谢项目专家的专业引领,衷心感谢研究过程中,一线学校提供的诸多鲜活的实践成果。

感谢华东师范大学出版社教育心理分社彭呈军社长和编辑的支持。

学校课程领导是非常复杂的研究领域,这一研究才刚刚起步,还有很多内容需要持续关注。尽管为这本专著付出了很多心血,但由于本人水平和精力有限,书中恐有不少瑕疵,恳请大家批评指正。好在领导学这一研究领域本身就是开放的系统,希望广大教育工作者在实践研究中不断对其进行丰富和完善。

领导力是现今社会每个人的必备素养,提升课程领导力是永恒的主题。路漫漫其修远兮,吾将上下而求索。

金京泽

2020 年 4 月于上海

主要参考文献

【期刊】

1. 白木. 不该"对事不对人"[J]. 学习与研究,1987(02):54.

2. 蔡怡. 教育领导理论新进展[J]. 比较教育研究,2007(01):23—24.

3. 曹后生. 人文与制度的博弈:对事不对人[J]. 教书育人,2007(11):42.

4. 陈代伟,阙新建. SWOT分析法在学校课程领导力建设中的应用——重庆市南岸区教师进修学院附属小学的实施案例[J]. 基础教育课程,2014(09):63—65.

5. 陈建华. 后现代主义教育思想评析[J]. 外国教育研究,1998(02):1—6.

6. 成尚荣. 陶行知课程思想与基础教育课程改革[J]. 课程·教材·教法,2005(05):84—88.

7. 赐成. 教学思想的前瞻性[J]. 中学历史教学参考,2002(11):40.

8. 从春侠. 萨乔万尼道德领导理论述评[J]. 国家教育行政学院学报,2009(04):90—95.

9. 崔勇,张文龙. 基于课程愿景的课程领导[J]. 教育科学论坛,2018(10):5—10.

10. 邓银城. 论学校内部教育资源合理配置与教育公平[J]. 教育研究与实验,2010(06):56—59.

11. 范雪灵,王小华. 愿景型领导研究述评与展望[J]. 经济管理,2017,39(12):176.

12. 范兆雄. 课程文化研究框架分析[J]. 教育理论与实践,2005(17):33—36.

13. 范兆雄. 论课程文化发展的客观标准[J]. 教育研究,2004(06):63.

14. 符云峰. 对校长课程领导力的审视与实践[J]. 教育视界,2018(12):39—42.

15. 顾伯冲. 领导力首先是思想力[N]. 学习时报,2018-08-29(002).

16. 胡中锋,王义宁. 教育领导力模式变迁之反思[J]. 华东师范大学学报(教育科学版),2015,33(03):7—13.

17. 缴润凯,刘丹. 西方学校变革型领导力的研究述评及展望[J]. 外国教育研究,2017,44(08):76—89.

18. 杰西卡·E·丁,罗伯特·罗德,威廉·加德纳,等. 西方领导力前沿理论与视角变化[J]. 中国领导科学,2018(06):52.

19. 金京泽. 基于学科课程建设提升学校课程领导力的行动研究[J]. 基础教育课程,2013(12):22—27.

20. 金京泽. 简论学科育人价值研究[J]. 上海课程教学研究,2015(4):75—80.

21. 金培雄. 学校课程领导:由困境而入境[J]. 教育视界,2018(21):37—40.

22. 李本松. 学校管理中的"鲶鱼效应"[J]. 学校管理, 2009(01): 25.

23. 李栎, 张志强. 技术路线图在学科战略情报研究中应用的思考[J]. 情报科学, 2008(11): 1667—1671 + 1702.

24. 李姗姗. 从"成事"到"成人": 学校管理制度的价值转向[J]. 当代教育科学, 2011(04): 11—13.

25. 李效云, 王重鸣. 愿景式领导的关键特征研究[J]. 心理科学, 2004(03): 580—583.

26. 李醒东, 付云飞. 中小学名校长教育思想的生成与凝练——基于扎根理论的视角[J]. 教育科学研究, 2019(08): 27—31 + 38.

27. 李雪凤, 仝允桓, 谈毅. 技术路线图——一种新型技术管理工具[J]. 科学学研究, 2004(S1): 89—94.

28. 李永贤. 教育局长眼中的学校危机管理[J]. 教育科学研究, 2009(08): 45—49.

29. 李政, 胡中锋. WICS 领导力模型: 缘起、特征与启示[J]. 高教探索, 2016(08): 18—23.

30. 李仲辉. 学校课程文化与人的发展[J]. 当代教育论坛(校长教育研究), 2008(04): 36—39.

31. 菲利普·贺灵杰. 学习型领导力: 模型及核心维度[J]. 教育研究, 2013, 34(12): 118—128.

32. 刘东彪, 傅树京. 观念、话语、制度: 一个教育政策分析的三维框架[J]. 现代教育管理, 2018(02): 29—33.

33. 刘佳. 教育政策传导系统的运行分析[J]. 国家教育行政学院学报, 2013(08): 61—65.

34. 刘建军, 吕春艳. 如何实施目标领导法[J]. 领导科学, 2001(06): 9—10.

35. 刘启迪. 课程文化: 涵义、价值取向与建设策略[J]. 课程·教材·教法, 2005(10): 21—27.

36. 刘月霞. 如何扎实推进修订后的普通高中课程实施[J]. 人民教育, 2018(05): 49—53.

37. 鲁毓婷. 全球化背景下的学生学业成就比较研究——TIMSS 和 PISA[J]. 考试研究, 2007(03): 76—92.

38. 陆伯鸿, 韩艳梅. 一种基于项目推进方式的教育行动研究——上海市提升学校课程领导力的实践[J]. 上海教育科研, 2012(05): 29—32.

39. 陆璟. 普通高中学生综合素质评价的"上海设计"[J]. 中小学管理, 2015(06): 7—11.

40. 吕占相. SWOT 分析法在学校战略管理中的应用[J]. 继续教育, 2010, 24(02): 22—24.

41. 潘东良. 学校危机的类型、特点及管理策略[J]. 教育科学研究, 2004(08): 26—28.

42. 任春荣, 辛涛. 校际生源分层与教育公平[J]. 全球教育展望, 2011, 40(04): 65—69.

43. 孙宏, 李璑. 变革型领导力: 西方理论与中国实践[J]. 领导科学, 2019(08): 60—63.

44. 孙士芹, 英配昌. 论学校制度的人性化管理功能[J]. 基础教育, 2009, 6(04): 17—20.

45. 唐永泰. 魅力领导与追随者效能影响之探讨[J]. 中国行政评论, 2001, (10): 167—204.

46. 王芳. 美国领导力理论的研究特点及其启示[J]. 理论前沿, 2009(22): 23.

47. 王佳. 目标管理法及其应用[J]. 企业改革与管理, 2004(10): 54—55.

48. 王家军. 对学校管理"唯制度主义"症候的辨析及反思[J]. 中小学管理, 2009(08): 43—45.

49. 王洁,张民选.TALIS 教师专业发展评价框架的实践与思考——基于 TALIS2013 上海调查结果分析[J].全球教育展望,2016,45(06):86—98.

50. 王明露,王世忠.中国教育领导力探析[J].学子(理论版),2016(02):6.

51. 王晓宇.领导力的中西视角[J].中国浦东干部学院学报,2013,7(06):87.

52. 王洋,易建平.综合素质评价"落地"路线图——上海市曹杨第二中学激励清单与负面清单评价模式详解[J].人民教育,2016(14):45—49.

53. 吴波.目标管理在绩效管理中的运用[J].合作经济与科技,2009(10):18—20.

54. 吴凡.面向 2030 的教育质量:核心理念与保障模式——基于联合国教科文组织等政策报告的文本分析[J].教育研究,2018,39(01):132—141.

55. 吴晓英.中小学教师教学领导力理论模型的验证[J].教育文化论坛,2019,11(01):25—32 + 135.

56. 夏心军.思想力:校长治校的应然素养[J].江苏教育,2014(15):32—35.

57. 徐淀芳.基于问题解决——上海市提升课程领导力向东研究项目实施回顾[J].基础教育课程,2013(7—8):55—60.

58. 徐淀芳.严格的证据:教学研究进步的核心[J].教育发展研究,2013,33(02):1—4.

59. 徐国栋.课程领导与学校发展:回顾与展望[J].教育曙光,2010(10):84.

60. 阎俊.从"问题"到"问题链"——关注"学生思维品质提升"的思想政治课教学追求[J].素质教育大参考,2014(9A):29—34.

61. 叶伟巍,叶民.工程领导力要素研究[J].高等工程教育研究,2011(05):94.

62. 袁振国.教育政策学:一门正在发展的教育新学科[J].上海高教研究,1996(01):8—11.

63. 张记国,李景平,王婷.中国式新领导力:向度、特征及价值[J].理论与改革,2016(01):98—102.

64. 张民选,陆璟,占胜利,朱小虎,王婷婷.专业视野中的 PISA[J].教育研究,2011,32(06):3—10.

65. 张志峰.学校制度管理冲突及其处理[J].江苏教育研究,2010(25):21—25.

66. 中国科学院"科技领导力研究"课题组,苗建明,霍国庆.领导力五力模型研究[J].领导科学,2006(09):20—23.

67. 钟启泉,岳刚德.学校层面的课程领导:内涵、权限、责任和困境[J].全球教育展望,2006,35(03):7—14.

68. 钟启泉."课程管理"到"课程领导"[J].全球教育展望,2002,31(12):24—28.

69. 周彬.学校办学的SWOT分析与战略设计[J].河北教育(综合版),2006(03):18—19.

70. 周德生,王毅.巧用鲶鱼效应 增强集体活力[J].中小学管理,2008(04):34.

71. 周小桥.项目管理工具系列谈之七——工作分解结构(WBS):定义项目的工作范围[J].项目管理技术,2006(01):65—66.

72. 朱陶.学校文化对学校课程决策的影响及其重建策略[J].西南民族大学学报(人文社会科学版),2013,34(09):210—214.

【专著】

1. [美]约翰·帕克·斯图尔特,丹尼尔·J·斯图尔特.领导力行动学习手册:21项可实践、可提升的领导力行为习惯[M].王育梅,译.北京:电子工业出版社,2016.

2. [美]詹姆斯·M·库泽斯,巴里·Z·波斯纳.领导力:如何在组织中成就卓越(第6版)[M].徐中,沈小滨,译.北京:电子工业出版社,2018.

3. 陈玉琨.发展性教育质量保障的理论与操作[M].北京:商务印书馆,2006.

4. 仇忠海.上海市七宝中学学校核心制度建设[M].上海:上海社会科学院出版社,2008.

5. 樊登.可复制的领导力:樊登的9堂商业课[M].北京:中信出版集团,2018.

6. [美]格兰特·威金斯,杰伊·麦克泰格.追求理解的教学设计(第二版)[M].闫寒冰,宋雪莲,赖平,译.上海:华东师范大学出版社,2017.

7. 李志洪.麦肯锡领导力法则[M].台湾:台海出版社,2017.

8. 刘金玉.学校高效管理六讲[M].上海:华东师范大学出版社,2012.

9. 鲁克德.左手领导力　右手执行力[M].哈尔滨:黑龙江教育出版社,2017.

10. 马媛.中层领导力[M].广州:广东经济出版社,2017.

11. 上海教育科学研究院.面向明日世界的科学能力:国际学生评估项目(PISA)2006报告[M].上海:上海教育出版社,2010.

12. 上海市教育委员会教学研究室.中学化学学科单元教学设计指南[M].北京:人民教育出版社,2019.

13. 上海市教育委员会教学研究室.基于问题解决提升课程领导力的行动[M].上海:华东师范大学出版社,2014.

14. 上海市教育委员会教学研究室.课程领导:学校持续发展的引擎[M].上海:上海科技教育出版社,2019.

15. 上海市教育委员会教学研究室.课程领导的上海高中行动[M].上海:上海科技教育出版社,2019.

16. 上海市教育委员会教学研究室.上海市中小学学业质量绿色指标综合评价的理论与实践研究[M].上海:上海地图学社,2019.

17. 上海市教育委员会教学研究室.为了学校的可持续发展:普通高中提升课程领导力的探索[M].上海:华东师范大学出版社,2013.

18. 上海市中小学(幼儿园)课程改革委员会.上海市普通中小学课程方案解读[M].上海:上海教育出版社,2007.

19. 唐兴华.领导力18法则[M].沈阳:辽海出版社,2018.

20. 文茂伟. 当代英美组织领导力发展：理论与实践[M]. 杭州：浙江大学出版社,2011.

21. 谢翌,李朝辉,等.学校课程领导引论[M],北京：高等教育出版社,2012.

22. 于泽元.课程变革与学校课程领导[M].重庆：重庆大学出版社,2006.

23. [美]约翰·马克斯维尔.领导力21法则：追随这些法则,人们就会追随你[M].路本福,译.上海：文汇出版社,2017.

24. [美]亨德森.革新的课程领导(第二版)[M].志平,李静,译.杭州：浙江教育出版社,2005.

25. [美]克莱门斯,吉多.成功的项目管理(第5版)[M].张金成,杨坤,译.北京：电子工业出版社,2012.

26. 张华.课程与教学论[M].上海：上海教育出版社,2000.

27. 赵春林.领导力的管理准则[M].天津：天津人民出版社,2018.

【学位论文】

1. 范兆雄.课程文化发展研究[D].西北师范大学,2004.

2. 黄文源.学校课程愿景领导及其实现路径的研究[D].华中师范大学,2010.

3. 姜新生.批判与建构：学校课程文化研究[D].湖南师范大学,2008.

4. 令狐昌林.数据挖掘技术在中学教学活动中的应用研究[D].贵州大学,2007.

5. 王桂东.学校危机管理研究[D].天津大学,2008.

6. 于泽元.后现代主义课程理论研究[D].西南师范大学,2002.